Manfred Quiring
Russland – Orientierung im Riesenreich

W0086807

Manfred Quiring

Russland

Orientierung im Riesenreich

Ch. Links Verlag, Berlin

Die **Deutsche Nationalbibliothek** verzeichnet diese
Publikation in der Deutschen Nationalbibliografie;
detaillierte bibliografische Daten sind im Internet über
http://dnb.d-nb.de abrufbar.

1. Auflage, März 2008
© Christoph Links Verlag – LinksDruck GmbH
Schönhauser Allee 36, 10435 Berlin, Tel.: (030) 44 02 32-0
Internet: www.linksverlag.de; mail@linksverlag.de
Umschlaggestaltung: KahaneDesign, Berlin,
unter Verwendung eines Fotos von der
Basilius-Kathedrale in Moskau (Susanne Dönitz)
Satz: typegerecht, Berlin
Druck und Bindung: Druckerei F. Pustet, Regensburg

ISBN 978-3-86153-471-6

Inhalt

Vorwort

Eine schwarze Krawatte und eine große Kiste Toilettenpapier gehörten zu meiner Ausrüstung, als ich im Sommer 1982 zum ersten Mal für längere Zeit nach Moskau reiste. Beides erwies sich als überaus nützlich. Im November starb Staats- und Parteichef Leonid Breschnew. Das Poltern seines Sarges, der dem Beisetzungskommando aus den Händen geglitten war und krachend in die Grube fuhr, habe ich noch heute im Ohr. Dem greisen Staats- und Parteichef folgten innerhalb von drei Jahren mit Juri Andropow und Konstantin Tschernenko zwei ebenfalls alte und kranke Generalsekretäre sowie zahlreiche weitere Mitglieder des gerontokratischen Politbüros. Deren Beisetzungen auf dem Roten Platz erforderten auch die Anwesenheit der Medien, die Investition in den schwarzen Halsschmuck amortisierte sich.

Auch das Toilettenpapier hatte ich nicht vergebens transportiert. Gehörten derlei Artikel zu sowjetischer Zeit doch zum permanenten »Defizit«. Trat der Ausnahmefall ein, und es gab überraschend eine Lieferung, liefen die Moskauer mit Girlanden aufgefädelter Klopapier-Rollen um den Hals nach Hause.

Mein geistiges Gepäck erwies sich als weniger hilfreich. Meine Kenntnisse waren gespeist aus propagandistischen Versatzstücken, in denen Begriffe wie Ruhm, Heroismus, Fünfjahrplan und Kollektivwirtschaft einen großen Raum einnahmen. Sowjetbürger, wie die Einwohner des inzwischen untergegangenen Landes in der DDR genannt wurden, schienen mir aufgrund der trockenen Berichte der DDR-Medien langweilig und weitgehend humorlos. Ein Vorurteil, das sich im sowjetischen Alltag sehr schnell auflöste.

In der UdSSR, und das gilt mit einigen Abstrichen auch im heutigen Russland, blühte der scharfsinnige politische Witz. Das pfiffige Spiel mit Worten, leider in vielen Fällen nicht übersetzbar, hatte Hochkonjunktur. Besonders beliebt waren die fiktiven »Anfragen an der Sender Jerewan«. So fragt ein Hörer den Rundfunksender: »Kann man in der Schweiz den Kommunismus aufbauen?« Antwort: »Im Prinzip ja, aber schade um die Schweiz.« Überhaupt war die Kluft zwischen der kommunistischen Realität und den Versprechungen von einer »hellen kommunistischen Zukunft« ständiger Quell neuer Anekdoten, die man sich weitgehend offen erzählte. So klagt ein alter Bolschewik gegenüber einem Gleichaltrigen: »Nein, nein, mein Lieber, den Kommunismus werden wir nicht mehr erleben. Aber die Kinder, um die tut es mir leid.« Repressionen waren in den achtziger Jahren wegen dieser Anekdoten kaum noch zu befürchten. Es sei denn, man bot der Staatsmacht als Dissident die Stirn. Es herrschte eine unausgesprochene Übereinkunft: Ihr da oben kümmert euch um eure Angelegenheiten, wir hier unten um unsere. Oder in der Sprache eines politischen Witzes ausgedrückt, der auch in der DDR bekannt war: »Ihr da oben tut so, als würdet ihr uns bezahlen, und wir tun so, als würden wir arbeiten.«

Dass die politische Meinung selbst innerhalb der herrschenden Eliten nicht so monolith war, wie es nach außen den Anschein hatte, war ebenfalls eine überraschende Erkenntnis. Bei einer privaten Abendgesellschaft nahm mich der kulturpolitische Beobachter der Staatszeitung »Iswestija« ins Gebet. Nadein erklärte mir zu vorgerückter Stunde, die Teilung Deutschlands sei nur provisorisch. Es wäre lediglich eine Frage der Zeit, wann die beiden Teile wieder zusammengefügt würden.

Das war zu jener Zeit und für meine Ohren etwas nachgerade Sensationelles. Zumal die politischen Beobachter in der »Iswestija« einen hohen Rang in der Sowjethierarchie und Zugang zu den oberen Etagen der Macht hatten. Zeitweilig gehörte sogar der ehemalige Sowjet-Botschafter in Bonn, Valentin Falin, dazu, der später zum Leiter der ZK-Abteilung für internationale Beziehungen aufstieg.

Doch derlei private Treffen waren selten zu jener Zeit. Trotz aller Freundschaftsbeteuerungen galten auch die Leute aus der DDR in der Sowjetunion als Ausländer. Private Kontakte waren unerwünscht. Mitarbeiter des sowjetischen Außenministeriums beispielsweise folgten Einladungen zu mir nach Hause immer in Gruppen, und sie gingen auch immer in Gruppen. Weit tiefere Einblicke in das Alltagsleben gewannen die Studenten, die zum Teil auch in Provinzstädten wie Wolgograd oder Kasan studierten, und diejenigen, die mit einem russischen Partner oder einer russischen Partnerin verheiratet waren.

Themen für die Berichterstattung waren das ebenso wenig wie die politischen Vorgänge im Lande. Als damaliger Korrespondent der »Berliner Zeitung«, so das ungeschriebene Gesetz, hatte ich parteikonform über Land, Leute und Regionen zu berichten. Mit einer riesigen Schere im Kopf. Die reichte während der Perestroika-Zeit offensichtlich nicht mehr aus. Der Chefredakteur redigierte meine Reportagen höchstpersönlich, damit keine geistige Schmuggelware ins Blatt gelangte.

Die Politik blieb offiziellen Kanälen wie der Nachrichtenagentur ADN (Allgemeiner Deutscher Nachrichtendienst) vorbehalten. Vor und während großer Ereignisse – Parteitage, Staatsbesuche und Ähnliches – fand sich in Moskau die »Viererbande« zusammen, die schon am Vorabend das Ereignis des nächsten Tages in einem »lebensprallen« Bericht aufschrieb, in dem selbst »spontane« Freudenausbrüche vorausgeahnt wurden. Mit Viererbande waren die Chefkorrespondenten der Nachrichtenagentur ADN, des »Neuen Deutschland«, von Rundfunk und Fernsehen gemeint. Ihr Bericht ging dann an die Agitationskommission des Zentralkomitees der SED, die oberste Zensurbehörde. Dort wurde er entsprechend den an dem Tage gültigen Vorgaben und Tabus umgeschrieben und an die Nachrichtenagentur ADN weitergereicht, die ihn dann, mit einer 4000er Nummer versehen, verbreitete. Damit wusste jeder Redakteur, dass dieses Material im Wortlaut zu drucken war. Nur bei 2000er Nummern durfte redigiert werden.

Der damalige Chef der Zensurbehörde, Heinz Geggel, von DDR-Journalisten auch »Dr. Geggels« genannt, regierte auch direkt in die Arbeit der Redaktionen hinein. Selbst die Seitenspiegel wurden im ZK parallel zu denen in der Redaktion angefertigt, um gegebenenfalls genau anweisen zu können, wo welche ADN-Meldung – andere existierten nicht – in welcher Länge zu platzieren war. Der Journalismus, so lautete das Selbstverständnis von Oberzensor Geggel, ist eine Waffe, und so benutzen wir ihn auch: Auf Befehl! Das war wörtlich zu nehmen. Über ein Direkttelefon hing die Redaktion unmittelbar am »heißen« Draht der Behörde.

Das Telefon in der »Berliner Zeitung« stand in einem Großraum, wo auch der diensthabende Chefredakteur des Spätdienstes saß. Vormittags allerdings noch nicht. Und so begab es sich, dass eines schönen Tages gegen elf Uhr das Telefon klingelte und niemand ranging. Bis es einem Handwerker, der gerade mit

Reparaturarbeiten beschäftigt war, zu viel wurde und er den Hörer abnahm. Der Mitarbeiter des ZK bekam nahezu einen Schlag. Kann denn da jeder an das Telefon gehen? Die Chefredaktion wurde zusammengefaltet und versprach Abhilfe. Ein Tresor wurde angeschafft, eine kleine Ecke von der Tür abgefeilt, damit das Kabel keinen Schaden erleide, und das Telefon eingeschlossen. Jeder der Chefredakteure bekam einen Schlüssel. Und dann geschah, was geschehen musste: Eines Tages klingelte das Telefon, eine wichtige Anweisung sollte übermittelt werden, aber keiner von den Anwesenden hatte einen Schlüssel.

Eingedenk all dieser Erfahrungen griff ich 1991 mit beiden Händen zu, als sich erneut die Chance auftat, in der damals noch existierenden Sowjetunion zu arbeiten. Berichten, ohne das ZK im Nacken zu wissen! Der neue Herausgeber des Blattes, der ehemalige langjährige »Spiegel«-Chefredakteur Erich Böhme, diese Zusammenhänge nicht ahnend, sagte vor meiner Abreise verwundert: »Sie sind also der arme Mensch, der da freiwillig nach Russland geht?« Leider traute ich mich damals nicht, die Situation auszunutzen und um eine Gehaltserhöhung zu bitten.

Das alles ist jetzt mehr als 15 Jahre her. Deutschland, aber vor allem Russland, seine Hauptstadt Moskau und auch die Menschen haben sich gründlich verändert und sind sich treu geblieben. Für jüngere Moskauer sind das Geschichten aus einer anderen Welt, die sie so nie kennengelernt haben. Die Älteren dagegen erinnern sich nur allzu gut der zahlreichen Schicksalsschläge, von denen sie in den letzten Jahrzehnten gebeutelt wurden und die sie mit erstaunlichem Stoizismus ertragen haben. Der Zusammenbruch eines Weltreichs, der KGB-Putsch 1991, die Beschießung des Parlaments 1993, Hyperinflation und Wirtschaftschaos der neunziger Jahre, der zweimalige Verlust aller Ersparnisse, der rauschhafte Aufstieg infolge der Preisexplosion auf dem Erdgas- und Erdölmarkt – all diese Ereignisse haben kaum weniger intensiv auf die Russen gewirkt als der Zweite Weltkrieg, der auch der Große Vaterländische Krieg genannt wird.

Fünf Jahre habe ich in der Sowjetunion und insgesamt 15 Nachwende-Jahre in Russland verbracht. Dieses Buch ist ein Versuch, die Veränderungen zu beschreiben, die sich hier vollzogen haben, und sie mit eigenen Erinnerungen und Erfahrungen zu verbinden. Ein persönlicher Blickwinkel ist also durchaus gewollt. Russische Bekannte fragen mich manchmal, ob ich ihr Land liebe, weil ich schon so lange hier lebe. Die Antwort fällt mir schwer. Ich mag Russland, ich habe viele Freunde hier, mehr inzwischen als in Deutschland. Aber kann man ein Land lieben? Ich halte es da eher mit dem Ausspruch des einstigen Bundespräsidenten Gustav Heinemann. Gefragt, ob er Deutschland liebe, sagte er: »Ich liebe meine Frau.«

Und noch zwei eher technische Anmerkungen. Zitate, die mit keiner Quellenangabe versehen sind, entstammen Gesprächen, die ich geführt habe. Bei der Wiedergabe russischer Namen und Ortsbezeichnungen habe ich die vom Duden vorgegebene deutsche Schreibweise verwendet. Dadurch kann es zu Abweichungen von aus der englischen oder französischen Umschreibung stammenden Bezeichnungen kommen.

RUSSLAND

Europäisches Nordmeer

Spitzbergen (norw.)

Franz-Josef-Land

Norwegen
OSLO

Barentssee

Nowaja Semlja

Schweden

STOCKHOLM

Finnland

● Murmansk

Karasee

Ostsee **HELSINKI**

Kaliningrad **TALLINN**

RIGA Ladoga-See Onega-See

VILNJUS Sankt Petersburg

Weliki Nowgorod

Wolga

Norilsk

MINSK

Petschora

Ural

MOSKAU
● Wladimir

Ob

b

KIEW

Don

Nischni Nowgorod

S

i

Ukraine

Kasan ● *Kama* ● Perm

Wolga

● Samara

● Jekaterinburg

Tscheljabinsk

Irtysch

Jenis...

Ob

Rostow

Wolgograd

● Omsk

Astrachan

Nowosibirs

TIFLIS *Kaspisches Meer*

ASTANA

Kasachstan

Aralsee   0   500   1000 km

JEREWAN
BAKU

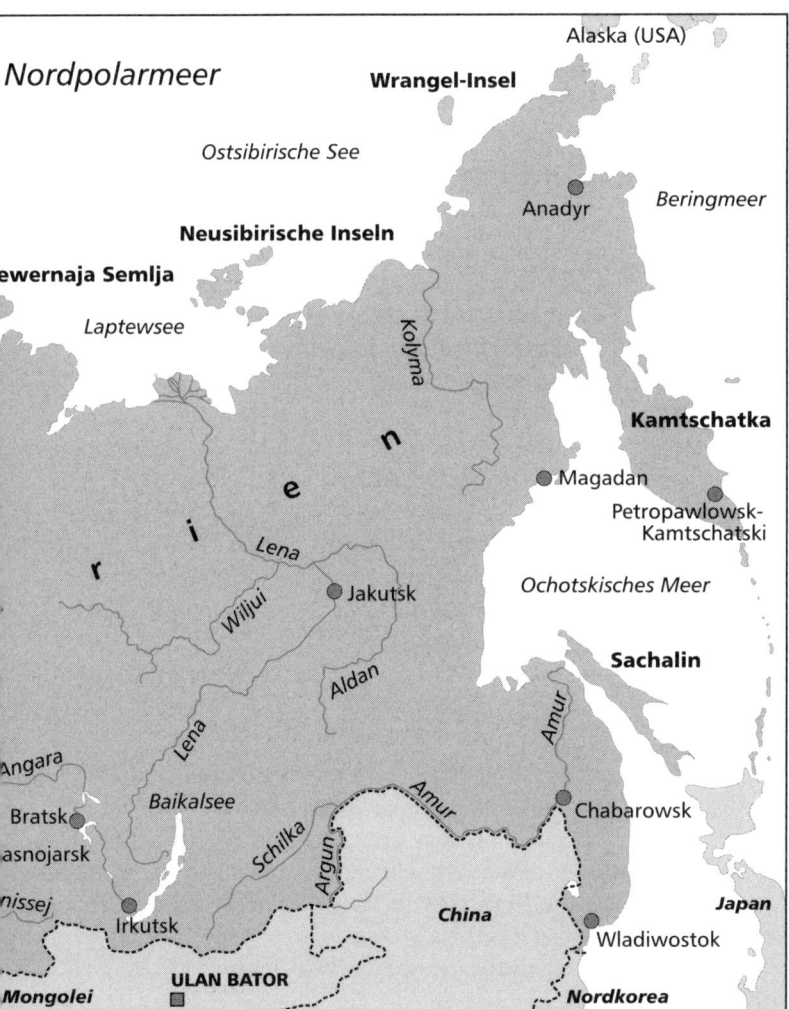

Nordpolarmeer

Ostsibirische See

Wrangel-Insel

Alaska (USA)

Neusibirische Inseln

Anadyr

Beringmeer

ewernaja Semlja

Laptewsee

Kolyma

Kamtschatka

e

n

i

Magadan

Petropawlowsk-
Kamtschatski

r

Lena

Jakutsk

Ochotskisches Meer

Wiljui

Aldan

Sachalin

Lena

Amur

Angara

Baikalsee

Amur

Bratsk

Schilka

Chabarowsk

asnojarsk

Argun

China

Japan

nissej

Irkutsk

Wladiwostok

Mongolei

ULAN BATOR

Nordkorea

Eigenheiten des Zusammenlebens

Ein russischer Bär geht mit seinem Freund, dem Wolf, durch den Wald. Da sehen sie einen Hasen. Der Bär meint zum Wolf, eigentlich habe er Hunger, der Hase käme gerade recht. Der Wolf stimmt zu, und beide verspeisen den Hasen. Wohlig satt, überkommt sie das schlechte Gewissen. »Wir hätten das arme Häschen doch nicht fressen sollen«, meint der Bär. »Wenigstens sollten wir ihn ordentlich begraben.« Gesagt, getan, sie begraben, was von dem Häschen übriggeblieben ist. Sie setzen ihm einen Grabstein und denken über eine Inschrift nach. »Unserem lieben Feind« wird ebenso verworfen wie »Unserem lieben Freund«. Beides scheint unpassend. Schließlich einigen sie sich und schreiben: »Unserem lieben Partner«.

(Soll Putin Angela Merkel erzählt haben.)

»100 Werst (etwa 107 Kilometer) sind keine Entfernung, 100 Rubel sind kein Geld und 100 Gramm kein Wodka«, heißt es in einem russischen Sprichwort aus einer Zeit, als der Rubel noch einen Wert hatte. Es beschreibt sehr anschaulich die Weite des Landes, aber auch die Maßstäbe, in denen seine Bewohner denken. In Russland ist alles etwas größer, etwas weiter und etwas grenzenloser. Das betrifft die Geografie ebenso wie die Menschen und ihre Ansprüche.

Die Russische Föderation ist so groß wie Südamerika. Aber diese Landmasse zwischen Europa, dem Nahen Osten und Asien erstreckt sich über mehr als 10 000 Kilometer von Kaliningrad im Westen bis zum Kap Prowidenija im äußersten Fernen Osten an der Behring-Straße. Auf der anderen Seite der Meeresstraße befindet sich Alaska, das einst zu Russland gehörte. Zar Alexander verkaufte die Region 1867 für 7,2 Millionen Dollar an die USA. Er hatte keine Verwendung für den »Sack voll Eis«. Die immer wieder auftauchende Behauptung, es habe sich um einen auf 99 Jahre befristeten Pachtvertrag gehandelt, ist allerdings ein Mythos.[1]

Russlands Nord-Süd-Ausdehnung nimmt sich etwas bescheidener aus. Zwischen dem nördlichsten Punkt des Landes auf der Kola-Halbinsel und dem südlichsten in der Bergrepublik Dagestan liegen aber immerhin noch gut 4000 Kilometer. Diese Art der Entfernungsangabe ist eigentlich untypisch für Russland, denn »wsjem iswestno, schto semlja natschinajetsa s kremlja«, reimte Wladimir Majakowski. Zu Deutsch: Alle wissen, dass die Welt am Kreml beginnt. Dort, am Zugang zum Roten Platz, ist denn auch eine Windrose ins Pflaster eingelassen, die den Kilometer Null für ganz Russland markiert. Alle Entfernungen werden von hier aus gemessen.

Wenn auch die Art der Entfernungsbestimmung befohlen werden kann, so entziehen sich die Zeitangaben den Ukasen (Erlassen) der jeweiligen Kremlherrscher. Der Versuch, 1945 nach dem Sieg über Hitlerdeutschland auch in Berlin die Moskauer Zeit anzuwenden, scheiterte schon nach kurzer Frist an den Realitäten der Natur. Wenn die Sonne in Moskau schon aufgegangen war, lag das zerbombte Berlin noch in tiefer Finsternis. Das Tagwerk in der unbeleuchteten Stadt musste noch warten.

Russland hat wegen seiner gewaltigen Ost-West-Ausdehnung mit seinen elf Zeitzonen durchaus ernsthafte Probleme. Während die Uhren in Murmansk im Norden und Machatschkala in Dagestan im Süden lediglich eine Differenz von einer Stunde anzeigen, liegen zwischen dem westlichsten und östlichsten Punkt des Landes elf Stunden Zeitunterschied. Wenn sich die Menschen im Fernen Osten morgens um neun Uhr an ihre Arbeitsplätze begeben, geht bei den Kaliningradern gerade der Vortag zu Ende, und sie machen sich fertig fürs Bett. Moskauer Nachtschwärmer brechen auf in die Bars.

Beginnen die Einwohner von Magadan – acht Stunden Unterschied zu Moskau – gerade ihren Arbeitstag, ist es noch tiefe Nacht in Moskau, und die Büros sind menschenleer. Keineswegs günstige Voraussetzungen für Kommunikation und administrative Leitung in dem Riesenreich.

Flugreisen in westöstlicher Richtung liefern einen nachdrücklichen Anschauungsunterricht für die Weite des Landes und für das, was sich ein Jetlag nennt. Für gewöhnlich starten die Maschinen gen Fernost in der russischen Hauptstadt gegen Mitternacht.

Acht, neun Stunden später – immer der Sonne entgegen – ist der Zielort Magadan, Wladiwostok, Juschno-Sachalinsk oder Anadir erreicht. Jetzt addiert man je nach Ortslage weitere acht, neun oder zehn Stunden Zeitunterschied und findet sich am späten Nachmittag wieder, zerschlagen und unausgeschlafen. »Du fliegst und fliegst, kommst nach neun Stunden an, und die Leute sprechen immer noch russisch!« Selbst ein weitgereister Journalistenkollege wie Igor Andrejew lässt sich immer wieder beeindrucken vom Phänomen der russischen Weite.

Sie ist auch ein wichtiger Teil des russischen Selbstwertgefühls, das Größe an sich zu einem unabdingbaren Attribut der russischen Staatlichkeit hochstilisiert. Dabei geht oft die Tatsache unter, dass Russland bis heute nicht so recht etwas anzufangen weiß mit seinen riesigen Gebieten, die weitgehend unbewohnt sind. Das trifft nicht nur auf unwegsame Regionen zu, sondern auch auf für das Leben durchaus geeignete Breiten. Doch in den vergangenen Jahren haben sich Hunderte von Dörfern in Zentralrussland entvölkert. Alles drängt, was angesichts der riesigen sozialen Unterscheide zwischen Stadt und Land verständlich ist, in die Ballungszentren. Dort nimmt die Bevölkerungsdichte immer mehr zu, während auf dem Lande immer weniger Russen leben. In Sibirien und im Fernen Osten drängen nach und nach Chinesen in die entvölkerten Gebiete vor. In Moskau geht die Sorge um, man könnte diesen Teil Russlands verlieren, ohne dass ein einziger Schuss fällt.

Erfahrene Dienstreisende, im Fernen Osten angekommen, beißen jetzt die Zähne zusammen, stellen die Uhr auf Ortszeit um und halten durch bis zur Schlafenszeit. Nur so kann man sich zügig an den örtlichen Rhythmus anpassen. Auf dem Rückweg kann man dann eine Sonne beobachten, die stundenlang scheinbar bewegungslos am Himmel steht. Abflugzeit in Fernost ist gleich Ankunftszeit in Moskau, die nächsten Tage werden schrecklich sein.

Natürlich ist auch der Landweg möglich. Aber bis heute existiert keine durchgehende Straße, die den Westen Russlands mit dem Fernen Osten verbindet und diesen Namen auch verdient. Ganz zu schweigen von einer Autobahn. Die ohnehin von Schlaglöchern durchsetzte Chaussee wird irgendwo hinter Tschita zur einfachen Schotterpiste, wo das Leben eines Pkw schon bei Tempo 30 höchst gefährdet ist. Der Zug braucht von Moskau bis Wladiwostok sieben Tage, der Reisende viel Geduld. Zur Zeit von Katharina II. mussten noch ganz andere Fristen veranschlagt werden. Aus nicht ganz erfindlichen Gründen befahl die aus Deutschland stammende Zarin eines schönen Tages, man möge ihrem Hofe in St. Petersburg junge Mädchen von der fernöstlichen Halbinsel Kamtschatka zuführen. Die Reise der gerade den Kinderschuhen entwachsenen Kamtschadalinnen zog sich hin. Als sie in St. Petersburg ankamen, hatten sie den Schmelz der Jugend schon etwas eingebüßt und mit den Begleitsoldaten mehrere Kinder gezeugt.

Auch klimatisch ist Russland ein Land der Extreme. In den zentralen Regionen und in Sibirien herrscht strenges Kontinentalklima. Heiße Sommer mit über 30 Grad Hitze wechseln mit langen, frostkalten Wintern ab. Selbst in Moskau können die Temperaturen bis auf 30 Grad Frost fallen, 40 sind eher die Ausnahme. Sibirien ist mit Wintertemperaturen um die 50 Grad und weniger deutlich kälter. In Oimjakon liegt der Kältepol der Nordhalbkugel. Dort wurden schon minus 72 Grad gemessen. Und während es in den arktischen Regionen des Landes nie richtig warm wird, herrscht in südlichen Landesteilen subtropisches Klima.

Juri Afanassjew, ehemals Rektor der staatlichen russischen humanistischen Universität, Historiker und Anhänger einer liberalen Demokratie in Russland, sieht in diesen extremen Naturbedingungen, in dem heftigen Wechsel zwischen heiß und kalt, auch eine Ursache für die Extreme des russischen Charakters. »Perioden heftigster Anstrengung wechseln sich ab mit der langen Zeit der winterlichen Ruhe, des Nichtstuns. Sie bildeten die Kontraste des russischen Charakters heraus, der, wenn es sein muss, alles Menschenmögliche hervorbringt, der aber auch monatelang auf der Bärenhaut liegt und nichts tut.« Dann neigt er zur Schwermut bis hin zum Selbstmitleid.

In Extremsituationen dagegen, wenn es um alles oder nichts geht, in den kurzen Vegetationsperioden etwa, wenn es darauf ankommt, das Überleben für den nächsten Winter zu sichern, wächst der russische Mensch plötzlich über sich hinaus und ist zu Großem fähig. Der Große Vaterländische Krieg darf dafür als Beleg gelten, ohne dabei zu vergessen, mit welch repressiven Mitteln gegenüber den eigenen Soldaten der Sieg errungen wurde. Und kein Zweifel: Nachdem der Schwarzmeer-Kurort Sotschi jetzt den Zuschlag für die olympischen Winterspiele 2014 bekommen hat, darf man gewiss sein, dass das Land unter Aufbietung aller Kräfte innerhalb der verbleibenden sechs Jahre die nicht vorhandene Infrastruktur nebst den erforderlichen Sportanlagen in die kaukasischen Berge klotzen wird. Begleitet natürlich von einer überbordenden Propaganda, die die Vorbereitungen auf die Spiele zu einer Entscheidungsschlacht um Russlands Ansehen und seine Rolle in der Welt hochstilisiert.

In sowjetischer Zeit wurde – freilich erfolglos – versucht, permanent solche Alles-oder-nichts-Situationen zu suggerieren. Der Arbeitstag war nach Meinung der Parteiideologen nicht nur ein Feiertag, er war jedes Mal auch ein Tag der Höchstleistungen in Industrie und Landwirtschaft. Der »Udarnik« wurde erfunden. Abgeleitet vom Wort »Udar« (Schlag). Er war als sogenannter Stoßarbeiter dazu bestellt, Normen zu brechen und Bestleistungen aufzustellen, die allen zum Vorbild dienen sollten.

Die DDR-Oberen nahmen sich daran ein Beispiel und schufen Vorzeige-Soldaten an der Arbeitsfront wie Adolf Hennecke. Der Bergmann überbot die Fördernorm um über 700 Prozent, wurde allen als Vorbild präsentiert und dafür gehasst. Denn diese Leistung hatte er, organisiert von Parteikadern, unter idealen Treibhausbedingungen erbracht, die sonst nicht existierten.

Ein klassisches Beispiel für die charakterlichen Extreme und die Stimmungsschwankungen war Russlands erster Präsident Boris Jelzin. Immer, wenn sich die Lage in einem Höchstmaß zugespitzt hatte, lief er zu großer Form auf. Berühmt sind die Bilder, wie er im August 1991 vor dem Weißen Haus den Putschisten die Stirn bot. Das war auch schon früher so. Der Volleyballer Jelzin fing erst so richtig an zu spielen, wenn das Match schon verloren schien. Die Mühen der Ebene dagegen waren nichts für ihn. Nach Stunden und Tagen höchster Anspannung, wenn er dem störrischen Parlament mal wieder neue Vollmachten abgerungen hatte, tauchte er manchmal für Wochen ab, ergab sich seinen Depressionen und dem Suff, während seine Umgebung das Land verwaltete.

Russische Nationalpatrioten versuchen heute, daraus die Essenz für die Einmaligkeit des russischen Charakters zu pressen. Die Mühen des Alltagslebens, die immer wiederkehrende, angeblich unschöpferische Routine, das Handeln und Schachern sei eben nichts für Russen, glauben sie. Deren Weg sei vielmehr »der Weg des heldenhaften Mannes, der Weg des russischen Recken, der bezaubernden russischen Frau«.[2]

Russlands Frauen, Russlands Männer

»Russlands Frauen sind die schönsten der Welt.« Dieser Satz ist wie ein Granitmonument eingepflanzt in das Bewusstsein der russischen Männer. Ihn zu bezweifeln hieße, an Russland zweifeln. Aber woher weiß ich, dass sie die Schönsten sind, wenn ich doch noch nicht in Indien, auf Bali oder in der Karibik war? Ein Einwand, der nur von einem übermäßig rational denkenden Deutschen kommen kann, der alles ganz genau wissen und begründet haben will, höre ich dann von russischen Freunden. Unsere sind eben die Schönsten, und fertig!

Tatsächlich ist dagegen ja auch kaum etwas zu sagen. Die Moskauerinnen heute sind tatsächlich atemberaubend schön, meist gertenschlank und mit betörenden Beinen. Es ist, als habe sich eine genetische Veränderung vollzogen. Oder sind es die veränderten Ernährungsgewohnheiten – »Sushi, die Speise des 21. Jahrhunderts« wirbt ein über die Straße gespanntes Transparent –, die den neuen Typ der Moskauer Frauen hervorgebracht haben? Wie auch immer, die jungen Damen der Hauptstadt unterscheiden sich fundamental von ihren Vorgängerinnen in den achtziger Jahren, die sich tagsüber vorwiegend von Weißbrot und Sliwki, einem Sahnegetränk mit 20 Prozent Fett, ernährten. Die Moskauerinnen heute ziehen Salat und Joghurt vor.

Sie haben zudem, im Vergleich zu der Generation der achtziger Jahre, der die Mittel dazu fehlten, ein ausgeprägtes Gefühl für modischen Chic. Elegante Schuhe, kurze Röcke, knappe Jäckchen und nabelfreie Tops werden auch dann gerne getragen, wenn die Temperaturen eher für Nierenentzündungen sorgen. Und keine Hauptstädterin, die auf sich hält, geht ungeschminkt aus dem Hause, manchmal allerdings so, dass man eher einen Barbesuch denn den Gang ins Büro vermuten könnte.

Es gibt Firmen, die ihren jugendlichen Mitarbeiterinnen per Anordnung eine etwas zurückhaltendere Garderobe »empfehlen« mussten. Das alltägliche Schaulaufen auf High Heels lenkte die männliche Belegschaft zu sehr von ihren eigentlichen Aufgaben ab. Was Wunder: Jobs in Banken, Handelsfirmen oder Hotels werden immer auch als Ehe- oder wenigstens Beziehungsanbahnungsmöglichkeit gesehen.

Gelegenheit, sich mit der allerneuesten Mode einzudecken, haben die Moskauerinnen reichlich. Und die Russinnen des Mittelstandes, anders als ihre deutschen Geschlechtsgenossinnen, sind viel eher bereit, einen erheblichen Teil ihres Monatssalärs für schöne Kleidung und gute Kosmetik auszugeben. So manch eine Moskauerin kehrte schon enttäuscht aus Deutschland zurück und bemängelte, dass die deutschen Frauen so gar nichts aus sich machten.

»Bei uns herrscht eben noch immer das Patriarchat. Es ist üblich, dass Männer leiten und Frauen ausführen.« Die Frau, die das bedauernd feststellt, ist eigentlich der Beweis des Gegenteils. Galina Sawina war schon mit 37 Jahren Generaldirektorin einer großen amerikanischen Firma. Die blonde Schönheit mit dem gewinnenden Lächeln ist eine der russischen Frauen, die es geschafft haben. Sie leitet mit viel Geschick, Kenntnis und weiblicher Intuition die amerikanische Werbefirma Rose Creative Strategies, die sich ganz auf das Russlandgeschäft konzentriert hat.

Die Business-Woman gehört zu einer neuen Generation russischer Frauen, die sich mit Geschick, Zähigkeit und viel Intelligenz ihren Platz in einer vorwiegend von Männern beherrschten Welt erkämpft haben. Sie sind Bankdirektorinnen, Pilotinnen und Politikerinnen. Sie verbinden oft auch noch erfolgreich den Job mit der Familie. Galina Sawina beispielsweise zieht – mit Hilfe einer Kinderfrau – ihren elfjährigen Sohn auf. Auch ihr Mann steht im Geschäftsleben »und hilft im Haushalt«, lobt sie den Gatten.

Das freilich ist noch immer ungewöhnlich im russischen Alltag, der von der traditionellen Rollenverteilung geprägt ist. Der Mann geht seinem Beruf nach, die Gattin tut es – soweit sie einen Job hat – auch, versorgt aber nebenher die gesamte Familie. Und die ist anspruchsvoll. Wenn nicht jeden Abend ein mehrgängiges Menü auf dem Tisch steht, hängt der Haussegen schief. Doch eine richtige russische Ehefrau hat derlei Probleme im Griff, auch wenn sie das an den Rand der Erschöpfung treibt. Das mag sich in Großstädten wie Moskau oder St. Petersburg schon etwas geändert haben, aber in der Provinz wirkt die Tradition in ihrer ganzen Widersprüchlichkeit.

Auf der einen Seite beherrschen die Ehefrauen, manchmal auch die »Babuschkas«, das familiäre Leben in beinahe erdrückender Weise. »Heute ist es bei uns doch so, dass sich die Frauen um die Männer kümmern müssen und sie beschützen und umsorgen sollen«, hat schon die erst 26 Jahre alte Anna Semjonowa, Moderatorin der russischen MTV-Version, verinnerlicht. Das nimmt dann auch schon mal für westeuropäische Verhältnisse sonderbare Züge an. Mit erdrückender Fürsorge und Dominanz bestimmen die Frauen alles, was in den eigenen vier Wänden geschieht. In einer zeitgenössischen Anekdote sagt Borja zu Wanja: »Bei mir zu Hause herrscht Gleichberechtigung. Ich entscheide die lebenswichtigen Fragen – Krieg oder Frieden, Aufrüstung oder Abrüstung, Sozialismus oder Kapitalismus. Meine Frau erledigt die kleinen Probleme – die Verwaltung des Familienbudgets, unsere Ernährung, die Kindererziehung.«

Auf der anderen Seite ziehen viele Frauen und Großmütter, geprägt von den sowjetisch-russischen Familientraditionen, die verzärtelten, verwöhnten Kerle heran, deren Opfer sie selbst oder ihre Töchter und Enkelinnen dann werden. Sie lieben ihre Söhne über alles und glauben, ihnen jeden Wunsch von den Lippen ablesen zu müssen.

Valja, 62 Jahre alt, hat zwei inzwischen erwachsene Söhne, sie ist in zweiter Ehe glücklich verheiratet. Valja hat sich immer sehr um ihre beiden Jungen Ljoscha und Sascha gekümmert, die jahrelang ohne Vater aufwachsen mussten, nachdem sie sich von ihrem Gatten, einem Alkoholiker, getrennt hatte. Sie sorgte nicht nur fürs leibliche Wohl, auch jedes Steinchen wurde den beiden aus dem Wege geräumt, auf dass sie keinen Schaden nähmen. Während der Schulzeit trug sie kleine Geschenke zu den Lehrern, um die Zeugnisse günstig zu beeinflussen, gab aber gleichzeitig allen Launen der beiden kleinen Paschas nach. Als Ljoscha studieren wollte, beschaffte sie über Bekannte einen Studienplatz an einer renommierten Militär-Akademie. Nach dem Abschluss drohte der Einsatz im hohen Norden, weit entfernt von jeder Zivilisation. Wieder mobilisierte Valja ihre Bekannten, Ljoscha durfte in Moskau bleiben und zog mit seiner jungen Frau in Valjas Dreizimmerwohnung in einem Plattenbau am Stadtrand. Schon bald führte er sich gegenüber seiner Mutter wie der Inhaber der Wohnung auf, zog Kreidestriche, die sie nicht übertreten durfte.

Als Valja wieder heiratete, zog sie mit dem jüngeren Sascha zu ihrem neuen Mann Wolodja in dessen Einzimmerbehausung. Ihre vergleichsweise große Wohnung überließ sie Ljoscha, der inzwischen schon zwei Kinder in die Welt gesetzt hatte. Irgendwann besorgte sie auch für den jüngeren Sascha eine kleine Wohnung. Das Ehepaar bekam über die Behörde, in der Wolodja beschäftigt ist, endlich nach Jahrzehnten der Einschränkungen eine schöne

Zweiraumwohnung mit einer großen Wohnküche. Doch die Freude über die neue Umgebung währte nur kurz. Der pfiffige Sohn Sascha renovierte seine kleine Bleibe aufwendig, vermietete sie an einen englischen Geschäftsmann und zog wieder zu seinen Eltern. »Wo sollte er denn auch hin? Seine Wohnung hat er doch vermietet«, meinte die Mutter verständnisvoll. Der Gedanke, dass ihr Sohn sich für einen Teil seiner Mieteinnahmen weiter außerhalb sehr wohl etwas Eigenes hätte mieten können, lag ihr fern. »Aber dann muss er ja so weit fahren bis zu seiner Arbeitsstelle!« Gatte Wolodja, der sich in den zurückliegenden Jahren sehr engagiert an der Erziehung der Sprösslinge beteiligt hatte, hielt zum ersten Mal dagegen. »Weißt du, der Junge schläft im Nebenzimmer, man traut sich ja nicht einmal, im eigenen Schlafzimmer Geräusche zu machen.«

Ein Leben lang wird den kleinen Burschen, später dann den Halbwüchsigen, eingeredet, dass sie die Ernährer, die Beschützer des heimischen Herdes seien. Erst durch ihre Fürsorge, so erfahren sie schon frühzeitig, können eine Familie und insbesondere die Frauen existieren. Die Folge: Generationen kleiner Zaren schwingen sich zu Alleinherrschern in ihren Familien auf, verteilen Gunst oder Tadel nach eigenem Gutdünken. Bis zur körperlichen Züchtigung ist es dann manchmal nicht weit. In drei von vier Familien, so die Schätzungen von Experten, gehört Gewalt zum Alltagsleben. Der Volksmund hat sogar noch Verständnis dafür. »Er schlägt dich? Also liebt er dich«, heißt eine russische Redewendung.

Die Gewalt hat zugenommen in den vergangenen Jahren. Denn in dem Maße, wie verwöhnte Familienpaschas mit den neuen, harten Konkurrenzbedingungen nicht mehr zurechtkommen, entlädt sich der Frust in den eigenen vier Wänden. In jeder Stunde wird irgendwo in Russland eine Frau Opfer einer Gewalttat in der Familie. Jedes Jahr sterben 9000 Frauen infolge von Gewalt in der Ehe, konstatierte Lidija Bardakowa, Koordinatorin des UN-Programms für Bevölkerungspolitik. Russische Frauen sterben zehn Jahre früher als ihre Geschlechtsgenossinnen in Europa – und leben dennoch deutlich länger als die russischen Männer. Die Müttersterblichkeit ist sechsmal höher als in europäischen Ländern.[3]

Das Paradoxe daran ist, dass dessen ungeachtet die russischen Männer vom Aussterben bedroht scheinen. Sie haben mit

59 Jahren eine um 13 Jahre geringere Lebenserwartung als die Frauen, die im Durchschnitt 72 Jahre alt werden. Das männliche Geschlecht stellt nur noch 47 Prozent der Gesamtbevölkerung – Tendenz fallend. In den vergangenen Jahren setzten rund 60 000 Menschen in Russland ihrem Leben durch Selbstmord ein Ende. Dabei hatten die Männer einen sechsmal höheren Anteil als die Frauen.[4]

»Männer«, urteilt eine Moskauer Bekannte resolut, »halten eben nichts aus. Sie sind anfällig gegen Stress, sie werden schneller krank und sind weniger leistungsfähig. Männer sind schwach.« Gebraucht werden sie dennoch. Obwohl die Zahl der Scheidungen hoch ist, obwohl viele Frauen alleine besser zurechtkämen und es dann oft auch in der Praxis tun, legen sie vielfach Wert auf einen ordentlich angetrauten Ehegatten. Erst dann werden sie in der ausgeprägten Macho-Gesellschaft rundum akzeptiert und ernst genommen.

Natürlich ist auch das alles nur ein Teil der Wahrheit. Natürlich gibt es auch in Russland den aktiven, schnell zupackenden und rational handelnden Mann. Allein die Existenz der russischen Oligarchen, über deren Motivation und Methoden kaum Zweifel angebracht sind, beeindrucken in gewisser Weise mit ihrer schier unbändigen Energie, mit ihrer skrupellosen, durch nichts zu bremsenden Gier nach mehr.

Besonderheiten der russischen Ehe

Die Ehe hat unter den erwachsenen Russen einen relativ hohen Stellenwert. Auf die Frage, was das Wichtigste ist, dem man sich in der Jugend widmen sollte, waren 44 Prozent der Befragten der Meinung, dies seien die Gründung einer Familie und Kinder. Erst dann folgen mit 39 Prozent der Beruf und die Karriere. Die Meinung, man lebe in der Jugend vor allem zu seinem Vergnügen, teilten nur zwölf Prozent. Ein Paradigmenwechsel kündigt sich indes an. Bei den 18- bis 24-Jährigen sah nur ein Viertel der Befragten die Familie als wichtigstes Lebensziel. 56 Prozent setzten Beruf und Karriere ins Zentrum ihrer Lebensplanung.[5]

Das macht sich auch am Alter derer bemerkbar, die sich zur Ehe entschließen. Während zu sowjetischer Zeit schon sehr früh, noch während oder gleich nach Abschluss des Studiums mit

Anfang 20 geheiratet wurde, steigt das Heiratsalter – wie in Westeuropa schon lange üblich – langsam an. Der Bräutigam ist heute durchschnittlich 25,8, die Durchschnittsbraut 23,1 Jahre alt. Die Tendenz: steigend. Dazu muss man wissen, dass Russlands Studenten die Universitäten sehr früh verlassen. In der Regel sind sie mit 21 oder 22 Jahren bereits graduiert.

Dabei beeilen sich viele der bis 30-Jährigen nicht mit der offiziellen Besiegelung dieses Status. Zehn Prozent ziehen die sogenannte »zivile Ehe« vor, was bedeutet, dass sie in einer Lebensgemeinschaft ohne Trauschein zusammenleben.[6]

Doch für die Mehrheit der Russen bleibt die Institution Ehe vorrangiges Lebensziel, auch wenn mehr als 50 Prozent schon in den allerersten Jahren scheitern. Hochzeiten werden mit großem Pomp begangen. So manche Familie stürzt sich in Schulden, um die Feier standesgemäß auszurichten. Weißes Brautkleid und Schleier sind obligatorisch, sexuelle Beziehungen vor der Ehe sind es auch. Sex wird in Russland von 65 Prozent der 15- bis 19-Jährigen und 97 Prozent der 20- bis 24-Jährigen praktiziert.

Je nach Geldbeutel fährt die Hochzeitsgesellschaft entweder mit schlichten Lada- und Wolga-Pkws oder auch mit amerikanischen Stretch-Limousinen und sogar mit Stretch-Hummern vor dem Hochzeitspalast vor. Brautjungfern und Brautführer tragen bunte Schärpen, Sekt fließt schon vor der Zeremonie. Besonders an Wochenenden werden die Ehen wie am Fließband geschlossen.

Pausenlos wiederholen die Standesbeamten, die in der Regel weiblich sind, ihre salbungsvolle Rede mit der Aufforderung zu staatsbürgerlichem Handeln, wobei oft nur die Namen des Brautpaares ausgetauscht werden. Anschließend geht es in Kolonne durch die Stadt zu den Orten, wo traditionell Blumen niedergelegt werden. Mit dieser Geste am Grabmal des Unbekannten Soldaten an der Kremlmauer, am Denkmal des Sieges auf dem Verneigungshügel oder am Panzersperren-Denkmal gedenken die Hochzeitsgesellschaften der Toten im Großen Vaterländischen Krieg, in dem praktisch jede russische Familie den Verlust von Angehörigen zu beklagen hatte.

Die kirchliche Trauung, die wieder populärer wird, findet entweder noch am selben Tage, meist aber aus Gründen der Organisation Tage oder sogar Wochen später statt. Zu sowjetischer Zeit war sie zwar nicht gesetzlich verboten, aber für Mitglieder des parteigelenkten Jugendverbands Komsomol oder der Kommunistischen Partei aus ideologischen Gründen praktisch nicht machbar. Auch Parteilose, die beruflich engagiert waren, unterließen das tunlichst. Nach dem Zusammenbruch der Sowjetunion hat es deshalb zahlreiche Fälle gegeben, da alte Ehepaare ihre kirchliche Trauung noch lange nach der Eheschließung nachgeholt haben.

Auf dem Lande ist es heute üblich, dass der Bräutigam die Braut unter dem johlenden Beifall der Hochzeitsgäste über die Brücke eines nahe gelegenen Flusses trägt. Das ist nicht so ganz leicht, da die jungen Frauen meist stämmig gebaut und die angehenden Ehemänner zu dem Zeitpunkt schon kräftig angetrunken sind. Auch ist es durchaus die Regel, dass eine Hochzeit auf dem Dorfe, die gleich mehrere Tage dauert, mit einer kräftigen Prügelei abgeschlossen wird.

Ist es der Männermangel oder sind es optisch nicht erkennbare Werte, die die Zusammensetzung so manches Paares bestimmen? Jedenfalls kann man an den traditionellen Moskauer Orten des Kranzabwurfs des Öfteren etwas sonderbar erscheinende Pärchen beobachten: Sie, bildschön, resolut und Anfang 20, natürlich mit Schleier und ganz in Weiß, hat »ihn« im Schlepptau: einen unscheinbaren, nichtssagenden Typen, der nur wenig älter ist, aber im Gegensatz zu seiner aufgeweckten, frisch angetrauten Gattin schon jetzt mit glasig werdenden Augen in die Welt blinzelt.

Wodka – Droge und Kultgegenstand

»Wenn es dir morgens gutgeht, hast du am Abend schlecht getrunken. Geht es dir morgens schlecht, hast du am Abend gut getrunken«, sagt der Volksmund in Anlehnung an ein Majakowski-Gedicht. Trinken ist männlich, trinken adelt die Runde tapferer Kerle und ist eine Sache der Ehre. Das jedenfalls ist vor allem auf dem Lande die weit verbreitete Auffassung. Es gehört – auch wenn sich die Gewohnheiten in der Großstadt zu wandeln beginnen – zum russischen Leben, wie Pelmeni, Bliny und Piroggen.

Doch »Sastolje« – das gemeinsame Tafeln – ist in Russland mehr als nur ein Gelage, mehr als ein Bankett oder eine Tafelrunde. Das ist in Jahrhunderten gewachsene Lebensweise, eine Philosophie des familiären Zusammenhalts, des gemeinsamen Erzählens, Fabulierens und Prahlens im Freundeskreis. Legendär sind die Gespräche in den Küchen der Intelligenzija, wobei die KGB-Häscher zugleich Jagd auf Dissidenten machten.

»Russkoje sastolje« ist ein Ausdruck uralter russischer Kultur, die in ihrer gemäßigten Form für kuschelige Geselligkeit, für gutes Essen, gemeinsames Singen und herzwärmende Trinksprüche steht. Die dürfen auch schon mal etwas pathetisch sein: »Wodka ist Gift, Gift ist Tod, Tod ist Schlaf, Schlaf ist Gesundheit. Wollen wir auf die Gesundheit trinken.« Auf dieses Kommando hin wird das Glas – es müssen nicht die berühmten 100 Gramm sein, es reichen auch 40 – an die Lippen gehoben und zügig heruntergekippt.

Deutsche können da in der Regel nicht mithalten. Was wiederum von Russen mitleidig belächelt wird. Der Autor Iwan Iwander schreibt: »Der normale Durchschnittsdeutsche wird sich in der Gesellschaft seiner Freunde nie erlauben, sich bis zur Bewusstlosigkeit zu besaufen oder das volle Feierabendprogramm zu absolvieren. In meinen jahrelangen Begegnungen mit Deutschen habe ich nur einen einzigen Alkoholiker gesehen und zwei, drei, die auch ohne Anlass gerne mal einen getrunken haben.«[7]

Aber was ist das eigentlich, was da als urrussisches Nationalgetränk gilt und die Bezeichnung »Wässerchen« trägt? Seine »Erfindung« wird dem berühmten russischen Naturwissenschaftler Dmitri Mendelejew zugeschrieben. Mendelejew, dessen eigentliche Leistung die Entdeckung des Periodensystems der Elemente ist, soll als Erster die für den russischen Wodka klassische Alkoholkonzentration festgelegt haben. Es müssen genau 40 Prozent reinsten Sprits sein, jede Abweichung davon nach oben oder nach unten sei von Übel, postulierte der Wissenschaftler.

Dieses Getränk wird gut gekühlt, manchmal aber auch lauwarm, in einem Zuge getrunken. Anschließend wird sofort etwas nachgegessen. An »Zubiss« mangelt es in Russland nie. Die Tische biegen sich unter dem Gewicht der reichhaltigen »Sakuski«, ohne die Trinken als Sauferei gilt. Die in Deutschland übliche Trennung, Gästen zuerst ein Abendessen zu servieren und dann anschließend eventuell auch härtere Getränke anzubieten, wäre in Russland ein Stilbruch. Aus sowjetischer Zeit ist ein Ausspruch überliefert, demzufolge es in deutschen Geschäften alles, auf deutschen Tischen nichts gebe. Dagegen seien die sowjetischen Geschäfte leer, aber auf den Tischen in Russland gebe es alles. Reichliches Essen und Trinken wechseln sich den ganzen

Abend über ab und mildern die Folgen des Alkoholgenusses. Schwarzer oder roter Kaviar passen perfekt zu Wodka. Ebenso Stör, Räucherlachs, eingelegte Pilze, Salzgurken, Fleischbällchen, verschiedene Salate, Roggenbrot und Butter. Nach jedem Schluck wird sofort etwas gegessen.

Manchmal, wenn es die Ehre oder die Verzweiflung verlangen, aber auch nicht. Der Filmregisseur Sergej Bondartschuk trug mit einer Szene aus seinem Film »Ein Menschenschicksal« mit zur Verklärung des Trinkvermögens bei der Herausbildung des überlegenen russischen Charakters bei. Ein Sowjetsoldat, gespielt von Bondartschuk, gerät in ein deutsches KZ und wird eines Tages zur Lagerverwaltung beordert. Dort will man sich einen Spaß machen und bietet dem ausgemergelten Gefangenen 100 Gramm Wodka an. Der Soldat, auf die Ehre des Landes bedacht, trinkt den Wodka auf einen Zug, lehnt aber das Stück Brot als Zubiss mit der Bemerkung ab, nach den ersten 100 Gramm esse er nie etwas. Das wiederholt sich noch zweimal, die Schergen sind beeindruckt und lassen den Häftling, der sich schon dem Tode nahe sah, mit einem Stück Brot und einem Stückchen Schinken in seine Baracke zurückgehen. Dort fällt er total betrunken um und kann gerade noch murmeln, man möge die Lebensmittel aufteilen.

Szenen wie diese sind es, die ein verklärendes Bild von einem der gravierendsten Probleme des Landes malen. Denn jenseits jeder Romantik wird im russischen Alltag exzessiv und selbstzerstörerisch getrunken. Dabei sind die Angaben, wie viel tatsächlich getrunken wird, sehr unterschiedlich. Das staatliche Statistikamt geht von sieben Litern reinem Sprit aus, die jährlich pro Kopf getrunken werden. Diese Zahl beruht lediglich auf den offiziell verkauften Alkoholmengen. Doch zwischen 40 und 50 Prozent der konsumierten alkoholischen Getränke stammen aus dunklen Quellen und werden von Statistik und Steuer nicht erfasst. Realistischer sind folglich Berechnungen, dass jährlich 15 oder sogar 19 Liter reinen Sprits durch jede russische Kehle rinnen. Zum Vergleich: Deutsche trinken pro Kopf etwas mehr als zehn Liter. Jedes Jahr sterben zwischen 30 000 und 40 000 vorwiegend männliche Einwohner Russlands an den Folgen des Alkoholismus, an Selbstgebranntem oder einfach an gesundheitsschädlichem Alkohol.

Mit seiner »Reise nach Petuschki« hat der Schriftsteller Wenedikt Jerofejew, der selbst allzu früh der »grünen Schlange«

(Slang: Alkohol) erlag, nicht nur eine Satire auf die sowjetische Gesellschaft abgeliefert, sondern auch dem passionierten Trinker russischer Herkunft ein bleibendes Denkmal gesetzt. Mit zwei Flaschen Kubanskaja Wodka, zwei Viertelliterflaschen Rossijskaja Wodka und einem hochprozentigen Rosé macht sich der Held auf in den Ort Petuschki. Dabei wird nie so recht klar, ob er tatsächlich fährt, oder ob sich alles, wie seine angeblichen Reisen ins Ausland, die zu sowjetischer Zeit unerreichbar waren, nur in seiner Einbildung abspielt. In seiner größten Verzweiflung, nicht wissend, wo er sich gerade befindet, steigt ein schlichter Wunsch aus der Tiefe seines Herzens auf: »Wenn ich wenigstens zwanzig Schluck Wodka hätte!«[8]

In früheren Jahrhunderten tranken die Russen lediglich Honigbier, aber auch das nicht zu knapp. Der Legende zufolge hatte der Kiewer Fürst Wladimir, bevor er sich zur Annahme einer Religion entschied, Boten ausgeschickt, um sich über fremde Religionen informieren zu lassen. Überall stört ihn etwas. Beim Islam missfiel ihm angeblich das Alkoholverbot. »Das Trinken ist der Russen Freude; ohne das Trinken können wir nicht sein«, soll er gesagt haben.[9]

Von den Griechen waren seine Boten dagegen begeistert. Während des Gottesdienstes hätten sie nicht mehr gewusst, ob sie noch auf der Erde oder doch schon im Himmel seien, berichteten die Boten verzückt. Wladimir soll daraufhin 989 nur noch gefragt haben: »Wo nehmen wir die Taufe?«[10]

Die »harten« Getränke verdanken die Russen den Ausländern. Kaufleute brachten den Branntwein über die Handelswege der Hanse nach Nowgorod und Pskow. Der Ausschank an Einheimische war zunächst verboten, doch das hielt natürlich nicht lange. Der Durchbruch kam, als Iwan IV., auch Iwan Grosny genannt, nach der Eroberung von Kasan 1552 dort den Kabak entdeckte, die Kneipe. Er führte den Kabak, diminutiv Kabatschok, in Moskau ein, wo er zu einem wichtigen Pfeiler der Staatseinnahmen wurde. Die Untertanen hatten sogar die Pflicht, nicht selten durch Prügel angetrieben, dort für den Zaren zu trinken. Selbst gesuchte Verbrecher durften nicht angerührt werden, solange sie noch nicht ihr letztes Hemd im Kabak vertrunken hatten.

Spätere Versuche, diese Trinkunsitte per Ukas von oben abschaffen zu wollen, haben noch immer mit einer Niederlage geendet. Ex-Präsident Michail Gorbatschow, wegen seines Kampfes gegen den Alkohol auch »Mineralsekretär« genannt, weiß ein Lied davon zu singen. Seine Anti-Alkohol-Kampagne Mitte der achtziger Jahre wurde zum Rohrkrepierer. Nicht nur, dass die Zahl der Alkoholiker eher stieg als zurückging, auch die Zahl der Wodka-Toten wuchs. Denn mit dem »Suchoi Sakon«, dem trockenen Gesetz, griffen die Trinker auf das zurück, was an Alkoholischem noch zu haben war. Von Rasierwasser bis zur Kompassflüssigkeit wurde alles runtergekippt, was drehte. Selbst vor Drogerien waren Mitte der achtziger Jahre lange Schlangen wartender Männer in abgewetzter Kleidung zu beobachten, die gerade angeliefertes billiges Eau de Cologne sowjetischer Produktion palettenweise kauften. Die erste Flasche wurde dann gleich vor dem Laden auf Ex getrunken, begleitet von dem Spruch: »Schon wieder kein Grund, nicht zu trinken.«

1987, als die Anti-Alkohol-Kampagne ihren Höhepunkt erreicht hatte, flossen der Inhalt von einer Milliarde Parfüm-Flakons und eine weitere Million Liter Glasreinigungsmittel durch russische Kehlen.[11] Die Staatsfinanzen, die sich zu einem erheblichen Teil aus den Wodka-Einnahmen speisten, gerieten ins Wanken.

Juri Afanassjew, der Historiker, lädt auch der orthodoxen Kirche einen Teil der Verantwortung dafür auf. Die Kirche habe den Leuten eingeredet, Reichtum sei schlecht, und die Reichen seien Sünder. »Mit anderen Worten, man muss nicht unbedingt arbeiten. Wenn denn nur die Seele rein bleibt, dann werde die Obrigkeit und / oder Gott schon helfen. Daher rührt das ganze Ausmaß der Trunksucht, das Ausmaß der Trägheit in unserem Lande.«

Die russisch-orthodoxe Kirche

Die Erlöser-Kathedrale in Moskau. Lea, das kluge fünfjährige Enkelkind, staunt über die Pracht, über Kerzen und Weihrauch. Und über die Menschen, die sich vor den Ikonen bekreuzigen, auf die Knie fallen, um mit der Stirn den Fußboden zu berühren, und die Heiligenbilder schließlich küssen. Was sie denn alle hier täten, will das Kind wissen. Nun ja, wird ihr zur Antwort, die Menschen hier glaubten an Gott und kämen in die Kirche, um zu ihm zu beten, Hilfe und Schutz zu erflehen. Es gäbe aber auch Leute, die nicht daran glaubten. Nachdenklich schaut das Kind auf die flackernden Kerzen und sagt weise: »Ich auch nicht! Denn wenn es einen Gott gibt, dann kann er ja machen, dass wir arm werden.«

Die Christ-Erlöser-Kathedrale, von Stalin 1931 zerstört und wieder aufgebaut in den letzten Jahren des 20. Jahrhunderts, ist ein weithin sichtbares Zeichen der wiedererstarkenden Rolle der russisch-orthodoxen Kirche im Leben der Russen. Und sie ist ein Zeichen für die erwachende Religiosität im Lande. 56 Prozent der Russen hängen Umfragen zufolge der orthodoxen Kirche an. 33 Prozent bezeichnen sich als Atheisten. Der Rest verteilt sich auf andere Religionen: Islam, Buddhismus, Judentum, Katholizismus und Protestantismus.[12] Viele betrachteten die Orthodoxie als wichtige Wurzel der russischen Identität.

Zwar gaben 59 Prozent der Befragten an, dass sie nie einen Gottesdienst besuchen. Dennoch sind die Kirchen gefüllt, man entzündet Kerzen für das Seelenheil der Angehörigen und der Toten und lauscht dem Singsang der Popen. Allen voran die politische Führung, die sich an großen religiösen Feiertagen gerne bei Gottesdiensten filmen lässt. Bescheiden steht dann die politische Führung des Landes, einstige Kommunisten und ehemalige KGB-Offiziere, unter den Gläubigen, hält Kerzen in der Hand und blickt demutsvoll auf den segnenden Geistlichen.

Die erstaunlichste Wende vollzog der verstorbene erste russische Präsident Boris Jelzin. Aufgewachsen als atheistischer Jugend- und Parteifunktionär in der Sowjetunion wurde er unmittelbar nach dem Zusammenbruch der Sowjetunion tief religiös.

Die Kirche entdeckte ihre Rolle als Stütze der Macht wieder, sie hat den Schulterschluss mit der Obrigkeit vollzogen, die sich selbst an der aus dem 19. Jahrhundert herrührenden »russischen Dreifaltigkeit«, den drei Säulen des russischen Staates orientiert: Orthodoxie, Selbstherrschaft, Volksnähe. Wobei heute statt des Zaren der russische Präsident unangefochten die Herrschaft ausübt, während heute wie damals die Nähe zum russischen Volk als Abgrenzung gegen westliche Einflüsse verstanden wird.

Russland wurde von Byzanz, von der Ostkirche also, christianisiert, nicht vom römisch-katholischen Christentum. Das hatte weitreichende Folgen für die Entwicklung des Landes. Die Ostkirche bereitet ihre Gläubigen vorrangig auf das Leben im Jenseits vor. Die Orthodoxie verlangt von ihnen Demut, Duldung und die Bewahrung der traditionellen Liturgie. Dispute, theologische Debatten wie in der Westkirche gibt es nicht.

Auch Predigten, wie wir sie aus der katholischen und evangelischen Kirche kennen, werden in der russisch-orthodoxen Kirche nicht gehalten. In prunkvoller Umgebung, die für westliche Augen überfrachtet scheint, in einer von Weihrauch und Wachskerzenduft durchtränkten Luft betet und singt der Pope mit seinen Gläubigen, die sich danach drängen, ihm den Saum des Gewandes zu küssen. Es gibt kaum einen Neubau, sei es eine Bank, ein Geschäftshaus oder eine Fabrik, der nicht mit dem Segen eines orthodoxen Priesters eingeweiht würde. Beliebt ist das Segnen der Waffen der russischen Armee. Ein besonders enges Verhältnis pflegt die Orthodoxie zu den strategischen Atom-Raketentruppen, die ihren zentralen Kommandostützpunkt längst um eine Kapelle erweitert haben. Der heilige Serafim von Sarow wurde zu ihrem Schutzpatron erklärt. Zum 60. Jahrestag der »Raketschiki« im Herbst 2001 gab es in der Erlöser-Kathedrale in Moskau einen Gottesdienst und ein feierliches Konzert.

Auf dem Lande geht es etwas bescheidener zu. Da werden die kleinen Häuschen geweiht, Priester bieten am Straßenrand für ein paar Rubel den Segen für das gerade erworbene Auto an. Und auch die Gangster, die als besonders gläubig-abergläubisch gelten, bringen dem Popen vor einer »Strelka«, einem Treffen mit einer verfeindeten Gruppe, ihre Waffen, auf dass er sie segne.

Reformation und Aufklärung hat diese Kirche nie gesehen und ist stolz darauf. Ökumenisches Denken ist ihr fremd. Die russisch-orthodoxe Kirche sieht sich als Erbin des untergegangenen Byzanz und als die einzige Bewahrerin des christlichen Glaubens.

Sie hatte mehrfach Versuche unternommen, eine eigenständige orthodoxe Kirche in Russland mit einem eigenen religiösen Oberhaupt zu installieren, ehe es dann 1448 endgültig zur Loslösung von der griechischen Kirche kam. Heute wird der Wechsel von der orthodoxen zu einer anderen christlichen Kirche als Abfall vom Glauben gegeißelt. Wer konvertiert, macht sich zum Staatsfeind, postulierte Patriarch Alexij II. im Januar 2002. Die Orthodoxie hat sich im Laufe der Jahrhunderte stets gegen das Eindringen »fremder« Ideen gewandt und zur Abschottung des Landes vor Erneuerung und Entwicklung gesorgt. Gleichzeitig war sie aber als Staatskirche auch ein Garant des nationalen Zusammenhalts und des nationalen Zusammengehörigkeitsgefühls.

Die Moskauer Erlöser-Kathedrale und ihre Geschichte belegen das auf eindringliche Weise. Ihre Errichtung begann mit einem

Fluch, sagt die Legende. Man schrieb das Jahr 1837. Zar Nikolaus I. ließ das Alexejew-Frauenkloster schleifen, um an seiner Stelle eine Kathedrale zu bauen, deren Größe alles in den Schatten stellen sollte, was bis dahin an Kirchen in Russland gebaut worden war. Die letzte Oberin des Frauenklosters hatte dafür kein Verständnis. Sie verfluchte den Ort am Moskwa-Ufer, als man sie mit Gewalt fortbrachte. An dieser Stelle, so prophezeite sie, werde keines Menschen Werk die Zeiten überdauern.

Zar Nikolaus I. kümmerte sich nicht um das Gezeter der alten Nonne, wenn es ihm denn überhaupt zu Ohren gekommen sein sollte. Der Herrscher aller Reußen brauchte die Kathedrale. Nicht nur als Ort des Gebetes, nicht nur als Dankesbezeigung an den Gott, der der russischen Armee den Sieg über die Franzosen geschenkt hatte, sondern vor allem als Symbol der Autokratie, des allmächtigen Willens des Herrschers – beides nach seiner Auffassung der einzig verlässliche Kitt für den Zusammenhalt seines Reiches. Westliches Denken, wie es unter anderem die französische Aufklärung hervorgebracht hatte, galt ihm als Angriff auf den monolithen russischen Staat. Auch saß der Schock des Dekabristenaufstandes vom Dezember 1825 (Dekabr = Dezember) noch tief. Der Aufstand war zwar wegen dilettantischer Organisation kläglich gescheitert, hatte aber bewiesen, wie stark das russische Offizierskorps vom Europa-Erlebnis des Krieges gegen Napoleon (1812–1815) geprägt war. Die russische Armee hatte Europa von der napoleonischen Tyrannei befreit und dabei Bekanntschaft mit politischen Freiheiten, mit Verfassungen und Parlamenten gemacht. Die Hoffnung der heimkehrenden Offiziere, darunter junge Männer aus angesehenen Adelsfamilien, auch in Russland werde sich nun etwas ändern, wurde jedoch bitter enttäuscht. Als ihr Aufstand zusammenbrach, setzten Jahre der Repressionen und der Restauration zarischer Allmacht ein.

»Geistige Dämme« mussten her, um unerwünschte Einflüsse abzuwehren und die Autokratie des Zaren zu stabilisieren. Die Orthodoxie war für diese Rolle geeignet, die Erlöser-Kathedrale wurde zum steinernen Symbol der Abschottung gegenüber dem Westen.

Am 10. September 1839 wurde der Grundstein gelegt. Die Einweihung erlebte Nikolaus I. nicht mehr. Es war nicht den Bauleuten, sondern der leeren russischen Staatskasse geschuldet, dass der Bau immer wieder ins Stocken geriet. Erst 1883 war das Bauwerk so weit fertig, dass es geweiht werden konnte. Spötter hatten schon damals die despektierliche Bezeichnung von der »Riesentorte« geprägt. Ein viertürmiger Kuppelbau – quadratisch, weiß leuchtend und groß – erhob sich wuchtig auf einem Hügel am Moskwa-Fluss. Selbst der berühmte Le Corbusier, später von Stalin nach seinem Urteil befragt, hielt den klotzigen Sakralbau nicht für unbedingt erhaltenswert. Bei diesem diplomatischen Urteil mag eine Rolle gespielt haben, dass sich der Architekt an der Ausschreibung für den Bau des »Palastes der Räte (Sowjets)« beteiligte, der an gleicher Stelle errichtet werden sollte.

Am 5. Dezember 1931 ließ Stalin die Kathedrale sprengen. So wie in den dreißiger Jahren Tausende Kirchen im ganzen Land. Die Priester wurden verfolgt, in die Gulags (Straf- und Arbeitslager) gesperrt oder umgebracht, die einstigen Gotteshäuser brutal zu Lagerhallen, Viehställen, Fabriken, Krankenhäusern oder Museen des Atheismus umfunktioniert. Das Kloster von Solowki wurde zum Gulag, eine dortige Kirche sogar zur Hinrichtungsstätte.

Nach der ersten Sprengung stand das Gotteshaus in Moskau noch. Erst zwei weitere Sprengungen ließen die Kirche in sich zusammenfallen. Ein Zeichen Gottes, wie Russlands Orthodoxe bis heute meinen. Dass es Stalins Architekten in der Folge nicht gelang, an gleicher Stelle den »Palast der Sowjets« zu errichten, empfinden sie als Zeichen höherer Gerechtigkeit. Und als Folge des Fluches.

416 Meter hoch sollte der Palast im Zuckerbäckerstil werden, einschließlich einer 100 Meter hohen Lenin-Statue. Der Hügel wurde abgetragen, ein gewaltiges Fundament in den sumpfigen Boden gegossen. Dann stockte der Bau. Weil der Untergrund nachgegeben, das Fundament Risse gezeigt hatte. Weil Gott die Blasphemie nicht hatte zulassen wollen, sagen die Gläubigen. Aber es waren wohl eher der Krieg und der daraus resultierende Mangel an Geld und Baumaterial, die den Bau stoppten. Bei Erdarbeiten für die neue Kathedrale wurde die gut erhaltene »Stalinplatte« freigelegt, für qualitativ hochwertig befunden und teilweise als Grundplatte für den neuen Sakralbau genutzt.

Bevor es so weit war, hatte der historische Platz indes eine weitere Metamorphose über sich ergehen lassen müssen. Als Chruschtschow Stalin beerbte, hatte sich das Palast-Projekt mangels materieller Möglichkeiten bereits erledigt. Geblieben war eine große Baugrube im Zentrum der Stadt. Chruschtschow fällte eine überaus populäre Entscheidung: Er ließ zwischen Puschkin-Museum und Moskwa ein riesiges, kreisrundes offenes Schwimmbad anlegen. Bis zu 15000 Moskauer gingen hier an schönen Tagen baden. Auch im Winter bei knackendem Frost, denn das Wasser wurde beheizt. Das Tragen einer Kopfbedeckung war empfehlenswert, weil sonst die nassen Haare gefroren.

Zu Beginn der neunziger Jahre wurde eine Generalreparatur des Bades nötig. Geld war keins vorhanden, die geschlossene Anlage gammelte vor sich hin. Juri Luschkow, der fintenreiche Moskauer Bürgermeister, erkannte die einmalige Gelegenheit. Mit dem Wiederaufbau der Erlöser-Kathedrale schlug er gleich mehrere Fliegen mit einer Klappe. In den Augen der wachsenden Zahl der Gläubigen – und Wähler – profilierte sich der Initiator und Geldbeschaffer des Projekts zum Wohltäter. Die Kathedrale geriet zum Denkmal nicht nur für die Orthodoxie, sondern auch für den selbstlosen Bürgermeister. Und schließlich konnte ein Bündnis mit der an Einfluss gewinnenden Kirche für einen ambitionierten Politiker nur nützlich sein.

Luschkows Visionen wurden sogar in TV-Werbespots umgesetzt: Ein altes Mütterchen, auf den Stock gestützt, ein Rocker und ein Neureicher im Luxuswagen scheinen auf Kollisionskurs. Schlimmes, jedenfalls für die hilflose Frau, steht zu befürchten. Da schwenkt die Kamera auf das gemeinsame Ziel der drei ungleichen Gestalten, auf den Spendenkasten für den Wiederaufbau der Erlöser-Kathedrale: »Der Glaube ist es, der uns eint« lautete die Botschaft, die zu reichlichen Gaben für den Bau aufforderte.

Mit atemberaubendem Tempo trieb Bürgermeister Luschkow das Baugeschehen voran. Am 7. Januar 1995 legte er zusammen mit dem Oberhaupt der russisch-orthodoxen Kirche, Alexij II., und Premierminister Tschernomyrdin – Präsident Boris Jelzin war gerade wieder wegen »Erkältung« ausgefallen – den Grundstein für den 103 Meter hohen Neubau. Schon im August 2000 konnte er geweiht werden.

Die Gesamtkosten wurden offiziell mit rund 350 Millionen Dollar angegeben. Dafür entstand ein religiöses Zentrum mit vielen Extras. Wurde die alte Kathedrale im Winter nur vom Atem der Gläubigen geheizt, so besitzt das neue Bauwerk eine technisch ausgeklügelte Warmluftheizung. Sechs Aufzüge stehen den Priestern zur Verfügung, auf dass sie zügig von einem Gebetsort zum anderen gelangen können. Eine Ladenstraße mit Geschäften für Gegenstände des religiösen Bedarfs fehlt ebenso wenig wie ein üppig ausgestattetes Tagungszentrum für die Synode oder eine Tiefgarage mit 600 Parkplätzen. Der Patriarch bekam selbstverständlich eine eigene Zufahrt.

Finanziert wurde die Kathedrale allerdings trotz der Werbespots nur zu einem kleinen Teil aus Spenden der Gläubigen. Die weitaus größeren Leistungen – über 90 Prozent der Gesamtkosten – hatten die Unternehmen, Banken und Handelshäuser zu erbringen. »Freiwillig« beteiligten sie sich an Transportleistungen und Materiallieferungen oder stellten Bautrupps und Geld zur Verfügung. Ihnen war natürlich klar, dass jeder, der in der russischen Metropole seine Geschäfte voranbringen will, der Grundstücke oder Büros erwerben will, dies nur mit Unterstützung der Stadtverwaltung und des Bürgermeisters bewerkstelligen kann. Da brauchte es nur wenig Druck, um die Spendenfreudigkeit anzuregen.

Tausend Jahre russischer Geschichte

Ein Kosake reitet durch die Steppe. Unter einem Baum liegt ein Kalmücke und schläft. Der Kosake reitet heran und bietet dem Kalmücken eine Wette an: »Wenn du errätst, wohin ich reite, bekommst du meinen Säbel.« Der Kalmücke blinzelt in die Sonne und sagt: »Du reitest zu einer Frau.« Der Kosake schüttelt verneinend den Kopf und reitet weiter. Nach einer Stunde kommt er zurück und reicht dem Kalmücken schweigend seinen Säbel. Der schaut verständnislos, und der Kosake sagt: »Für die gute Idee.«

Die Waräger und die Kiewer Rus

Sie lebten an der Dwina, am Don, am Ilmen- und am Peipussee. Sie nannten sich Tschuden, Slowenen, Meren, Kriwitschen und Wes und waren slawischer, estnischer und finnischer Herkunft. Den Warägern von jenseits der Ostsee waren sie tributpflichtig. Das hatten sie eines schönen Tages satt. »Sie vertrieben die Waräger über das Meer und gaben ihnen keinen Tribut mehr«, berichtet die »Erzählung der vergangenen Jahre«, auch bekannt als Nestor-Chronik. Sie ist so etwas wie die Gründungschronik des ersten russischen Staates, der Kiewer Rus. Sie berichtet, mit dem Jahr 859 beginnend, wie es damals war mit den Slawen, den Warägern, mit Rjurik und Oleg. Der Historiker-Streit darüber, inwieweit der Bericht tatsächlich zutrifft, ist bis heute nicht entschieden, viele Details – zum Beispiel die Herkunft des Namens Rus – sind widersprüchlich. Auch ist nicht endgültig geklärt, ob Rjurik tatsächlich existiert hat. Dennoch fällt der Bericht, »wenn wir von der etwas dramatisierten Form absehen, nicht aus dem Rahmen dessen, was wir auch sonst für die frührussische Entwicklung als erwiesene Tatsache annehmen müssen«.[13]

Er kann denn auch mit der gebotenen Zurückhaltung als Illustration der Entstehungsgeschichte Russlands dienen. Die schon erwähnte Vertreibung der Waräger hatte unerwartet üble Folgen, berichtet die Chronik, die zwischen 1113 und 1118 in der Redaktion von Silvester, einem Abt im Wydubizki-Kloster, aus mehreren Quellen zusammengestellt worden war. Die Stämme, so der Bericht, begannen zwar, sich selbst zu regieren, »aber es herrschte keine gerechte Ordnung unter ihnen, Sippe erhob sich gegen Sippe, Zwiste entstanden unter ihnen, und sie begannen sich gegenseitig zu bekämpfen.« In einer Kampfpause muss ihnen dann doch die Einsicht gekommen sein, dass es so nicht weiterging. Etwas anderes als eine Lösung von außen schien ihnen unmöglich. »Da sprachen sie untereinander: Lasst uns einen Fürsten suchen, der über uns herrsche und über uns Gericht halte nach dem Recht. Und sie begaben sich über das Meer zu den Warägern, zu den Rus. Denn diese Waräger nannten sich Rus.« Im Westen Europas übrigens machten sie sich als Normannen (Nordmänner) einen furchteinflößenden Namen.

An diese Waräger erging die Einladung: »Unser Land ist groß und fruchtbar, aber es ist keine Ordnung in ihm. Kommt, bei uns Fürst zu sein und über uns zu herrschen!« Das ließen sich die einst Vertriebenen nicht zweimal sagen. Sie schickten der Überlieferung nach drei Brüder. »Der Älteste, Rjurik, ließ sich in Nowgorod nieder, der zweite, Sineus, am Beloozero, der dritte, Truvor, in Izborsk. Von diesen Warägern heißt es Russland.«[14]

Die Bezeichnung Waräger stammt vom altnordischen Wort »Var« (Schwur) ab. Waräger waren skandinavische, bewaffnete Männerbünde, sowohl Krieger als auch Händler und Siedler in einem. Sie waren zwischen dem 8. und 12. Jahrhundert im Baltikum und in Osteuropa höchst aktiv. Die Historiker sind sich heute weitgehend darüber einig, dass die russischen Waräger in ihrer Mehrheit wohl Schweden gewesen waren. Und Rjurik könnte sehr wohl identisch sein mit dem jütländischen Wikinger-Schlagetot Rorik, der sich wegen seiner Übeltaten den Beinamen »Galle der Christenheit« verdient hatte.

Zwei Männer aus der Rjurik-Gruppe, Askold und Dir, die aber laut Chronik nicht zu seiner Sippe gehörten, zogen nach Süden und machten sich zu Herrschern der Stadt Kiew. Rjurik blieb im Norden in der Stadt Nowgorod.

Die Vereinigung der nördlichen und südlichen Herrschaftsgebiete der Waräger blieb dem Nachfolger Rjuriks, Oleg, vorbehalten. Der Chronik zufolge zog er mit einem großen Heer von

Warägern, Slawen und Finnen gen Kiew. Er überlistete Askold und Dir und ließ sich 882 in der Stadt nieder. Oleg gilt als erster Einiger des russischen Landes. Die Kiewer Rus, wo Mitte des 10. Jahrhunderts die Christianisierung begann, gilt als Wiege der russischen Nation und des russischen Staates. Die russisch-orthodoxe Kirche beging 1988 das tausendjährige Jubiläum der Christianisierung Russlands.

Vor diesem historischen Hintergrund ist die große Erregung zu verstehen, die die Russen angesichts der Ereignisse in der heutigen Ukraine befällt. Ihnen fällt es bis heute schwer, die Ukraine mit ihrer Hauptstadt Kiew überhaupt als eigenständigen Staat und die Ukrainer als eigenständige Nation zu begreifen. Der Versuch einer Westorientierung von Präsident Juschtschenko, das Liebäugeln der Kiewer Führung mit einem Nato-Beitritt erscheint ihnen als »Verrat« an der gemeinsamen Geschichte, als Angriff auf die Wurzeln ihrer Existenz. In der viel beschworenen gemeinsamen Vergangenheit hat die Ukraine aus russischer Sicht allerdings nur einen Platz als Juniorpartner der großen russischen Nation. Geherrscht wurde schon sehr früh in Moskau.

Der Untergang der Kiewer Rus, in russischen Quellen gerne allein den Angriffen der Mongolen zugeschrieben, begann schon 1169 mit der Eroberung und Plünderung der Stadt durch das russische Heer von Andrej Bogoljubski aus Susdal. 1203 verheerten die Polowzer im Bündnis mit russischen Fürsten die Stadt. Und erst dann, 1240, versetzten die Mongolen der dahinsiechenden Kiewer Rus den Todesstoß und besetzten das Land für mehr als zwei Jahrhunderte.

Wie die Russen zu ihrer Schriftsprache kamen

Die wohl größte Hürde beim Erlernen der russischen Sprache sind die kyrillischen Schriftzeichen. Nur ganz wenige Buchstaben entsprechen den uns bekannten Zeichen aus dem lateinischen Alphabet. Die meisten sind dem Ausländer völlig unbekannt, selbst Erwachsene fühlen sich wieder in die frühe Schulzeit zurückversetzt, wenn sie beginnen, die russischen Schriftzeichen zu erlernen. Nicht so ergeht es allerdings denjenigen, die des Griechischen mächtig sind. Hier gibt es einen gewissen Wiedererkennungseffekt. Was nicht verwunderlich ist, denn an der Wiege der russischen Schriftsprache stand die Ostkirche in Byzanz, wo Griechisch die Sprache der Herrschenden war.

Byzanz betrieb im 9. Jahrhundert beharrlich die Missionierung der osteuropäischen Länder. Aber es fehlte eine Schriftsprache. Ein Alphabet für die Slawen musste her, damit die Heilige Schrift auch in ihre Sprache übersetzt werden konnte. 863 entwickelten die griechischen Mönche Konstantino Leontios (Kyrillos) und sein Bruder Methodos ein erstes Alphabet, mit dem sie allerdings zunächst nur die altkirchenslawische Schriftsprache begründeten, die sogenannte Glagoliza.

Über diese Schriftsprache, verbunden mit der Tätigkeit eifriger Missionare, erweiterte Byzanz seine Einflusssphäre. 988 ließ sich Wladimir, der Herrscher der Kiewer Rus taufen, was die russisch-orthodoxe Kirche als Einführung des Christentums in Russland feiert. Von diesem Zeitpunkt an wurden nach und nach in ganz Russland Gottesdienst und Kirchensprache in der Form eingeführt, wie sie von den beiden Mönchen gelehrt worden war.

Das heutige Russisch hat nur sehr wenig mit dem Altkirchenslawisch-Alphabet von Kyrillos und Methodos zu tun. Das von Kyrillos erarbeitete Alphabet mit seinen 40 Schriftzeichen war sozusagen der weit entfernte Urahn. Im 11. Jahrhundert war es ein bulgarischer Mönch, der sich – Zufall oder Absicht – ebenfalls Kyrill nannte, der aus den beiden von der Glagoliza abgeleiteten Schrift-Varianten die eigentliche Kyrilliza entwickelte. Die ließ Peter I. im 17. Jahrhundert noch einmal vereinfachen und etwas mehr an die lateinische Schrift anpassen.

1918 fielen in der bisher letzten Schriftreform einige Zeichen weg, darunter das Härtezeichen am Ende des Wortes. Das Weichheitszeichen, das kenntlich macht, wenn ein Buchstabe besonders weich ausgesprochen werden muss, blieb erhalten. Die sowjetischen Unionsrepubliken wurden zur Übernahme der kyrillischen Schrift gezwungen. Der Streit um die Verwendung der Kyrilliza flammt, wie jüngst in Tatarstan, immer mal wieder auf. Die Tataren wollten zu ihrer alten, auf lateinischen Buchstaben basierenden Schrift zurückkehren. Das russische Parlament untersagte das, weil es separatistische Gelüste bei den Tataren befürchtete, die Schule machen könnten.

Kasan und der Anfang des russischen Imperiums

Wie das Wetter war am 2. Oktober 1552, ist nicht überliefert. Dafür ist die große Schlacht, die an jenem Tage bei der Eroberung der Tataren-Stadt Kasan vom Heer des russischen Zaren Iwan IV. geschlagen wurde, von vielen Quellen ausführlich beschrieben worden. Die Einnahme von Kasan war ein Wendepunkt in der russischen Geschichte. Kasan war die erste nichtrussische Stadt, die Iwan »Grosny« (der Schreckliche) 1552 dem russischen Reich einverleibte. Russland begann sich von nun an zu einem Vielvölkerstaat zu entwickeln.

Bis dahin hatten sich die Moskauer Großfürsten damit begnügen müssen, russische Gebiete unter ihre Herrschaft zu bringen. »Sammeln der russischen Lande« nannten sie ihre blutigen Eroberungsfeldzüge gegen ostslawische Fürstentümer euphemistisch. Insbesondere die reiche Stadt Nowgorod, Mitglied der Hanse, die eine Ständeverwaltung hatte und über eigene Souveränität verfügte, geriet ins Blickfeld der hungrigen Großfürsten. Die russische Handelsstadt wurde ebenso überrannt wie Wjatka und Pskow. In der gewaltsamen Auseinandersetzung mit Polen-Litauen wurden Mongolen die ostslawischen Fürstentümer, die ihnen im 14. und 15. Jahrhundert in die Hände gefallen waren, wieder abgejagt.

Iwan III. war der Erste, der sich »Herrscher der ganzen Rus« und Großfürst von Moskau nannte, das in der zweiten Hälfte des 15. Jahrhunderts zur Hauptstadt des einheitlichen Russischen Staates geworden war. Das »Sammeln der russischen Lande« wurde mit dem Anspruch auf das »Vatererbe des ganzen Kiewer Reichs« ideologisch untermauert. Der in Moskau residierende Metropolit der orthodoxen Kirche segnete das Unternehmen.[15]

Als Iwan IV. 1547 in Moskau zum Zaren gekürt wurde, erstreckte sich sein Reich im Norden über Nowgorod hinaus bis zum Eismeer, im Westen endete es hinter Smolensk. Im Osten stieß es hinter Nishni Nowgorod an das Tataren-Khanat von Kasan und von Astrachan im Südosten, im Süden an das Khanat der Krimtataren.

Über 200 Jahre lang hatten sich tatarisch-mongolische Horden und russische Truppen Scharmützel und Schlachten geliefert, über 200 Jahre hatte Russland unter der tatarischen Herrschaft gelitten. Kein russischer Fürst durfte in jenen Jahren über sein Land herrschen, wenn er nicht die Zustimmungsurkunde, den sogenannten »Jarlyk« des Khans von Astrachan besaß. Starb ein russischer Fürst, kam es nicht selten zu Wettrennen der Söhne zum Hof des Tataren-Khans. Wer zuerst mit seinen Geschenken in Astrachan war, hatte große Chancen, sich fürderhin seiner Ländereien zu erfreuen.

Das sollte nun anders werden. Zweimal war der junge Zar Iwan bereits mit seinem Vorhaben gescheitert, die Tataren-Stadt Kasan zu erobern. Mal kam das Tauwetter im Frühjahr überraschend früh, so dass Iwans Heer es nicht mehr schaffte, die schweren Kanonen übers Eis zu schaffen und vor den Stadtmauern in Stellung zu bringen. Mal war der Winter so hart, dass die vor Kasan zusammengezogenen Truppen in den Wäldern erfroren. Mit dem Rest war ein Sturmangriff nicht mehr möglich.[16] Im dritten Anlauf sollte es gelingen. Ein hochgerüstetes Heer wartete seit dem Sommer auf den rechten Moment, der war am 2. Oktober gekommen. Iwan Grosny ließ zum Angriff blasen. »Mit Hilfe unseres Allmächtigen Herrn Jesus Christus und den Gebeten der Gottesmutter ... kämpfte unser von Gotte gekrönter rechtgläubiger Zar und Großfürst ... und er nahm das Zartum und die bevölkerungsreiche Stadt Kasan ein. Der Zar ließ die Frauen und kleinen Kinder gefangen nehmen, die Bewaffneten aber ließ er wegen ihres Verrats alle erschlagen.«[17]

Die Einnahme von Kasan und die darauffolgende Zerschlagung der Khanate von Astrachan und auf der Krim markieren einen historischen Wendepunkt in der russischen Geschichte. Die Russen hatten einen Feind besiegt, der sie jahrhundertelang mit Krieg, Tributforderungen und Unterdrückung überzogen hatte. Iwan »der Schreckliche« nahm das zum Anlass, sich zum ersten russischen Zaren ausrufen zu lassen. Nunmehr waren auch der russischen Expansion nach Osten keine Schranken mehr gesetzt. Ihre Feldzüge führten die Moskowiter schließlich bis zur Küste des pazifischen Ozeans.

In den darauffolgenden Jahrhunderten verstanden es die Russen, durch die Beteiligung der tatarischen Oberschicht an der Macht, eine enge Verflechtung beider Völker zu erreichen. Der brutalen Eroberung folgten Konzessionen und Kompromisse. Russische Kaufleute und Bauern drängten in das tatarische Gebiet, tatarische Fürsten stiegen in den russischen Erbadel auf und wurden zu loyalen Untertanen der Zaren. Es kam zu einer allmählichen Vermischung mit dem eroberten Volk der Tataren.

Manche Russen ärgert das noch heute. Die Übersetzerin Raissa, Tochter eines angesehenen Admirals, flippte jedes Mal aus, wenn sie ihre ihrer Meinung nach zu kurzen und zu krummen Beine betrachtete. »Verfluchte Tataren!«, schimpfte sie, auf die Vermischung tatarischer und russischer Gene in den vergangenen Jahrhunderten anspielend. »Kratze an einem Russen, und es kommt ein Tatar zum Vorschein.« (Russisches Sprichwort)

Einen wichtigen Beitrag zum Sieg von Kasan leisteten damals die Donkosaken, die erstmals zusammen mit russischen Truppen in die Schlacht zogen. Durch ihren Dienst für den Zaren erhofften sie sich Vergebung für frühere Untaten, die in Raub, Mord und Überfällen auf russische Handelstransporte bestanden hatten. In der kosakischen Legende freilich wird im Überschwang der Gefühle aus der Teilnahme an der Eroberung Kasans eine rein kosakische Heldentat. In einem Lied wird der Ataman (Führer) Jermak Timofejewitsch besungen, der mit seinen Mannen Kasan eingenommen und dem Zaren Iwan übergeben habe. »Jermak mit 300 Kosaken nahm die Stadt«, heißt es in dem uralten Lied, obwohl Berichten zufolge etwa 50 000 Mann die Stadt belagert hatten. Der Zar habe Jermak nach dem Sieg zum Fürsten gemacht und ihm die Gebiete am Don nebst allen Nebenflüssen geschenkt, singen die Donkosaken noch heute. Jermak, hoch erfreut, rief seine Leute zur Heimkehr auf. »Vorwärts, Brüder, zum Stillen Don, bereuen wir. Die nicht Verheirateten, Brüder, werden wir alle verheiraten!«[18]

Jermak und seine kosakischen Nachfahren spielten dann bei der Eroberung Sibiriens eine wichtige Rolle.

Strauchdiebe, Freiheitssuchende, Gardisten – die Kosaken

Iwan Tolstow zieht seine Uniformjacke straff, setzt die Pelzmütze auf und schreitet flink und aufrecht über den Exerzierplatz. Doch so sehr er sich auch reckt und streckt – sein Kinn bleibt in Höhe meines Gürtels, und dabei bin ich auch nur mittelgroß. Iwan Tolstow, rothaarig und mit prächtigen Segelohren ausgestattet, wird von seinen Freunden Wanja genannt, ist Zögling an der Kadettenschule der Donkosaken in Nowotscherkassk, einer kleinen Stadt unweit von Rostow am Don. Und er ist es gern.

Eifrig wirft der Zwölfjährige aus der Bewegung heraus flott die Hand an die Mütze und knallt die Schuhe zweimal im Stechschritt auf den bröckligen Beton. Der entgegenkommende Offizier sondert ein lässiges »Rühren!« ab, Wanja verfällt wieder in die normale Gangart. »Offiziere muss man grüßen, sonst hagelt's Strafen, auch für ungeputzte Schuhe oder Unpünktlichkeit«, sagt er weise. »Natürlich gibt es keine physischen Strafen«, fügt er schnell hinzu, inzwischen durch zahlreiche Journalistenbesuche schon medienerfahren. »Aber zusätzliche Arbeitseinsätze machen ja auch keinen Spaß.« Über 300 junge Burschen zwischen 12 und 18 Jahre alt lernen an der Kadettenschule, die den Namen »Imperator Alexander III.« trägt. Der Zar hatte die Anstalt 1883 ins Leben gerufen. 1920 mussten Lehrer und Kadetten vor der anrückenden Roten Armee ins Ausland fliehen, Anfang der neunziger Jahre wurde sie wieder eröffnet. Die Kadetten erhalten hier den Schliff, der aus ihnen aufrechte Kosaken machen soll. Disziplin, Ehre, Treue und Gottesfurcht stehen obenan auf der Liste der kosakischen Tugenden. »Treu dem Vermächtnis des Landes« steht in großen Lettern im Vorflur des Hauptgebäudes. Und neben dem großen Porträt des Anstaltsgründers Alexander III. die Lebensmaxime der Kosaken: »Das Leben – der Heimat, die Ehre – niemandem«.

In diesem Geiste erzieht Direktor Juri Filejew die künftigen Kosaken, die zugleich zu einer neuen Generation für den Staatsdienst geformt werden. Eingerahmt von der russischen weiß-blau-roten Trikolore und der blau-gelb-weißen Kosakenfahne, ein Alexander-Porträt im Rücken und Ikonen an den Wänden, entwirft Filejew in seinem Dienstzimmer ein zarentreues Bild des Kosaken, geprägt von Disziplin, Aufopferung und strenger Hingabe an die russisch-orthodoxe Religion. »Unser Hauptziel besteht darin, die Kinder im Geiste der ruhmreichen Traditionen der Donkosaken zu erziehen. Das heißt vor allem: selbstloser Dienst für Russland, schließlich waren die Kosaken die Verteidiger der Grenzen.« Neben den Fächern, die an allen Schulen obligatorisch sind, lernen die Kadetten zusätzlich Religionsgeschichte. Es gibt militärische Grundausbildung, Geschichte der Kosaken, Geschichte der Kadettenanstalt, Etikette, Gesellschaftstanz, musikalische Ästhetik, zählt Filejew die Palette der Zusatzfächer auf. »Unsere Zöglinge werden an Instrumenten wie Piano, Akkordeon oder Gitarre ausgebildet. Sie beschäftigen sich mit allen möglichen Kampfsportarten: Ringen im griechisch-römischen Stil, Karate, Boxen.« Auch ein Computer-Kabinett, ein Geschenk des liberalen Politikers Boris Nemzow, wird dem Gast stolz präsentiert. Allerdings fehlt ein Internetanschluss, und einige der 17-, 18-jährigen Absolventen klappern auffallend hilflos auf den Tastaturen herum.

»Eine wichtige Rolle spielt das Studium der russischen Orthodoxie, die untrennbar mit den Traditionen des Kosakentums, des Staates verbunden ist. Das alles braucht die heranwachsende Generation«, postuliert Filejew. Er malt dabei natürlich ein Idealbild, dem die Kosaken – wenn überhaupt – erst nach einem langen Kleinkrieg mit der Moskauer Zentralgewalt nahekamen.

Die Kosaken sind wohl der am meisten mit Mythen bedachte Teil der russischen Gesellschaft. Noch immer wird über ihre Herkunft, ihre Geschichte und ihr Selbstverständnis gestritten. Sie selbst wollen, dass man sie als eigenständige Nation anerkennt. Das ist bisher – sicher aus gutem Grunde – nicht geschehen. Dennoch bezweifelt niemand die Einmaligkeit der kosakischen Kultur, die ihre Wurzeln im 14. und 15. Jahrhundert hat und deren freie, ungebundene Lebensweise auch der letzte Städter über alle Maßen bewundert.

Ob Kosake oder »nur« einfacher Russe, sie alle vereint die Überzeugung, dass das Kosakentum in seiner Einzigartigkeit symbolisch auch für die Einmaligkeit russischer Traditionen steht. Es gilt als urrussisch, slawisch und orthodox, als Vorbild für männlichen Mut, Stolz, Ungebundenheit und Treue zum Landesherren, als Vorbild für weibliche Würde und Ehrbarkeit.

Ins ungebundene Kosakenleben an den Ufern des Don und die angrenzende Steppe flüchtete im 15. und 16. Jahrhundert jener Teil des russischen Volkes, »der es satt hatte, langweilig zu leben, in dessen Blut Aufruhr herrschte«, schreibt der Kosake Nikolai Pitschkur in einer historischen Betrachtung. Es waren Bauern, leibeigene Höflinge, Räuber und Diebe, die sich dem Machtbereich der Zaren auf diese Weise entzogen und den Nährboden für die Kosakenkultur bildeten.

Einige Historiker bezweifeln indes die These von der rein slawischen Herkunft der Kosaken. Sie sehen deren Wurzeln in einer Verbindung der aus dem russischen Reich Geflüchteten mit den in der Steppe lebenden Stämmen der Polowzer und Alanen. Der russische Historiker Gumiljow vermutete Verbindungen zu den Brodniki, die aus dem Turkvolk der Chasaren hervorgegangen sind. Eine Theorie, die in Russland keine Freunde hat, zumal ein Teil der Chasaren im 8. Jahrhundert den jüdischen Glauben angenommen hatte.

Es waren also längst nicht nur Russen, die das Kosakentum begründeten. »Als Kosaken nahmen sie jeden«, heißt es in einer 1909 in Russland erschienenen Geschichte der Donkosaken. »Es gab nur eine unveränderte Bedingung – der Glaube an Christus. Welcher, das war egal.« Um 1500, als sich der Begriff Kosake (aus dem Türkischen, etwa: freier Bürger oder auch leicht gepanzerter Krieger) durchsetzte, konnte man deshalb unter ihnen neben Russen auch Griechen, Georgier oder Deutsche finden. Auch Tataren, Kalmücken und Tscherkessen wurden aufgenommen.[19]

Sie bauten befestigte Siedlungen, sogenannte Stanizas, lebten frei und unabhängig und zogen zu Lande und zu Wasser auf Beutezüge gegen Tataren, Kalmücken, Türken und sogar Perser aus. Aber auch vor russischen Kaufleuten, die den Don hinunterfuhren, wurde nicht haltgemacht. Lange Zeit galten die Donkosaken als räuberischer Schrecken der Handelsleute.

Die rund 700 000 heute in Russland lebenden Kosaken – darunter 40 000 Kinder in Kosaken-Kadettenanstalten – kultivieren allerdings viel lieber ihre Vorstellungen von slawischer Zarentreue und orthodoxer Religiosität. Eigenschaften, die sich erst lange nach dem Fall von Kasan im 17. und 18. Jahrhundert herausbildeten. In jener Zeit übernahmen sie im Auftrage des Zaren den Schutz der russischen Grenzen, freie Kavallerieverbände wurden nach und nach in die russische Armee eingegliedert.

Die Kosaken waren, wie schon erwähnt, maßgeblich an der Eroberung Sibiriens beteiligt. So zog der Kosaken-Ataman Jermak im Auftrag der Unternehmerfamilie Stroganow los, um sich den nach ihrer Niederlage in Kasan erneut angreifenden Tataren entgegenzustellen und nebenbei Sibirien zu erobern. 1582 eroberte er das Khanat Sibir bei Tobolsk. 1585 ertrank Jermak bei einem nächtlichen Hinterhalt im Fluss Irtysch.

In der Folge besiedelten die Kosaken nach dem Don- und dem Dnestr-Gebiet die Gegend um den Fluss Terek im Nordkaukasus, den Ural, Sibirien und den Fernen Osten. Gegen Ende der Zarenzeit in Russland gab es etwa 4,5 Millionen Kosaken, ihre Atamane und Hetmane gehörten, nachdem zuvor einige Kosakenaufstände niedergeschlagen worden waren, zur loyalen Führungsschicht des russischen Reiches.

Während der Revolution kämpfte ein Teil der Kosaken aufseiten der »Weißen«, der Gegner der Revolution, und musste nach der Niederlage, als Konterrevolutionäre verfolgt, emigrieren. Andere schlugen sich auf die Seite der Bolschewiken. Einer der berühmtesten Vertreter war Semjon Budjonny. Der Wachtmeister aus dem Ersten Weltkrieg befehligte während des Bürgerkrieges eine Reiterarmee und stieg 1935 zum Marschall der Sowjetunion auf.

Dem Leben der »roten« Donkosaken hat der Schriftsteller Michail Scholochow mit seinem Roman »Der stille Don« auftragsgemäß ein Denkmal gesetzt, das sich dennoch durch große Authentizität auszeichnet. Die Kosaken lieben das Buch noch heute. Die Neuverfilmung des scholochowschen Epos führte zu großer Aufregung. »Entsetzen, Unverständnis, Schock« fühlten sie, voller Empörung über den vermeintlichen Frevel, den sich der Regisseur Sergej Bondartschuk mit seinem Werk geleistet hat. Das Betrachten des Films sei nicht nur schädlich für das Bewusstsein, sondern auch gefährlich für die Seele. Wenn Fjodor – Bondartschuks Sohn, der den Film nach dem Tode seines Vaters fertiggestellt hat – ein Gewissen habe, möge er sich bei der Familie Scholochows und bei den Donkosaken entschuldigen, forderten die Empörten. Denn so, wie sie im Film gezeigt wurden, hätten sie nie gelebt.

Der sowjetische Regisseur Sergej Gerassimow hatte mit seiner Erstverfilmung 1957 auch wegen seiner Detailgenauigkeit Begeisterungsstürme im Lande entfacht. In dem heimatverbundenen, warmherzigen Film entdecken die Russen sich auch heute noch wieder. Dagegen fehlt dem Bondartschuk-Film ihrer Meinung nach die russische Seele.

Dabei war Russen und Kosaken gleichermaßen wohl vor allem der Gedanke zuwider, dass sich in dem achtteiligen Fernsehfilm zahlreiche ausländische Schauspieler im Kosakenmetier versuchten. Schon der Film »Dr. Schiwago« stieß seinerzeit bei vielen Russen auf Ablehnung, weil die Hauptrolle mit Omar Sharif besetzt war. So »asiatisch« wie der Ägypter Sharif sehe doch kein Russe aus, war die weit verbreitete Meinung.

Das galt auch für den »Stillen Don«. »Sollen sie doch ihresgleichen spielen, statt in unseren Seelen herumzukriechen«, empfahl der Kosaken-Ataman Nikolai Kosizyn im Gespräch mit der »Iswestija«. Für eine völlige Fehlbesetzung hielt ein Kosakenhauptmann den homosexuellen Rupert Everett in der Rolle des Grischa.

»Wie kann ein schwuler Mann, der nicht weiß, was eine Frau ist, Liebesszenen spielen?« Andere Betrachter stießen sich daran, dass Grischas Geliebte Aksinja (Delphin Forrest) halb nackt ins Bett steigt. So etwas täte keine Kosakin, ein hochgeschlossenes Nachthemd sei Pflicht, wußte Alexej Kotschetkow vom Scholochow-Museum. Auch laufe eine verheiratete Kosakin nicht mit offenem Haar auf der Straße herum, während ein richtiger Kosake den »Tschub«, die Stirnlocke, nach links gekämmt trage.[20]

Die Lautstärke, mit der sich die Kosaken zu Wort gemeldet haben, ist bemerkenswert, aber letztlich nicht verwunderlich. Nach den Jahrzehnten der Sowjetmacht, in denen die kosakischen Traditionen unterdrückt, später dann eher verschämt geduldet wurden, wenn sie sich denn mit der herrschenden Ideologie verbinden ließen, sind die Kosaken wieder im Vormarsch.

Ein tragisches Kapitel in der Geschichte der Kosaken ereignete sich 1945 in Österreich. Dorthin hatten sich Kosakenverbände geflüchtet, die während des Zweiten Weltkrieges auf deutscher Seite gekämpft hatten. Als Nazikollaborateure und Verräter drohte ihnen in der Sowjetunion der Tod. Sie sammelten sich in der österreichischen Stadt Linz, in der Hoffnung, diesem Schicksal zu entgehen. Doch die Briten lieferten sie entgegen anderslautenden Zusagen an die sowjetische Seite aus. Sie begründeten das mit dem Hinweis auf die Vereinbarungen der Jalta-Konferenz. Noch vor dem Abtransport begingen viele Kosaken und ihre Frauen Selbstmord. In der Sowjetunion wurden dann zahlreiche hohe Kosaken-Offiziere nach kurzen Prozessen hingerichtet.

Zu ihnen gehörte auch Generalleutnant Pjotr Krasnow. Zusammen mit anderen Kosaken-Atamanen wurde er am 16. Januar 1947 im berüchtigten Moskauer Lefortowo-Gefängnis des Geheimdienstes – es wird noch heute genutzt – gehenkt. Diese Tatsache und die üblichen sowjetisch geprägten Riten brachten die Herausgeber eines zweibändigen Kompendiums über die Geschichte der Kosaken, geschrieben 1909 von Krasnow, noch 1992 in Verlegenheit. Zwar erschien in Moskau ein Reprint der alten Ausgabe von »Bilder aus der Vergangenheit des Stillen Don«, doch ohne Autorennamen. Wer in den vierziger Jahren gefehlt hat, war nach sowjetischem Usus eine Unperson, auch wenn zwischen beiden Ereignissen 50 Jahre lagen. Erst nachdem das Kosakentum als Ganzes rehabilitiert worden war, durfte die Kosaken-Geschichte Krasnows wieder mit dem Namen ihres Autoren erscheinen.

Das Kosakentum erlebte in den letzten 15, 20 Jahren eine neue Blütezeit in Russland. 1990 wurde der gesamtrussische Kosakenverband wiedergegründet. Auf lokaler Ebene wurden die zwölf Heere wiederbelebt, die es zur Zarenzeit gab. Sie mischten sich mit Freuden in regionale Konflikte ein wie in Abchasien, das sich von Georgien abtrennte, sowie in Transnistrien, das nicht mehr zu Moldowa gehören wollte.

Boris Jelzin, Russlands erster Präsident, versuchte 1993 die Kosaken in seine Politik einzubinden, indem er ihnen Funktionen des Grenzschutzes übertrug. Präsident Wladimir Putin, der neben Zar Alexander III. in der Kadettenschule besondere Verehrung genießt, ging noch einen Schritt weiter. In einem unter seiner Federführung verabschiedeten Gesetz vom Dezember 2005 wird den Kosaken das Recht zugestanden, ihren Dienst in der russischen Armee in der Regel in Einheiten zu leisten, die traditionelle Kosakenbezeichnungen tragen. Die Vereinigungen der Kosaken dürfen die »militärisch-patriotische Erziehung« der künftigen Rekruten organisieren und betreuen ihre Mitglieder, die als Reservisten der russischen Armee dienen. Sie helfen in Not- und Katastrophensituationen, aber auch bei der Zivil- und Territorialverteidigung und der Aufrechterhaltung öffentlicher Ordnung. Darüber hinaus können sie Vereinbarungen über andere Tätigkeiten mit verschiedenen Organen der Exekutive treffen, von den Organen der gesamten Russischen Föderation bis zu der Selbstverwaltung vor Ort. Die Kosaken-Organisationen werden in ein staatliches Register eingetragen.[21]

Die russische Führung baut auf die Kosaken als Ordnungsfaktor. Der Nordkausus ist der Moskauer Führung trotz der relativen und sicher auch nur zeitweiligen Befriedung Tschetscheniens noch längst nicht sicher. Russen haben in großer Zahl diese Region bereits verlassen. Die Russen in den angrenzenden Regionen Stawropol und Krasnodar fühlen sich einem wachsenden Druck moslemisch-kaukasischer Ethnien ausgesetzt. Wobei sie vergessen, dass sie in einem eroberten Land leben. Diese Eroberungen liegen zwar schon über 200 Jahre zurück, sind aber im Gedächtnis der kaukasischen Völker noch sehr lebendig.

So wurde beispielsweise das Kuban-Gebiet, in dem Nowotscherkassk und die Regionalhauptstadt Krasnodar liegen, Ende des 18. Jahrhunderts vom russischen General Alexander Suworow erobert. Katharina II. schenkte es anschließend den Saporoscher Kosaken in der sehr richtigen Überlegung, dass die das Land nicht mehr hergeben würden.

Ein vor drei Jahren in Krasnodar errichtetes Kosaken-Denkmal erinnert an diese Eroberung. Bei einem Treffen in seinem Amtssitz in der Hauptstadt der gleichnamigen Region war Gouverneur Alexander Tkatschow voll der Freude. Das Denkmal für den Ataman Golowaty sei längst überfällig. »Indem wir das Kosakentum unterstützen und propagieren, unterstützen wir unsere Kultur und unsere Historie«, erläuterte er den aus Moskau angereisten Journalisten. Kein Wort dagegen über die Verlierer der dank Golowaty besonders blutigen Geschichte, die Adygäer und andere Nordkaukasier erlitten, denen dergleichen Herrschaftsgesten in höchstem Maße zynisch vorkommen müssen. Doch Kosaken-Verbände, deren Mitglieder selbst Verfolgung und Vertreibung durchleiden mussten, stehen bereit, um eventuelle Unmutsausbrüche im Keim zu ersticken.

Der Große Vaterländische Krieg

Wenn es der launische und meist erst spät eintretende Frühling ausnahmsweise mal gut meint, dann kann der 9. Mai schon draußen auf der Datscha mit Schaschlik und wärmenden Getränken begangen werden. Der 9. Mai ist in Russland der Tag des Sieges über Hitlerdeutschland. Er wird nicht am 8. Mai begangen, weil die Unterzeichnung der Kapitulationsurkunde um Mitternacht stattfand, da war in Moskau der 9. Mai bereits zwei Stunden alt. Außerdem gab es natürlich einen Ukas Stalins, der den Siegestag bestimmte.

Dieser russische Feiertag ist – von Weihnachten und Ostern abgesehen – so ziemlich der einzige Gedenktag, der in allen Familien gleichermaßen begangen wird. Längst ist das einst so prunkvoll gefeierte Revolutionsjubiläum verblasst. Nur noch kleinere Gruppen von Alt-Kommunisten, inzwischen aber auch schon wieder – wenn auch zahlenmäßig schwach – jugendlicher Nachwuchs, finden sich am 7. November im Moskauer Stadtzentrum ein, um der Machtergreifung der Bolschewiki um Revolutionsführer Wladimir Iljitsch Lenin zu gedenken. Wurde dieses Ereignis in sowjetischer Zeit bedingungslos als hehre Heldentat des geknechteten Proletariats gefeiert, neigt inzwischen ein großer Teil der Russen dazu, die Revolution schlicht als kommunistischen Putsch einer Handvoll Bolschewiki zu betrachten.

Zu neuer Popularität post mortem kam in den Jahren nach dem Zerfall der Sowjetunion die letzte Zarenfamilie, die ein bolschewistisches Mordkommando am 17. Juli 1918 in Jekaterinburg brutal ausgelöscht hatte. Zuvor hatte es das britische Königshaus aus Furcht vor politischen Verwicklungen abgelehnt, Zar Nikolai II., seine Gattin Alexandra und ihre fünf Kinder aufzunehmen. Jahrzehntelang blieben ihre Gebeine verschollen. In den neunziger Jahren wurden sie entdeckt. Nach einer gerichtsmedizinischen und genetischen Identifizierung wurden die Überreste der Zarenfamilie – die des Zarewitsch und der Prinzessin Anastasia fehlten allerdings – im Juli 1998 in St. Petersburg mit großem Pomp beigesetzt. An der Zeremonie nahm auch der damalige russische Präsident Boris Jelzin teil. Er hatte während seiner Zeit als KPdSU-Gebietssekretär das Ipatjew-Haus in Swerdlowsk einebnen lassen. Das Haus, in dem der Zarenmord verübt worden war, hatte sich in sowjetischer Zeit zu einem Wallfahrtsort entwickelt. Jelzin bezeichnete dies später als seine frevelhafteste Tat.

Wie der inzwischen verstorbene erste Präsident des neuen Russland haben auch seine Landsleute eine Umbewertung ihrer eigenen Geschichte vorgenommen, die noch längst nicht abgeschlossen ist. Aber auch diejenigen, die die Revolution und die rund 80 nachfolgenden Jahre als Irrweg der russischen Geschichte betrachten, hängen mit dem Gefühl noch an der untergegangenen Sowjetunion. Sie steht, teilweise sogar bei den im Exil lebenden Russen, letztlich für den Versuch, das russische Imperium mit seinen zahlreichen Völkern und Ländern zusammenzuhalten. Ihre größte, von kaum jemandem angefochtene Leistung bleibt in der Erinnerung der meisten Russen der Sieg über einen schier übermächtigen deutschen Feind. Das umso mehr, als sie sich als Verlierer des nachfolgenden Kalten Krieges fühlen.

Dabei sind die meisten Menschen ganz persönlich betroffen. 91 Prozent der Russen, das ergaben Umfragen, haben einen oder mehrere Verwandte, die im Krieg gekämpft haben.

Selbst in der sehr privaten Atmosphäre auf der Datscha oder in der Wohnung ist deshalb am 9. Mai der erste Toast immer dem Gedenken an die Gefallenen des Krieges gewidmet, den die deutsche Armee nach ihrem Überfall am 22. Juni 1941 als gnadenlosen Vernichtungsfeldzug geführt hat und der der unbeschreibliche

Verluste auf den Schlachtfeldern und im sowjetischen Hinterland verursachte. Offiziell gibt die russische Armeeführung die Verluste der Sowjetarmee während des Großen Vaterländischen Krieges 1941–1945 mit 8 860 400 gefallenen Soldaten an. Zu diesem Ergebnis kam eine Sonderkommission nach jahrelangen Forschungen. Zählt man die Kriegsinvaliden und Schwerverwundeten hinzu, die die Armee in den Kriegsjahren verlassen mussten, steigt die Zahl auf elf Millionen.[22]

Dabei sind die im Hinterland an Hunger, Entbehrung und übermäßiger Schufterei in den Rüstungsbetrieben Gestorbenen noch nicht erfasst. Mit ihnen erhöhen sich die menschlichen Verluste der Sowjetunion auf eine Zahl zwischen 20 und 30 Millionen.

1,2 Millionen Menschen starben allein in den 900 Tagen, in denen die deutschen Truppen 1941–1944 die Stadt Leningrad belagerten. Die Tage der Blockade haben sich tief in das Bewusstsein der Bewohner der Stadt gegraben. Die eingekreiste Stadt konnte nur über den zugefrorenen Ladoga-See, die sogenannte »Straße des Lebens«, mit Lebensmitteln und Brennstoffen versorgt werden. Viele Lkw-Fahrer kamen dabei um. Entweder, weil sie von feindlichen Flugzeugen abgeschossen wurden oder mit ihren schweren Lastwagen durch das Eis brachen und ertranken.

In der Stadt starben die Menschen durch den pausenlosen Beschuss deutscher Artillerie, durch Bombenangriffe, durch Hunger und Krankheiten. Streckenweise war die Lage der Eingeschlossenen so verzweifelt, dass es zu Fällen von Kannibalismus kam.

Die gewaltigen menschlichen Verluste des Krieges sind ein, wenn auch bei weitem nicht der einzige Grund für die heutigen gravierenden demografischen Probleme, mit denen sich das Land konfrontiert sieht. »Wenn nichts unternommen wird, wird sich Russlands Bevölkerung bis zum Ende des 21. Jahrhunderts halbiert haben«, warnte Präsident Wladimir Putin. Jedes Jahr gehe die Bevölkerungszahl um 700 000 zurück. Die UNO konstatierte, dass die Bevölkerungszahl von gegenwärtig 145 Millionen bis zum Jahr 2050 um ein Drittel verringern werde, wenn der jetzige Trend nicht gebremst werden könne.[23]

Es gilt inzwischen im neuen Russland bei den herrschenden Eliten allerdings wieder als ungehörig, wenn vor allem Ausländer im Zusammenhang mit aktuellen und historischen Problemen an die unsägliche Rolle Stalins erinnern. Der 20. Parteitag der KPdSU, auf dem Chruschtschow 1956 mit Stalin abrechnete und feststellte, der Sieg im Krieg sei nicht wegen Stalin, sondern trotz des Diktators vom Volk errungen worden, scheint vergessen. Stalin ist bei einem wachsenden Teil der russischen Bevölkerung wieder der Held des Großen Vaterländischen Krieges und der Vater der Industrialisierung der Sowjetunion. Fehlende Aufklärung, die stattdessen durch Verklärung ersetzt wird, hat ihren Anteil ebenso wie die nicht vorhandene Auseinandersetzung mit der eigenen Geschichte. Stalins Massenmorde in den dreißiger Jahren? Ja, die gab es, aber andere waren noch viel schlimmer, bekommt man von offizieller Stelle, aber auch von der Kreml-Jugend »Naschi« (Unsere) zu hören. Was allerdings, schaut man beispielsweise auf den von Deutschen verübten Genozid an den Juden, auch stimmt. Es hilft nur den Russen wenig bei der Bewältigung ihrer eigenen Vergangenheit.

In einer Live-Diskussion im Moskauer Rundfunksender »Echo Moskwy« anlässlich des 60. Jahrestages des Sieges im Mai 2005 wurde ich nach dem Holocaust-Denkmal in Berlin gefragt. Ungläubig erkundigte sich der Redakteur Matwej Gonopolski, ob es das tatsächlich gäbe, ob es tatsächlich im Zentrum von Berlin stünde. Als ich bejahte, rief er erstaunt aus: »Aber dann werden die Deutschen ja jeden Tag mit ihrer Schuld konfrontiert!« Meinen Einwand, dies sei angesichts der sechs Millionen von den Nationalsozialisten ermordeten Juden wohl auch angemessen, wischte Gonopolski, der jüdische Wurzeln hat, mit der Bemerkung vom Tisch, dies könne man mit den russischen Menschen nicht machen, »die würden das nicht aushalten«.

Der Verdrängung anheimgefallen ist in der russischen Öffentlichkeit auch der Molotow-Ribbentrop-Pakt, in dessen Folge Polen zwischen Deutschland und der Sowjetunion aufgeteilt wurde und Stalin sich das Baltikum einverleibte. Russische Jugendliche wissen heute lediglich, dass die baltischen Staaten 1944 von den Sowjettruppen befreit wurden. Von der vorangegangenen Annexion 1940 haben sie in der Regel nichts gehört. Die Esten, die nach dem Krieg zu Zehntausenden nach Sibirien deportiert wurden, haben das nicht vergessen und nennen die Okkupation bei ihrem Namen. Moskau, diese Tatsachen »vergessend«, bezichtigt Estland des Faschismus.

Russen und Deutsche

Ein Amerikaner, ein Franzose, ein Russe und ein Deutscher sollen einen Aufsatz über den Elefanten verfassen. Der Amerikaner wählt den Titel »The Elephant and how to make him bigger«, der Franzose schreibt »L'eléphant et l'amour«, der Russe wählt das Thema »Der Elefant – eine russische Erfindung«, und der Deutsche legt eine zwölfbändige »Kurze Einführung in die Entwicklungsgeschichte des Elefanten« vor.

Es gehört wohl zu den erstaunlichsten Erfahrungen, die ich in meinen Jahren in der Sowjetunion und in Russland gemacht habe, dass ich als Deutscher persönlich nie auf Hass oder Feindschaft gestoßen bin. Was wegen der Verbrechen, die Deutsche während des Zweiten Weltkrieges an Russen verübt haben, eigentlich nicht verwunderlich gewesen wäre. Die Holländer bewältigen ihr Besatzungstrauma bekanntlich etwas anders. Mehr als 20 Millionen Menschen der ehemaligen Sowjetunion verloren in den vier Kriegsjahren ihr Leben, Zehntausende wurden zur Zwangsarbeit gepresst, große Teile des Landes verwüstet.[24]

In nahezu jeder Familie wurden Angehörige Opfer des deutschen Überfalls. Erzählt wird darüber indes eher beiläufig, als wolle man den deutschen Gast nicht an für ihn unangenehme Dinge erinnern. Nie wurde mir vorgeworfen, aus dem Land zu stammen, dessen Führung sich mit dem Angriff auf die Sowjetunion am 22. Juni 1941 das Ziel gesetzt hatte, nicht nur das Land zu erobern, sondern auch die hier lebenden Slawen und anderen Nationalitäten weitgehend auszurotten. Auch wenn meine Gesprächspartner Aversionen gegenüber Deutschen empfunden haben mögen, spüren ließen sie es mich nicht. Ich war der Gast, dem man keine Vorhaltungen macht.

Einer meiner Korrespondentenkollegen hat es allerdings fertiggebracht, einen Polizisten so lange zu reizen, bis der den Weltkriegssieg als letztes Argument hervorholte. Der Milizionär hatte den Kollegen, wie es in Russland gang und gäbe ist, völlig grundlos einfach auf der Straße angehalten, um die Fahrzeugpapiere zu überprüfen. Das ist eigentlich nicht erlaubt, wird aber ständig in der Hoffnung praktiziert, eventuelle Unregelmäßigkeiten entdecken und dafür kassieren zu können.

Der Kollege, die Bestimmungen kennend, machte den Milizionär darauf aufmerksam, dass er kein Recht habe, ihn zu kontrollieren. Der Milizionär insistierte dennoch, musste sich aber immer wieder von einem Deutschen anhören: »Sie haben kein Recht dazu.« Irgendwann riss dem Uniformierten ob der Sturheit des Deutschen der Geduldsfaden, und er blaffte: »Seit 1945 habe ich ein Recht dazu!«

Das Schimpfwort »Faschist« fiel auch da nicht. Es existiert in der Umgangssprache sehr wohl. Schon die Kinder wachsen damit auf, sowjetische Filme über den Großen Vaterländischen Krieg haben zu den Jahrestagen des Sieges unvermindert Hochkonjunktur. Gegenüber den Deutschen sind dagegen Faschismus-Vorwürfe nicht zu vernehmen. Bewusst oder unbewusst trennt wohl die Mehrheit der Russen den Nationalsozialismus von der deutschen Bevölkerung so, wie es Stalin während des Krieges postuliert hatte: »Die Hitler kommen und gehen, aber das deutsche Volk, der deutsche Staat bleibt bestehen.«[25]

Auch zeigen die einfachen Russen Verständnis für die Deutschen, die ihrer Meinung nach damals ja auch nur Opfer ihrer Führung geworden und keineswegs freiwillig in den Kampf gezogen seien. Sie übertragen damit ihre eigenen Verhaltensmuster und Denkweisen, sehen sie sich selbst doch immer auch als Opfer undurchschaubarer und unbeeinflussbarer Umstände. Und unter Hinweis auf die jahrhundertelangen deutsch-russischen Beziehungen wird auch gerne bedeutungsschwer von einer »dritten Kraft« geraunt, die angeblich verantwortlich dafür sei, dass Deutsche und Russen im 20. Jahrhundert zweimal Krieg gegeneinander führten.

Natürlich pflegen die Russen ihre manchmal klischeehaften Vorstellungen von »dem Deutschen«, so wie umgekehrt die nicht weniger holzschnittartigen Vorstellungen von »dem Russen« existieren. »Der Deutsche« ist in der russischen Vorstellung in erster Linie sachlich, pünktlich, technisch begabt und führt ein ordentliches Alltagsleben. Aber es fehlt ihm an »seelischem Tiefgang«, ein Begriff, mit dem das russische »Duchownost« allerdings nur unzureichend wiedergegeben ist.

Iwan Iwanow hat jahrelang mit Deutschen zusammengearbeitet und dabei die für ihn typischen Züge entdeckt. »Die Deutschen sind bekanntlich eine gut organisierte Nation, ihre Individuen zeichnen sich durch Genauigkeit, Pünktlichkeit, Knausrigkeit und einfach Kleinlichkeit aus. Man trifft natürlich auch unter ihnen offene Leute, die auch mal fünfe gerade sein lassen können, aber das ist eher die Ausnahme, denn die Regel. Von der Größe der weiten russischen Seele sind sie noch weit entfernt.«[26]

Auch der bekannte Filmregisseur Nikita Michalkow pflegt das Bild vom schwer zu begreifenden Russen: »Die Mentalität des russischen Menschen ist anarchistisch, deshalb braucht er einen Monarchen. Der russische Mensch kann kein Gesetz aushalten, das ihm ein anderer russischer Mensch vorschreibt, und noch weniger, wenn es ein nichtrussischer tut. Er glaubt nicht an das Gesetz.« In seinem Film »Die Zwölf« lässt er einen der Darsteller sagen: »Der russische Mensch kann nicht nach dem Gesetz leben. – Warum? – Weil es ihn langweilt, nach dem Gesetz zu leben. Im Gesetz gibt es nichts Persönliches, aber der russische Mensch ist ohne persönliche Beziehungen eine taube Blüte: Er kann nicht klauen und nicht aufpassen, dass keiner klaut.«[27]

Dennoch hat das deutsche Wort »Ordnung« Einzug gehalten in die russische Umgangssprache. Es wird gerne benutzt, um einen beneidenswerten Zustand zu benennen, den man verbal für höchst erstrebenswert auch im eigenen Lande hält, den man aber letztlich nicht unbedingt will. »Der Russe liebt das Vielleicht, das Ungefähre und das Irgendwie«, sagt ein russisches Sprichwort mit einem Anflug von Selbstkritik. Russen sind keine Freunde von exakten Zahlen. Ein Korrespondentenkollege befragte eine Dorfvorsteherin, wie viele Rentner es denn gebe in ihrem Reich. »Zehn«, lautete die Antwort. Er schrieb das auf, wurde aber sofort korrigiert. »Schreiben Sie ungefähr zehn, von zehn bis zwölf«, bat die Vorsitzende der Dorfverwaltung. Das Insistieren der Deutschen, exakte Auskünfte zu erhalten, gilt den Russen als kleinliche Erbsenzählerei, die am Wesentlichen vorbeigeht. Denn wichtig ist doch schließlich, dass es Rentner gibt und wie es ihnen geht. Zehn oder dreizehn – wo ist da der Unterschied?

Wladimir Lapski, langjähriger Korrespondent der Zeitung »Iswestija« in der DDR und dann im vereinigten Deutschland, erzählt immer wieder gerne eine Geschichte, die für ihn »typisch deutsch« ist. Er fuhr Richtung Meer und sah ein Hinweisschild: Zum Strand 20 Kilometer. Das wiederholte sich dauernd, wobei die Kilometerzahl schrumpfte. Zum Schluss stand er, Blick aufs Meer und das Rauschen der Wellen im Ohr, dem Schild »Strand« gegenüber. »Typisch deutsch.«

In den überfüllten Nahverkehrsmitteln ist es üblich, den Vordermann zu fragen, ob er jetzt auch aussteige, damit man sich notfalls an ihm vorbeischieben kann. Eine Deutsche, die das während langer Jahre in Russland verinnerlicht hatte, stellte diese Frage einem Passagier in der Leipziger Straßenbahn. Die Reaktion: »Was geht Sie das an!«

Versichert ein Russe, alles werde gut, dann ist vorsichtige Zurückhaltung angesagt. Denn mit dieser Äußerung will er nicht so sehr versichern, dass die fragliche Angelegenheit ein gutes Ende nehmen werde. Er spricht vielmehr die Hoffnung aus, dass es so werde und macht sich damit auch selbst Mut. Fehlschläge, die keineswegs gewollt sind, sollten einkalkuliert werden. Es sind nicht falsche Versprechungen, denen man möglicherweise aufgesessen ist, sondern widrige Umstände, gegen die kein Kraut gewachsen ist, jedenfalls aus der Sicht des russischen Partners.

Auch Abmachungen und Verträge haben mitunter nur eine begrenzte Lebenserwartung. Das sollte keineswegs mit unschönen Worten bedacht werden. Vielleicht haben sich ja die Umstände geändert, unter denen man die Verabredung eingegangen ist. Und wenn das so ist, wäre es doch nur logisch, die ganze Sache noch einmal neu zu verhandeln, oder?

Zwei exemplarische Charaktere: Oblomow und Stolz

Zur Beschreibung der Unterschiede in den Nationalcharakteren wird in Russland auch heute noch gerne Iwan Gontscharows Roman »Oblomow« herangezogen. Er diente ganzen Generationen als Hilfestellung bei der Beschreibung der nationalen Unterschiede zwischen Deutschen und Russen, so fragwürdig dergleichen sehr verallgemeinernde Aussagen über deren Grundzüge auch sind. Auch wenn Gontscharows Beschreibung des Deutschen Andrej Stolz in seinem »Oblomow« heute vielleicht nicht mehr allzu viel über die Deutschen aussagt, so ist sie doch hilfreich zum

Verständnis der Vorstellungen der Russen über dem deutschen Charakter.

Ilja Oblomow, aus verarmtem Adel stammend, jung, voller hochfliegender Ideen, »hatte sich gleich beim Erwachen vorgenommen, aufzustehen, sich zu waschen, und, nachdem er Tee getrunken hatte, gründlich nachzudenken, manches in Erwägung zu ziehen, zu notieren und sich überhaupt der Sache ganz zu widmen. Er lag eine halbe Stunde da und quälte sich mit diesem Vorsatz ab; doch dann überlegte er sich, dass er den Tee wie immer liegend trinken würde, um so mehr, als diese Stellung zum Nachdenken ebensogut geeignet war.«[28]

Gontscharow schildert Oblomow freundlich-ironisch als Mann, der mit großen Plänen schwanger geht, aber die Schwelle zur Tat nicht überwinden kann. »Die dem Plan zugrundeliegende Idee, seine Einteilung und Hauptbestandteile – das alles war in seinem Kopf längst fertig; es blieben nur die Details, die Überschläge und Ziffern übrig. Er arbeitet schon einige Jahre unermüdlich an diesem Plan, überlegt ihn sich und grübelt im Gehen und Liegen, zu Hause und wenn er auf Besuch ist, darüber noch; er ergänzt und ändert die verschiedenen Teile oder stellt das gestern Erfundene und in der Nacht Vergessene in seinem Gedächtnis wieder her; und manchmal flammt in ihm plötzlich ein neuer, unerwarteter Gedanke wie ein Blitz auf [...]. Er ist nicht irgendein unbedeutender Vollstrecker fremder, fertiger Gedanken; er selbst ist der Schöpfer und zugleich Vollstrecker seiner Gedanken. Sowie er des Morgens aufgestanden ist, legt er sich gleich nach dem Frühstück auf das Sofa, stützt seinen Kopf in die Hand und denkt, ohne seine Kräfte zu schonen, so lange nach, bis sein Kopf endlich von der schweren Arbeit müde wird und das Gewissen ihm sagt: Du hast heute für das allgemeine Wohl genug geleistet.«[29]

Andrej Stolz, sein Freund und Gontscharows Gegenentwurf zum grüblerischen Russen, hatte einen deutschen Vater und eine russische Mutter. Letztere befürchtete, »ihr Sohn würde ein ebensolcher deutscher Bürger werden, wie die, von denen sein Vater abstammte«. So, wie Gontscharow ihn beschreibt, kam diese Befürchtung schon zu spät. Stolz »ging festen Schrittes frisch vorwärts, lebte nach einem Budget, indem er bestrebt war, jeden Tag, ebenso wie jeden Rubel unter eine beständige, nie versagende Kontrolle der verbrauchten Zeit, Arbeit und Kraft der Seele und des Herzens zu stellen«.[30]

»Man sah niemals, dass er über etwas krankhaft und qualvoll grübelte; an ihm schienen keine Gewissensbisse des ermüdeten Herzens zu nagen; er krankte nicht an der Seele, verlor niemals in verwickelten, schwierigen oder neuen Verhältnissen den Kopf, sondern trat an dieselben wie an gute Bekannte heran, als lebe er zum zweiten Male und gehe durch eine bekannte Gegend. Worauf er auch stoßen mochte, fand er gleich die entsprechende Verhaltensmaßregel heraus, wie eine Wirtschafterin aus der Menge der an ihrem Gurt hängenden Schlüssel auf den ersten Griff gerade denjenigen herausfindet, der zu der einen oder anderen Tür passt. Er achtete die Beharrlichkeit im Erreichen eines Zieles als das Höchste; das war in seinen Augen ein Zeichen von Charakter, und er versagte Menschen mit dieser Eigenschaft niemals seine Achtung, wie gering ihre Ziele auch sein mochten.«[31]

Ist das übertrieben? Ja und nein. Die Dolmetscherin Olga erkennt auch heute noch oblomowsche Züge bei ihren Verwandten. Nichte Nadja lebt mit einem jungen, dynamischen Studenten zusammen. Sie hatten ein gemeinsames Zimmer, das nur einen Nachteil hatte. Es war im Winter sehr kalt, weil eine Fensterscheibe zerbrochen war. Wanja will das schon längst reparieren, hat es aber noch nicht getan. Geldmangel? Nein, nein, sagt er, meine Mutter finanziert das. Vielleicht fehlen ihm die handwerklichen Fähigkeiten? Auch das nicht, versichert Wanja, er könne das. Aber warum mache er es dann nicht? Er habe keine Zeit, versichert Wanja, und das schon drei Jahre lang nicht.

Dagegen erinnert sie sich noch heute an den deutschen Korrespondenten, mit dem sie zu Beginn der neunziger Jahre zusammengearbeitet hat. Und an ihr Erstaunen über die Selbstdisziplin, die der junge Mann an den Tag legte. Wenn sie morgens zur Arbeit ins Büro kam, das sich mit in der Wohnung befand, saß er jedes Mal schon frisch, wie aus dem Ei gepellt, am Schreibtisch. »Dabei hätte niemand gesehen, wenn er noch geschlafen hätte, wenn er wenigstens ein einziges Mal später angefangen hätte.« So etwas war ihr in ihrer bisherigen Laufbahn in Russland noch nie begegnet. Deutsche Ordnung und Pünktlichkeit, hier ist es wieder, das Klischee, von dem jeder selbst entscheiden mag, inwieweit es tatsächlich mit der Realität übereinstimmt.

Die ersten Kontakte

Der erste Versuch einer Verbindung zwischen der Kiewer Rus, der Wiege des russischen Reiches, und den Deutschen scheiterte im 10. Jahrhundert. Olga, die Gattin des Herrschers von Kiew, Fürst Igor, nahm nach dessen Tod auf dem Schlachtfeld 945 die Zügel der Rus in ihre Hände. Sie regierte im Namen ihres zu der Zeit noch sehr kleinen Sohnes Swjatoslaw. Weitblickend suchte sie zunächst die Kontakte zu den Kulturen am Schwarzen Meer und am Mittelmeer. Sie ließ sich zum Christentum bekehren und in der Hagia Sophia in Byzanz taufen.

Sie trug allerdings Sorge, dass niemand ihre Reise als Unterwerfungsgeste missverstehen konnte, indem sie – kaum wieder nach Kiew zurückgekehrt – eine Gesandtschaft nach Westen schickte. Sie bat den deutschen König Otto den Großen um Entsendung christlicher Missionare. Der erste Kontakt zwischen den beiden aufstrebenden Reichen Russland und Deutschland war hergestellt, stand aber unter keinem guten Stern.

Otto schickte zwar die erbetenen Missionare. Der Mönch Adalbert aus dem Kloster Sankt Maximin bei Trier reiste 962 befehlsgemäß nach Kiew. Aber schon nach einem Jahr kehrte er unverrichteter Dinge zurück. Vielleicht hat es ja am Klima gelegen, wie einige Quellen als Ursache des Fehlschlags vermuten. Wahrscheinlicher aber ist, dass die geografische Lage – von Kiew konnte man relativ problemlos auf dem Wasserwege nach Byzanz gelangen – den Ausschlag dafür gab, dass die Kiewer Rus die griechische Orthodoxie der römisch-katholischen Kirche vorzog.

Das dauerte allerdings noch ein paar Jahre. Swjatoslaw, Olgas Sohn, blieb Heide. Nach seinem Tod 980 übernahm Wladimir, später auch der Heilige genannt, die Herrschaft in Kiew. Er ließ sich taufen, die heidnischen Götzenbilder zerschlagen und erklärte das orthodoxe Christentum 989 zur Staatsreligion. Dabei vergaß er die Machtpolitik keineswegs. Bevor Wladimir sein Haupt über das Taufbecken beugte, ließ er sich die Hand von Anna, der Tochter des byzantinischen Kaisers, versprechen. Nach deren Tod ehelichte er die Tochter des deutschen Grafen Kuno von Enningen. Abkömmlinge des deutschen Adels sollten in späteren Jahrhunderten immer eine wichtige Rolle am Hofe des Zaren spielen.

Doch zunächst setzten deutsche Kaufleute die Akzente, die sich, angetrieben von der römisch-katholischen Kirche, militärisch gedeckt vom Deutschen Orden und den Schwertbrüdern, entlang der Ostseeküste auf den Weg nach Osten machten. Mehrere Kreuzzüge ebneten ihnen das Feld für ein Vordringen in das Baltikum. Riga, vom Bremer Domherren und späteren Bischof von Livland, Albert von Buxhövden, 1201 gegründet, und die russische Stadt Nowgorod Weliki wurden zu den Zentren, in denen sich deutsche und russische Kaufleute trafen und Handel trieben. Der erste Vertrag, den Nowgorod mit deutschen Städten unterzeichnete, stammte bereits aus dem Jahr 1198.[32]

Über die Hanse unterhielt das sehr selbständige Nowgorod Weliki im russischen Binnenland enge Beziehungen zu Riga, Reval, Lübeck und Hamburg. Nowgorod mit seiner – anders als das südliche, von Byzanz geprägte Kiew – offenen Gesellschaft war die erste russische Stadt, in der eine ausländische Minderheit sich ein eigenes Stadtviertel errichten durfte. Deutsche Kaufleute und Handwerker bewohnten den »Peterhof« um die deutsche St. Petrikirche.

Die Geschäfte entwickelten sich ausgezeichnet. Kaviar, Pelze, Hanf, Speck, Walrosszähne und Fische erzielten gute Preise in den deutschen Städten. Die russischen Fürsten und reichen Kaufleute deckten sich dafür mit erlesenen Weinen, Tuchen, Eisenwaren und Gold- und Silberschmuck ein. Das 1229 ausgesprochene päpstliche Verbot, mit Russland Handel zu treiben, ignorierte die Hanse. Zu hoch waren die Umsätze.

Parallel dazu wurden die Positionen des Ende des 12. Jahrhunderts gegründeten Deutschritterordens im Baltikum immer stärker. Zwar waren die Schwertbrüder nach einer vernichtenden Niederlage gegen die Litauer 1236 zur Bedeutungslosigkeit verdammt. Doch der Deutsche Orden – sein Kennzeichen: ein weißer Umhang mit einem schwarzen Kreuz – entfaltete sich immer mehr und missionierte immer aggressiver. Während im Osten bereits die Mongolen gegen Russland ritten, hatte der Papst dem Orden die Aufgabe zugedacht, das orthodoxe Nowgorod für Rom zu gewinnen.

Der heute als Heiliger verehrte, damals erst 26 Jahre alte Alexander Newski verhinderte das. Alexanders Heer schlug zunächst 1240 die von Norden heranrückenden Schweden am Newa-Ufer, was ihm die Ehrenbezeichnung Newski eintrug. Am Morgen des 5. April 1242 kam es dann auf dem Eis des Peipus-Sees zur ersten Schlacht zwischen einem deutschen und einem russischen Heer.

Sie endete mit einer vernichtenden Niederlage der deutschen und dänischen Kreuzritter des Deutschen Ordens und des Schwertbrüderordens sowie ihrer estnischen Verbündeten. Die gewaltsame Katholisierung fand nicht statt.[33]

Wenn heute die russisch-orthodoxe Kirche gegen die zahlenmäßig nur noch sehr bescheidene Anwesenheit katholischer Priester in Russland wettert und Hürden – auch schon mal mit Hilfe von Behörden und Geheimdienst – aufbaut, wo es nur geht, muss das als Nachhall der damaligen Auseinandersetzungen gesehen werden, denen die Spaltung in Ost- und Westkirche im Jahr 1054 vorausgegangen war.

Nach Alexanders Sieg auf dem Peipus-See versuchte sein Bruder Jaroslaw die deutschen Kaufleute zu verdrängen. Dem schoben die Tataro-Mongolen, denen sich Alexander inzwischen hatte unterwerfen müssen, einen Riegel vor. Sie wiesen den russischen Fürsten an, die deutschen Kaufleute weiterhin ins Land zu lassen. Der lukrative Handel war auch in ihrem Interesse.

Die Sonderstellung der deutschen Hanse fand ein Ende, als Iwan III. die Tataren 1480 mit der Schlacht an der Ugra zum Rückzug zwang und er die Position Moskaus unter den russischen Fürstentümern entscheidend stärkte. Mehrfach zog er auch gegen Nowgorod, den Handelskonkurrenten. 1494 wurde auf Betreiben Moskaus der Peterhof in Nowgorod geschlossen, seine Warenlager beschlagnahmt. Das bedeutete das Aus der Hanse auf russischem Boden.

Die deutsche Präsenz in russischen Landen blieb allerdings erhalten. Jetzt waren es Handwerker und Spezialisten aller Art, die den Ton angaben.

Die deutsche Siedlung in Moskau

Das Misstrauen gegenüber Ausländern, gegenüber Andersgläubigen war groß im Russland des 16. Jahrhunderts. Iwan Grosny, der sich im Jahr 1547 zum Zaren hatte küren lassen, wollte sie nicht haben in seiner schönen Hauptstadt Moskau. Deshalb wies er den Abkömmlingen aus europäischen Ländern, die in sein Land kamen, einen speziellen Siedlungsraum außerhalb der Stadtmauern an den Ufern des Moskwa-Nebenflusses Jausa zu. Dort, in der »Siedlung der Fremden«, durften sie sich niederlassen, die

Baumeister, Handwerker, Ärzte, Apotheker, Kaufleute und Militärs, die dem Zaren dienten, aber nicht dem orthodoxen Glauben anhingen und auch kein Russisch sprachen. Stattdessen brabbelten sie irgendwelche Laute, die kein vernünftiger Russe verstand. Genauso gut hätten sie stumm (nemoi) sein können. Und so wurden die Ausländer denn auch genannt – Nemzy (Einzahl Nemez), abgeleitet vom Wort nemoi, stumm oder auch unverständliches Gebrabbel. Ursprünglich wurden so alle Fremden genannt. Doch da die meisten Bewohner der fremdländischen Siedlung aus deutschen Landen kamen, wurden nach und nach nur noch die Deutschen als Nemzy bezeichnet, obwohl das Land, aus dem sie kamen, im Russischen Germania heißt. Die Siedlung, von der heute nur noch ganz kleine Überbleibsel zu besichtigen sind, bekam den Namen Nemezkaja Sloboda – deutsche Siedlung.

1611 brannte sie, damals völlig aus Holz bestehend, nieder, und ihre Bewohner siedelten sich nach und nach in den verschiedenen Teilen Moskaus an. Der Zarenhof, der das Wissen und die Kenntnisse der Fremden für sich nutzen wollte, begrüßte das. Aber in dem Maße, wie die Zahl der Katholiken und Protestanten in Moskau zunahm, wuchs der Widerstand der russisch-orthodoxen Kirche. Sie fühlte sich durch die Anwesenheit der »Andersgläubigen« bedroht und drängte den Zaren Andrej Michailowitsch 1652 schließlich dazu, die Fremden wieder aus der Stadt zu entfernen. Sie mussten an ihren alten Ort, die deutsche Siedlung, zurückkehren. Mehr als 100 Holzhäuser und drei Kirchen wurden in Moskau abgerissen und in der Siedlung wieder aufgebaut.

Für den jungen Peter, der später Zar Peter I. wurde, war die Deutschen-Siedlung ein Fenster in die weite, interessante Welt. Moskau mit seinen damals 200000 Einwohnern, wovon 27000 orthodoxe Geistliche waren, Moskau, abgeschottet von der Umwelt, schien ihm dumpf und rückwärtsgewandt. In der Deutschen-Siedlung dagegen fand er alles, was ihn interessierte. Er beobachtete die Steinmetze, Zimmerleute, Buchdrucker und Schmiede bei der Arbeit, sammelte Erkenntnisse und Erfahrungen. Auch seine erste Liebe fand er dort, die Gastwirtstochter Anna Mons, deren Familie aus Minden an der Weser an die Moskwa gekommen war.

Die Deutschen-Siedlung war berühmt für ihre schönen und wohlgekleideten Mädchen. Die Schönste von allen war Anna Mons, die zudem gut tanzte und lebhafte Gespräche führen konnte. Das war für russische Verhältnisse jener Zeit sehr ungewöhnlich. Denn die Russen hielten ihre Gattinnen vor der Außenwelt versteckt, sie mussten sich die meiste Zeit im Terem, dem Frauenhaus, aufhalten.

Zehn Jahre dauerte das Verhältnis. Dann warf sie ein Auge auf einen Mann aus ihrer Umgebung. Als Peter das 1703 erfuhr, verordnete er ihr Hausarrest, verbot ihr den Kirchgang – und trug ihr die Ehe an. Sie lehnte ab. Als dann Jekaterina, die künftige Frau des Zaren, auf der Bildfläche erschien, erwirkte Anna Mons die allerhöchste Erlaubnis, sich mit dem deutschen Gesandten Keyserling zu vermählen. Das Glück währte nicht lange. Fünf Monate nach der Hochzeit starb Keyserling.

Ihrem Bruder Willem Mons erging es dagegen deutlich schlechter. Er trat in Peters Dienst, erwies sich als tapferer Soldat und tat sich unter anderem in der Schlacht bei Poltawa hervor. Dann beging er den Fehler, sich als Kammerherr am Zarenhof in eine Affäre mit Zarin Jekaterina zu stürzen. Das ging acht Jahre lang gut. Dann erfuhr Peter davon, ließ Willem Mons vierteilen und seinen Kopf – in Alkohol konserviert – in seiner Kunstkammer aufstellen.

Brutalität und Reformeifer lagen beim russischen Zaren Peter I. sehr eng beieinander. Dennoch prägten die Erfahrungen, die er in der Siedlung der Deutschen am Moskauer Stadtrand machte, viele seiner späteren Entscheidungen durchaus positiv. Seine häufigen Besuche dort nährten immer wieder Gerüchte, er sei eigentlich kein Russe, sondern ein Deutscher aus der Nemezkaja Sloboda. Von seinem Günstling und Freund Franz Lefort, dessen Palast heute im Zentrum der ehemaligen Deutschen-Siedlung steht, wollte die Gerüchteküche wissen, er sei der Vater von Peter I.

Ende des 17. Jahrhunderts gab es in der Nemezkaja Sloboda zwei protestantische, eine holländische und eine katholische Kirche, alle mit eigenen Kirchengemeinden. Es gab drei Märkte, Verkaufsstände für russische und ausländische Waren und sogar deutsche Kneipen und einen »Deutschen-Friedhof«. Der ist heute noch zu besichtigen, er wird auch noch so genannt, wenngleich dort auch zahlreiche andere Ausländer beigesetzt sind. Ein Spiegelbild des damaligen Lebens in der Siedlung, in der neben Deutschen auch Holländer, Dänen, Franzosen oder Italiener lebten. Untereinander verständigten sie sich entweder in gebrochenem Russisch oder eben in Deutsch.

1665 lebten über 1100 Menschen in der Siedlung, Anfang 1700 waren es rund 2000. Offiziere und Söldner machten die größte Gruppe unter den Ausländern aus. Zahlenmäßig stark waren auch Kaufleute aus ganz Europa.

Der Staatsapparat des Zaren gewährte den Ausländern, die als nützlich und hilfreich angesehen wurden, insbesondere in der Reformzeit von Peter I., weitgehende Freiheiten, behinderte ihre Religionsausübung nicht. In der Regierungszeit von Peter dem Großen erhöhte sich die Zahl der in der Siedlung Lebenden deutlich, sie machten 1720 etwa zwei Prozent der Einwohnerzahl Moskaus aus. Angehörige immer neuer Berufsgruppen trafen ein und bereicherten das russische Handwerk. Wer Russland wieder verlassen wollte, durfte das tun.

Nur diejenigen, die den orthodoxen Glauben angenommen hatten, mussten bleiben. Sie galten mit der Übernahme des Glaubens als russische Bürger. Das Auslandsreiseverbot galt in der Zarenzeit auch für den Adel, der nur dann reisen durfte, wenn er die Erlaubnis des Zaren dafür hatte. Auf die absurde Spitze wurde das während der Sowjetzeit getrieben, als das ganze Volk eingesperrt war. Nur in dienstlichen Ausnahmefällen – privat so gut wie nie – gab es ein Ausreisevisum. Zuvor musste der Glückliche aber noch eine Prüfung bei seiner Parteiorganisation überstehen, auch wenn er nicht Mitglied war, in der er nachweisen musste, dass er über Politik und Wirtschaft des zu besuchenden Landes etwas wusste. Und auf keinen Fall durfte er bei der Rückkehr vergessen, denjenigen, die an der positiven Entscheidung über die Reise beteiligt waren, schöne Geschenke mitzubringen. Sonst war das die letzte Dienstreise ins Ausland.

Die Siedlung, die damals weit vor den Toren Moskaus lag, befindet sich heute im Nordosten der russischen Hauptstadt unweit des Gartenrings in der Nähe des Stadtzentrums. Nur vereinzelte Gebäude, allerdings keine mehr aus Holz, erinnern noch an die Vergangenheit.

Deutscher Adel am Hof der russischen Zaren

Alexandra Fjodorowna, die Gattin von Nikolai II., war die letzte russische Zarin. Sie starb am 17. Juli 1918 durch die Kugeln eines bolschewistischen Mordkommandos im Hause des russischen

Ingenieurs Ipatjew in Jekaterinburg. Zarin Alexandra hatte diesen Namen mit ihrer Eheschließung mit dem letzten russischen Imperator im Jahr 1894 angenommen. Sie war die gebürtige Prinzessin Alice Viktoria Helene Louise Beatrice von Hessen-Darmstadt.

Sie war nicht die einzige Adlige aus Deutschland, die im Verlaufe der Jahrhunderte ins russische Herrscherhaus eingeheiratet hat. Die russische Geschichte ist voller Beispiele. Allerdings wurden die deutschen Adligen nach russischer Rechtsprechung in dem Moment zu Russen, in dem sie – was alle taten – den russisch-orthodoxen Glauben annahmen. Hier eine Genealogie:[34]

Peter II. Alexejewitsch (1715–1730)

Imperator ab 1727. Sohn des Zarewitsch Alexej Petrowitsch (1690–1718) und der Prinzessin Charlotte Christine Sophie von Braunschweig-Wolfenbüttel (gestorben 1715), Enkel von Peter I.

Iwan IV. Antonowitsch (1740–1764)

Imperator von 1740 bis 1741. Sohn von Prinzessin Anna Leopoldowna von Mecklenburg, einer Verwandten der Zarin Anna Iwanowna (1693–1740), und von Prinz Anton-Ullrich von Braunschweig-Lüneburg. Der Säugling wurde nach dem Tode von Zarin Anna Iwanowna inthronisiert. Am 9. November 1740 ergriff seine Mutter Anna von Mecklenburg die Macht und erklärte sich zur Herrscherin Russlands. Im Jahr darauf wurden Mutter und Sohn von Elisabeth (1709–1761), der Tochter Peters I., vom Thron gestoßen.

Peter III. Fjodorowitsch (1728–1762)

Zar von 1761 bis 1762. Sohn des Herzogs Karl Friedrich von Holstein-Gottorf und der Zarin Anna Petrowna (1708–1728), Enkel von Zar Peter I. Bis zur Annahme des orthodoxen Glaubens hieß er Karl Peter Ullrich. Er war der Begründer der Holstein-Gottorf-Linie im Hause der Romanows, die bis 1917 herrschten. Peter III. war verheiratet mit der Prinzessin Sophie Friederike Auguste von Anhalt-Zerbst (1729–1796), die nach dem Übertritt zum orthodoxen Glauben den Namen Jekaterina Alexejewna erhielt, später bekannt als Katharina II. Der Ehe entsprangen der Sohn Paul

(1754–1801), der spätere Zar Paul I. und eine Tochter, die kurz nach der Geburt starb. 1762 stürzte Elisabeth ihren Zarengatten Peter, der während der Palastrevolution ermordet wurde.

Katharina II. Alexejewna (1729–1796)

Die als Prinzessin Sophie Friederike Auguste von Anhalt-Zerbst geborene Katharina II., auch »die Große« genannt, herrschte von 1762 bis zu ihrem Tode als russische Zarin. Sie war die erfolgreichste der aus Deutschland »importierten« Frauen. Nachdem in Petersburg schon 40000, in Moskau 20000 und in Odessa 10000 Deutsche ansässig waren, rief sie 1762 erstmals auch deutsche Bauern nach Russland. Innerhalb einer ersten Zuwanderungswelle ließen sich bis 1767 im Raum von Saratow an der Wolga 30000 vorwiegend aus dem armen Hessen stammende Bauern nieder. Nach wenigen Jahrzehnten gab es 3500 deutsche Dörfer in Russland.

Pawel (Paul) I. Petrowitsch (1754–1801)

Er bestieg den Thron nach dem Tode seiner Mutter Katharina II. im Jahr 1796. Er heiratete die deutsche Prinzessin Wilhelmine Louise von Hessen-Darmstadt (1755–1776). Nach ihrem Tode ehelichte Pawel die Prinzessin Sophie Dorothee Auguste Louise von Württemberg (1759–1828), orthodox Maria Fjodorowna, mit der er zehn Kinder hatte. Einer seiner vier Söhne war der spätere Zar Alexander I. Bei einem Palastumsturz wurde Paul I. 1801 ermordet.

Alexander I. Pawlowitsch (1777–1825)

Zar Alexander I. war der älteste Sohn des bei einer Palastrevolte ermordeten Paul I., den er 1801 beerbte. Alexander war mit der Prinzessin Louise Marie Auguste von Baden-Baden (1779–1826) verheiratet, die nach ihrem Übertritt zum orthodoxen Glauben Jelisaweta Alexejewna hieß. Weil er im Krieg gegen Napoleon nicht an der russischen Grenze stehenblieb, sondern seine Truppen bis nach Paris marschieren ließ, wurde er in Deutschland als Befreier Europas gefeiert. Während seiner Regentschaft wurden zu den bereits in Russland lebenden 50000 deutschen Bauern weitere Tausende ins Land geholt und am Nordufer des Schwarzen Meeres angesiedelt. Noch heute gibt es in Georgien Dörfer, in denen Nachfahren schwäbischer Bauern leben.

Nikolai I. Pawlowitsch (1796–1855)

Er wurde 1825 nach dem Tode seines Bruders Alexander I. Zar. Der in der Thronfolge vor ihm rangierende zweite Bruder, der Großfürst Konstantin, hatte verzichtet. Nikolai I. war der dritte Sohn von Paul I. und Prinzessin Louise von Württemberg. Er heiratete 1817 die Prinzessin Frederike Louise Charlotte Wilhelmine von Preußen (1798–1860), älteste Tochter von Friedrich Wilhelm III. und Königin Louise, deren orthodoxer Name Alexandra Fjodorowna lautete.

Alexander II. Pawlowitsch (1818–1881)

Der älteste Sohn von Nikolai I. und der preußischen Prinzessin bestieg den Thron 1855. Der als Reformator in die Geschichte eingegangene Alexander II. war mit Prinzessin Maximiliane Wilhelmine Auguste Sophie Marie von Hessen-Darmstadt (1824–1880) verheiratet. Seine Gattin nahm nach dem Übertritt zum orthodoxen Glauben den Namen Maria Alexandrowna an. Dieser Ehe entstammten acht Kinder, darunter der künftige Zar Alexander III. (1845–1894). Nach dem Tode seiner ersten Frau ehelichte Zar Alexander II. die Fürstin Jekaterina Michailowna Dolgorukowa (1849–1922). Er selbst fiel 1881 einem Attentat zum Opfer, an dem auch der jüngere Bruder des Sowjetunion-Begründers Lenins beteiligt war.

Alexander III. Alexandrowitsch (1845–1894)

Der zweite Sohn von Zar Alexander II. und der Prinzessin Maximiliane Wilhelmine Auguste Sophie Marie von Hessen-Darmstadt war mit der dänischen Prinzessin Marie Sophie Frederike Dagmar (1847–1928) verheiratet. Sie hatten sechs Kinder, darunter den künftigen Zaren Nikolai II. Er bestieg den Thron 1881 nach der Ermordung eines Vaters.

Nikolai II. Alexandrowitsch (1868–1918)

Der älteste Sohn von Alexander III. war der letzte russische Zar. Er herrschte von 1894 bis 1917, als ihn seine eigene Generalität zum Rücktritt zwang. Nikolai war der Cousin ersten Grades von Georg V., König von Großbritannien und ein Cousin dritten Grades von Wilhelm II., deutscher Kaiser und König von Preußen. Der Zar und seine Familie – Alexandra Fjodorowna, die Töchter Olga, Tatjana, Maria und Anastasia sowie Thronfolger Alexej – fielen den Bolschewiken in die Hände und wurden auf Befehl der Moskauer Revolutionsregierung 1918 in Jekaterinburg erschossen.

Nachtrag: Im September 2007 lehnte die russische Generalstaatsanwaltschaft die Rehabilitierung der 1918 ermordeten Zarenfamilie als »Opfer politischer Repression« ab. Die in Spanien lebende Großfürstin Maria Wladimirowna hatte zwei Jahre zuvor in einem 800-seitigen Papier den Antrag gestellt. Dem könne formalrechtlich nicht entsprochen werden, teilte die Behörde mit, da es keine Hinweise auf ein Gerichtsurteil gegen die 1918 in den Wirren des Bürgerkriegs von den Bolschewiken erschossenen Romanows gebe. Es habe keine formale Anklage gegen den Zaren und seine Familie gegeben. »Deshalb war der Mord aus juristischer Sicht nur ein strafrechtlich relevantes Verbrechen«, hieß es in der Erklärung der Generalstaatsanwaltschaft.

Arseni Roginski von der Menschenrechtsorganisation »Memorial« vertrat dagegen den Standpunkt, Zar Nikolaus II. und seine Familie seien gewissermaßen auf staatliche Anordnung der damaligen Bolschewiken-Führung in Jekaterinburg ermordet worden. Damit hätten die Romanows ebenso Anspruch auf Rehabilitierung wie einfache Bauern und Deportierte aus jener Zeit.[35]

Wissenschaftler und Handwerker

Neben den »blaublütigen deutschen Exporten« zog es, ausgelöst durch das von Peter I. zumindest zeitweilig weit geöffnete Fenster nach Europa immer wieder deutsche Künstler, Architekten und Wissenschaftler in das Riesenreich im Osten. So stand Gottfried Wilhelm Leibniz an der Wiege der ersten russischen Universität, die in Moskau errichtet wurde. Sie heißt heute Lomonossow-Universität, benannt nach ihrem ersten Dekan, dem russischen Universalgelehrten Michail Lomonossow.

In drei Begegnungen mit Peter I. (1711, 1712 und 1716) legte Leibniz dem Zaren seine Gedanken für ein Russland als Bindeglied zwischen Europa und Asien nahe. In Briefen und Denkschriften finden sich aber auch Vorschläge zur Erforschung Sibiriens, zur Trockenlegung von Sumpfgebieten, zum Abbau von Bodenschätzen, zur Verbesserung der Verkehrsverbindungen, zur Gründung von Fabriken, zur Anlage von Druckereien und Bibliotheken, zur Einrichtung von zoologischen und botanischen Gärten, zur Verbesserung des Bank- und Lombardwesens, zur Vervollkommnung des Zoll- und Steuersystems und zu astronomischen Beobachtungen. In gleicher Weise forderte Leibniz eine vermehrte Anwerbung ausländischer Fachkräfte nach Russland und eine Erleichterung bei der Reiseerlaubnis für russische Untertanen.

Alexander von Humboldt bereiste Russland 1829, legte 15 000 Kilometer zurück und hinterließ Zar Nikolai I., der ihn scharf überwachen ließ, aber auch 20 000 Rubel zur Reisekasse beitrug, wertvolle Anregungen für meteorologische und geophysikalische Forschungen. Er musste bei seiner langen Reise allerdings auch die gleiche Erfahrung machen wie der französische Schriftsteller Alexandre Dumas der Ältere, der 1858/59 Russland bereiste: Er wurde überall peinlich genau überwacht, die Berichte gingen an den Geheimdienst des Zaren.

Die Zahl der Deutschen, die Ämter bei Hofe erhielten, wuchs im 18. und 19. Jahrhundert besonders stark. Offiziere und Beamte kamen in Scharen in die russischen Metropolen St. Petersburg und Moskau und machten Karriere. Oft an den Russen vorbei, die sich benachteiligt fühlten. Einer von den Übergangenen soll einer Anekdote zufolge den Zaren gebeten haben, ihn doch bitte zum Deutschen zu ernennen. Offensichtlich erhoffte er sich davon bessere Aufstiegschancen. Mitte des 19. Jahrhunderts waren 15 Prozent der höchsten Posten in der russischen Zentralverwaltung von Deutschen besetzt.[36]

Deutsche Offiziere dienten im russischen Heer und machten sich beim Sieg über Napoleon verdient. Sie waren auch am Dekabristenaufstand 1824/25 beteiligt, oder sammelten – wie der Kurländer Graf Alexander von Benckendorff – Material gegen die revolutionären Adeligen, um sie ans Messer zu liefern. Dafür wurde Benckendorff 1826 zum ersten Chef der russischen Gendarmerie ernannt. Doch so viele Deutsche auch in Russland gelebt, so viele auch im Staatsdienst gestanden haben mochten – geprägt haben sie das Land nie. Spuren findet man allenthalben, aber letztlich blieb Russland mit seinem ausgeprägten Beharrungsvermögen immer Russland, und die Zugereisten assimilierten sich – so wie die Waräger, die gerufen wurden, um zu herrschen, und die im Laufe der Zeit sogar ihre eigene Sprache vergaßen. Die Fremdheit jedoch, die zwischen Deutschland und Russland herrschte und die mal mit großer Bewunderung, dann wieder mit Ängsten und Phobien einherging, konnten sie nie ganz überwinden.

In zwei großen Kriegen haben sich Deutsche und Russen im vergangenen Jahrhundert gegenübergestanden. Der Erste Weltkrieg begann mit der Ermordung des österreichischen Thronfolgers Franz Ferdinand in Sarajevo am 28. Juni 1914. Da war der Knoten allerdings schon lange geschürzt, die europäischen Großmächte hatten aufgerüstet und marschierten offenen Auges und unter Jubelgesängen in die Schlacht. Das Attentat, verübt von einem serbischen Studenten, führte zunächst zum Krieg Österreichs gegen Serbien. Deutschland war Österreich vertraglich zum Beistand verpflichtet. Russland war an Serbien gebunden, England und Frankreich wiederum an Russland. Weder Deutschland noch Russland konnten in diesem Krieg irgendetwas gewinnen, beide standen 1918 als Verlierer da.

Russland war in den vier Kriegsjahren im Innern förmlich zerfallen. Die ganze Morbidität des vom schwachen Nikolai II. schlecht verwalteten Landes trat in der Stunde der Gefahr deutlich zutage. So deutlich, dass die russische Generalität selbst den Herrscher nach der Februarrevolution zur Abdankung drängte. Doch das wendete weder das Kriegsglück, noch verhinderte es die Machtergreifung der Bolschewiki am 7. November des gleichen Jahres.

Dazu hatten die deutsche Regierung und ihr Kaiser Wilhelm II. einen ansehnlichen Beitrag geleistet. Sie ermöglichten Wladimir Iljitsch Uljanow, der in Erinnerung an einen blutig niedergeschlagenen Aufstand 1912 am sibirischen Strom Lena den Namen Lenin führte, 1917 die Heimreise in einem versiegelten Eisenbahnwaggon quer durch Deutschland zurück nach Russland. Sie erhofften sich leichteres Spiel mit Russland, wenn Lenin dort eine Revolution vom Zaune brach.

Nach dem erfolgreichen Aufstand sah die Leninsche Regierung im sofortigen Friedensschluss mit Deutschland den einzigen Ausweg, um das Land vor dem endgültigen Zerfall zu bewahren. Die Bedingungen des am 3. März 1918 in Brest-Litowsk unterzeichneten Vertrages, die die Deutschen diktierten, die an der Ostfront noch einmal im Vormarsch waren, erwiesen sich als extrem hart. Viele Länder und Gebiete im Norden, Westen und im Süden, die zum russischen Reich gehört hatten, musste der russische Verhandlungsführer Trotzki abtreten.

Der deutsche Triumph währte nicht lange. Nach dem Zusammenbruch der Front im Westen musste Deutschland im Friedensschluss von Versailles ebenfalls große Gebietsverluste hinnehmen und sich zu drückenden Reparationszahlungen verpflichten. Auch in Deutschland mündete der Krieg in einer Revolution, auch in Deutschland musste der Herrscher abdanken. Der entkam aber im Gegensatz zu dem russischen Zaren lebendig und führte das Leben eines Pensionärs in Holland.

Arbeit in der Sowjetunion

Eine tragische deutsch-russische Episode spielte sich zwischen den beiden Weltkriegen in Moskau ab. Nach der Niederlage Deutschlands im Ersten Weltkrieg – im Versailler Vertrag wurde die deutsche Alleinschuld an dessen Ausbruch festgestellt – und der bolschewistischen Revolution in Russland galten beide Länder als Parias in Europa. Das gab zumindest zeitweilig das Bindemittel für ein engeres Zusammengehen her. Auch die extrem hohen Reparationsforderungen der Siegermächte an Deutschland, die Beschränkungen für die Reichswehr ließen Sowjetrussland zu einem willkommenen Partner werden.

Spätestens nachdem Michail Tuchatschewski, der spätere Marschall der Sowjetunion, den Stalin am 12. Juni 1937 erschießen ließ, 1920 die polnischen Truppen zurückgeschlagen und auf Warschau zurückgeworfen hatte, gewann der Gedanke an einen engeren wirtschaftlichen Austausch Gestalt. Die Regierung in Berlin sah über den von ihr durchaus gefürchteten Kommunismus in der Sowjetunion hinweg und fand an dem Moskauer Vorschlag einer »friedlichen Koexistenz« ohne Ansehen der politischen Systeme Gefallen. Das riesige Sowjetrussland bot sich förmlich an als gewaltiger Absatzmarkt deutscher Industriegüter.

Vor diesem Hintergrund unterzeichneten Deutschland und die Russische Sozialistische Föderative Sowjetrepublik am 4. April 1922 in dem kleinen italienischen Städtchen Rapallo am Rande einer internationalen Wirtschaftskonferenz – für die anderen Teilnehmer völlig überraschend – den Rapallo-Vertrag. Darin verzichteten beide Seiten auf Reparationszahlungen, sie stellten die diplomatischen Beziehungen wieder her und vereinbarten eine Wirtschaftskooperation nach dem Prinzip der Meistbegünstigung.[37]

Anfang der neunziger Jahre, nach dem Zusammenbruch der Sowjetunion und der Wiedervereinigung Deutschlands, kamen russische Diplomaten in privaten Gesprächen gerne auf diese Phase der deutsch-russischen Beziehungen zurück. »Was soll das mit der EU, das behindert euch doch nur in eurer Entwicklung«, meinten sie. »Deutschland und Russland gemeinsam, unsere Ressourcen und eure Technologie – das wäre eine Macht, die leicht ganz Europa beherrschen könnte, vielleicht sogar die Welt.« Später sollte sich zeigen, dass dieser Gedanke aus einer momentanen Schwäche Moskaus heraus geboren wurde. Heute, da Russland sich als wiedererstarkte Großmacht fühlt, spricht niemand mehr über ein dem Rapallo-Gedanken entlehntes Bündnis mit der Mittelmacht Deutschland. Russland fühlt sich stark genug, seine Ziele im Alleingang zu realisieren und misst sich wieder an der Supermacht USA.

Nach Rapallo gestalteten sich die Wirtschaftsbeziehungen deutlich enger. Deutsche Unternehmen engagierten sich wieder in Russland. Reichswehr und Rote Armee hatten schon vor Vertragsabschluss Kontakte aufgenommen, sie setzten ihre Zusammenarbeit bis hin zu gemeinsamen Manövern intensiver fort. Auch deutsche Arbeiter und Ingenieure im zerstörten Nachkriegsdeutschland sahen, befördert durch die sowjetische Propaganda, in der Sowjetunion einen Ausweg aus ihrer wirtschaftlichen Misere.

Die ersten Fachkräfte aus dem AEG-Konzern kamen Mitte der zwanziger Jahre allerdings im Zuge der geheimen »Operation Wolfram« nach Moskau. In der Sowjetunion hatte Lenin die Losung »Kommunismus, das ist Sowjetmacht plus Elektrifizierung des ganzen Landes« ausgegeben. Dazu musste eine eigene Glüh-lampenproduktion erst noch aufgebaut werden. Das ganze Unternehmen drohte daran zu scheitern, dass die sowjetischen Ingenieure die Herstellung der erforderlichen Wolframfäden nicht in den Griff bekamen.

Die Militärspionage sollte Abhilfe schaffen. »Der Grundgedanke dieses Planes war so einfach wie aussichtsreich: Über die Kommunistische Partei in Deutschland wollte man Kontakte zu qualifizierten Arbeitern herstellen, die in der Wolframproduktion tätig waren und Zugang zu technischen Informationen hatten.«[38]

Das gelang auch. Über die Kanäle des Geheimdienstes kamen technische Dokumentationen nach Moskau, eine erste Gruppe von Fachkräften traf Mitte der Zwanzigerjahre ein und half beim Aufbau der Glühlampenproduktion. Ende der zwanziger-, Anfang der dreißiger Jahre kamen immer mehr Arbeiter in die Sowjetunion. Sie gingen aber davon aus, dass sie sich nur zeitweilig hier aufhalten würden, weil sie – meist Anhänger der Kommunistischen Partei – schon bald mit einer Revolution auch in Deutschland rechneten und dann dorthin zurückkehren wollten.

Diese Hoffnung zerschlug sich mit der Machtergreifung Hitlers. Gleichzeitig griff eine große Desillusionierung um sich. Das »Arbeiterparadies« erwies sich schon nach kurzem Aufenthalt als ein Land, in dem Mangel, Unterdrückung und politische Verfolgung herrschten. Berichte von enttäuschten Rückkehrern machten in Deutschland die Runde, die von den Nationalsozialisten in ihrem Propagandakrieg mit dem »Sowjetbolschewismus« freudig aufgegriffen wurden. »In den eineinhalb Jahren von Mitte 1934 bis Ende 1935 registrierte die Gestapo 380 Reemigranten aus der UdSSR, allein in den ersten drei Monaten des Jahres 1936 wurden 300 Rückkehrer erfasst, bis Anfang 1937 noch einmal 400.«[39]

Diejenigen, die in der Sowjetunion blieben, gerieten ebenso wie ihre russischen Kollegen während der Zeit der Massenrepressionen zwischen 1934 und 1937 in die Mühlen des NKWD-Geheimdienstes. Sie waren in der Überzeugung gekommen, der Sowjetunion beim Aufbau helfen zu können, und bezahlten diese Illusion entweder mit ihrem Leben, oder sie verschwanden für viele Jahre in den Gulags. Genaue Zahlen über die Erschossenen und Verhafteten gibt es auch deshalb nicht, weil viele deutsche Arbeiter zur Aufgabe ihrer Staatsbürgerschaft gezwungen wurden und als sowjetische Staatsbürger in die Fänge von Stalins Schergen gerieten.

Stalin, Hitler und die Folgen

Der Hitler-Stalin-Pakt, den die beiden Außenminister Joachim von Ribbentrop und Wjatscheslaw Molotow am 24. August 1939 in Moskau unterzeichneten, ebnete dem deutschen Diktator den Weg in den Zweiten Weltkrieg. In dem Nichtangriffspakt sicherte Stalin, in der irrigen Annahme, Hitler von einem Angriff abhalten zu können, Deutschland die Neutralität der Sowjetunion zu, sollte es Auseinandersetzungen mit Polen und den Westmächten geben. Dafür erhielt der Diktator in Moskau die Zusicherung, dass Deutschland stillhalten werde, wenn sich die Sowjetunion die im Ersten Weltkrieg verlorengegangenen Gebiete Russlands zurückholen werde. In einem geheimen Zusatzprotokoll, dessen Existenz vom Erfinder des Neuen Denkens in der Sowjetunion, Michail Gorbatschow, erst nach langem Zögern zugegeben wurde und das russische Nationalpatrioten bis heute entweder ganz leugnen oder einfach übergehen, wurden die deutsch-sowjetischen Interessensphären abgegrenzt. Demnach sollten Finnland, Estland, Lettland und die polnischen Gebiete östlich der Flüsse Narew, Weichsel und San an die Sowjetunion fallen. Das gelang im Baltikum, wo die Sowjetarmee 1940 als Okkupationstruppe einmarschierte. Finnland verlor zwar mit Karelien einen Teil seines Staatsgebietes, verhinderte aber im entschlossen geführten Winterkrieg von 1939/40 die sowjetische Besetzung des Landes.

Der auf zehn Jahre befristete Nichtangriffspakt löste weltweit Überraschung aus. Besonders betroffen waren die Gefolgsleute der Kommunistischen Internationale, die sich dem Kampf gegen den Nationalsozialismus verschrieben hatten. Sie mussten nun mit ansehen, wie ihr leuchtendes Vorbild Stalin gemeinsame Sache mit Hitler machte, und gerieten in verzweifelten Erklärungsnotstand.

Der Pakt hielt indes nur knapp zwei Jahre, dann überfielen Hitlers Truppen in der Nacht zum 22. Juni 1941 die Sowjetunion. Stalin war total überrumpelt, hatte er doch bis zuletzt den Warnungen vor einem deutschen Angriff nicht geglaubt. Darunter war auch denen von Richard Sorge, der in Tokio für den sowjetischen Geheimdienst spionierte. Als der deutsche Überfall nach dem Plan »Barbarossa« begann, war Stalin – auch wegen der extrem hohen Verluste der ersten Tage – schockiert und sprachlos.

Die These, Hitler sei lediglich einem Stalinschen Angriff zuvorgekommen, wird zwar vereinzelt immer wieder vorgetragen, aber von ernstzunehmenden Historikern und vor allem durch die Tatsachen eindeutig widerlegt. »So bewerten die für den Generalstab des Heeres erstellten Lageberichte der Abteilung Fremde Heere Ost die erst seit März 1941 stattfindenden russischen Truppenkonzentrationen an der deutschen Ostgrenze unmissverständlich als logische Folge der vorhergehenden massiven Verstärkung der Wehrmacht auf der anderen Seite der Grenze und als im Kern eindeutig defensive Maßnahmen der Roten Armee«, schreibt der Historiker Wigbert Benz. Aus russischen Quellen ist bekannt, dass Stalin von verschiedener Seite gedrängt wurde, sich gegen den Aufmarsch der deutschen Truppen an der sowjetischen Westgrenze zu wappnen. Doch starrsinnig glaubte der Herrscher im Kreml, Hitler werde sich zurückhalten, solange er nicht »provoziert« werde.

»Einen weiteren ›Beweis‹ für ihre These sehen die Präventivkriegsbefürworter in Stalins Rede vom 5. Mai 1941 vor Absolventen der sowjetischen Militärakademien, bei der er diese Offiziere auf mögliche künftige Auseinandersetzungen mit Deutschland orientierte. Richtig ist, dass Stalin sich der Realität stellen musste, die einen Krieg zwischen Hitler-Deutschland und der UdSSR immer wahrscheinlicher erscheinen ließ und diesen für eigene skrupellose machtpolitische Ambitionen nutzen wollte. Die Anzeichen für Kriegsabsichten der Wehrmacht Hitlers konnte auch er nicht übersehen. Dennoch sprach er sich schon allein auf Grund des desolaten Zustandes der Roten Armee und der schwachen Stellung der UdSSR im internationalen politischen System dafür aus, den von NS-Deutschland angestrebten Krieg so lange wie möglich zu vermeiden. Als ›ultimativer Beweis‹ wird dann der Mitte Mai von Generalstabchef Schukow vorgelegte Präventivkriegsplan, ›dem Gegner beim Aufmarsch zuvorzukommen‹ ins Feld geführt – eine militärische Option, die zum einen erst im letzten Moment in Erwägung gezogen wurde, als der deutsche Aufmarsch offensichtlich war, und von Stalin bekanntlich nicht in die Tat umgesetzt wurde.«[40]

Hitler hatte den Krieg gegen die Sowjetunion von seinen Generälen als rasse-ideologischen Vernichtungsfeldzug anlegen lassen, dem Millionen Menschen zum Opfer fielen. Das musste selbst dem einfachen Soldaten klargeworden sein. Der Wehrmachtssoldat und Theologe Helmut Gollwitzer schreibt in seinen Erinnerungen an den Überfall am 22. Juni 1941: »Bis zum Beginn des

Russlandfeldzuges war auf der Innenseite des Umschlags unseres Soldbuches ein Blatt eingeklebt: ›Zehn Gebote für den deutschen Soldaten‹. Darin waren aufgezählt die Vorschriften der internationalen Konvention zur Bändigung der Kriegsbestie: Schonung des entwaffneten und gefangenen gegnerischen Soldaten, Schonung der Zivilbevölkerung, Verbot von Plünderung und Vergewaltigung. Mit Beginn des Russlandfeldzuges wurde dieses Blatt aus den Soldbüchern entfernt – und jeder konnte wissen, dass nun die Barbarei unter Zustimmung der Wehrmachtsführung gesiegt hatte.«[41]

Ende 1944 überschreiten sowjetische Soldaten in Ostpreußen erstmals die alte Reichsgrenze und nehmen Rache für die Verbrechen, die die Deutschen in der Sowjetunion begangen haben. Bis Mai 1945 sterben etwa 3,5 Millionen deutsche Soldaten an der Ostfront.

Millionen Deutsche sind auf der Flucht vor der Roten Armee. Bei der ersten Volkszählung nach dem Krieg, durchgeführt auf Anordnung des Alliierten Kontrollrates im Oktober 1946, werden 9,6 Millionen Flüchtlinge gezählt. Berücksichtigt man neben den Flüchtlingen und Vertriebenen auch die entlassenen Soldaten, Verwundeten, Evakuierten, Kinder aus den zahlreichen Heimen der Kinderlandverschickung, die ehemaligen Zwangsarbeiter, die Überlebenden der Konzentrationslager und zurückkehrenden Emigranten, dann erhöht sich die Zahl auf rund 12 Millionen.

»Klassenbrüder« und »Revanchisten«

Meine erste Begegnung mit »den Russen«, wie die aus allen Teilen der Sowjetunion stammenden Besatzungstruppen auch in der DDR genannt wurden, fand irgendwann im Sommer 1954 in Wendorf in der Nähe der Ostseehafenstadt Wismar statt. Ich hatte – sechs Jahre alt – gerade gelernt, wie das große Fahrrad meiner Mutter zu bedienen war und radelte angestrengt durch den Park am Kulturhaus. Auf einem kleinen Rondell traf ich auf eine Gruppe sowjetischer Offiziere, die offenbar Ausgang hatten. Sie hielten mich an und wollten unbedingt mit meinem Fahrrad ein paar Runden drehen.

Misstrauisch hielt ich das Fahrrad fest. War das ein Trick, um es zu stehlen? Natürlich waren die hinter vorgehaltener Hand erzählten Geschichten über »die Russen« auch an mein kindliches Ohr gedrungen. Doch was tun, sie waren mehr, sie waren größer und sie gaben mir zwei Mark »für Konfekt«, wie einer der Offiziere mir bedeutete. Ich unterwarf mich dem Schicksal, nahm das Geld und kaufte Schokoladenplätzchen. Das Fahrrad hatte ich längst abgeschrieben. Doch als ich zurück zu dem Rondell kam, sah ich laut lachende Offiziere fröhlich radeln. Sie drückten mir das Rad wieder in die Hand und verschwanden.

Erst als Erwachsener erfuhr ich, dass nicht alle Begegnungen der Deutschen mit den sowjetischen Besatzungstruppen so freundschaftlich verliefen. Plünderungen und Vergewaltigungen, verübt von sowjetischen Soldaten, brachen wie eine Geißel des Schicksals unmittelbar nach dem Einmarsch der Roten Armee in deutsche Gebiete über die ostdeutsche Bevölkerung herein. Die Ausmaße waren so erschreckend, dass sich selbst die sowjetfreundlichsten deutschen kommunistischen Funktionäre an die Besatzungsbehörden wandten, um dem Einhalt zu gebieten. Auch die sowjetische Militärführung erkannte, dass ihr Ansehen unter der deutschen Bevölkerung schweren Schaden litt. Dennoch dauerte die Zeit der Übergriffe bis zum Sommer 1947 an.

Die während des Krieges und unmittelbar danach verübten Straftaten an Deutschen werden von den Russen heute zum Teil als unangenehme Tatsache verdrängt oder sie gelten ihnen als überaus verständliche Rache angesichts der Verbrechen, die nicht nur die SS, sondern auch die deutsche Wehrmacht in der Sowjetunion verübt hatten.

In der sowjetischen Besatzungszone, später auch in der DDR, waren das freilich keine Themen. Im offiziellen Sprachgebrauch wurden die Angehörigen der Gruppe der sowjetischen Streitkräfte in Deutschland als »Waffenbrüder« und »Klassenbrüder« bezeichnet. Im Parteijargon der saloppen Art waren es »die Freunde«. Was freilich für die Mehrheit der DDR-Bürger nicht nachvollziehbar war.

Nähere Beziehungen gestalteten sich dennoch. Ab Mitte der fünfziger Jahre wurden zunehmend mehr junge Ostdeutsche zum Studium in die Sowjetunion geschickt, wodurch zahlreiche persönliche Beziehungen zum Siegerland geknüpft wurden, die vielfach bis heute halten. Und Millionen sowjetischer Soldaten und Offiziere schwärmen noch immer von ihrer Stationierung »in Deutschland«, auch wenn es nur dessen Ostteil war.

Der wurde zunächst von der Sowjetischen Militäradministration (SMAD) verwaltet. Grundlage war das Potsdamer Abkommen, das die drei Siegermächte vom 17. Juli bis 2. August 1945 im Potsdamer Schloss Cecilienhof ausgehandelt hatten. Darin wurde unter anderem die Umsiedlung von Millionen Deutschen aus Polen, der Tschechoslowakei und Ungarn sowie die vorläufige Verwaltung der deutschen Gebiete östlich der Oder-Neiße-Linie beschlossen. Deutschland wurde zunächst in drei Zonen aufgeteilt. Frankreich erhielt dann eine eigene Zone, die aus Teilen der britischen und amerikanischen Zone gebildet wurde.

Schwere Folgen für die sowjetisch besetzte Zone hatte die Entscheidung, jeder Besatzungsmacht die Entscheidung darüber freizustellen, wie sie es mit den Reparationszahlungen halten wolle. So konnte Stalin seine harte Linie im Osten durchziehen. Durch die Demontage von Industriebetrieben verlor die sowjetische Besatzungszone (SBZ) beinahe 30 Prozent der 1944 auf ihrem Gebiet existierenden industriellen Kapazität. Die SBZ und später die DDR zahlten Reparationen von rund 14 Milliarden Dollar, was deutlich über der sowjetischen Forderung von zehn Milliarden an ganz Deutschland lag.[42] Zu Verwaltern ihres neuen Herrschaftsgebietes machte Moskau »geprüfte« deutsche Kommunisten. Bereits am 30. April 1945 flog die »Gruppe Ulbricht« von Moskau nach Deutschland, wo sie den Wiederaufbau der KPD organisierte und 1946 deren Vereinigung mit der SPD zur SED vollzog. Nach der Gründung der DDR am 7. Oktober 1949 – die Bundesrepublik war am 23. Mai des gleichen Jahres gebildet worden – wurde Walter Ulbricht stellvertretender Vorsitzender im Ministerrat, zu dessen Chef man Otto Grotewohl ernannte. Ulbricht, ab 1950 SED-Parteichef, war der starke Mann von Moskaus Gnaden. In der Bundesrepublik wurde Konrad Adenauer am 15. September 1949 zum Bundeskanzler gewählt, beide hassten sich inbrünstig.

Im Frühjahr 1953 lief Ulbricht Gefahr, die Moskauer Gnade zu verlieren, erinnerte sich Valentin Falin, ehemals UdSSR-Botschafter in Bonn und Ex-Abteilungsleiter des ZK der KPdSU, Jahrzehnte später in einem Gespräch. »Im April, Mai waren sich Malenkow, Chruschtschow und Berija in einem einig: Ulbricht sollte gehen, sie setzten auf Otto Grotewohl.« Der Volksaufstand am 17. Juni 1953, bei dem Ulbricht auf den Einsatz sowjetischer Truppen drängte, rettete seine politische Karriere. Seine ursprünglich geplante Absetzung wäre nun als Zeichen der Schwäche gewertet worden. Ulbricht blieb bis 1971 im Amt, Erich Honecker beerbte ihn.

Die beiden Deutschlands drifteten immer weiter auseinander. Die Bundesrepublik war über die Mitgliedschaft in der EWG, später der EU, und in der Nato fest im Westen verankert, das »Wirtschaftswunder« gewann an Fahrt. Mit der so genannten Hallstein-Doktrin proklamierte Adenauer den Alleinvertretungsanspruch für die Bundesrepublik, wo inzwischen auch NS-belastete Funktionsträger wieder öffentliche Ämter bekleideten. Moskau und Ostberlin nahmen das als Bestätigung für ihre Klage vom »westdeutschen Revanchismus«.

Die DDR dagegen wurde Mitglied im Warschauer Pakt – der unter anderem 1968 den »Prager Frühling« niederschlug – und im Rat für gegenseitige Wirtschaftshilfe (RGW, engl. Comecon). Das alles rettete den Niedergang des ostdeutschen Staates nicht. Millionen seiner Bürger flüchteten sowohl aus wirtschaftlichen als auch aus politischen Gründen in den Westen.

Der DDR-Staatschef Ulbricht war schon seit Ende der fünfziger Jahre ständig von Moskau dafür gerügt worden, dass es ihm nicht gelingen wollte, ein sozialistisches Musterländle zu produzieren. In Moskau herrschte damals tatsächlich die Illusion, dass es der DDR gelingen würde, »ein Wirtschaftssystem zu schaffen, das Anziehungskraft auch auf die Bevölkerung des anderen Deutschlands ausübt. Das gelang nicht und rief große Enttäuschung in der Moskauer Führung hervor. Deshalb die ständigen Vorwürfe an Ulbricht«, erinnerte sich Sergej Kondraschow, ein ehemaliger KGB-General mit Einsatzort Berlin-Karlshorst, 40 Jahre nach dem Mauerbau.

Der Abwanderungsdruck aus der DDR sollte 1961 mit der Mauer eingedämmt werden. Die Verantwortung dafür übernahm später der sowjetische Partei- und Staatschef Nikita Chruschtschow. Er habe sich von seinem Botschafter in Berlin, Perwuchin, einen Stadtplan schicken lassen, um zu schauen, wie man »das Schlupfloch nach Westberlin« schließen könne, schrieb er in seinen »Erinnerungen«. Er konsultierte seine in Berlin stationierten Militärs und holte dann erst Ulbrichts Meinung ein. Der, so Chruschtschow, habe vollständig zugestimmt »und sich gefreut«. Den zweifelhaften Ruhm für die Aktion beanspruchte Chruschtschow für sich: »Wir arbeiteten die Taktik aus. Ich schlug sie vor.«[43] Trotz aller Treue- und Freundschaftsbekundungen herrschte zwischen Moskau und Ostberlin immer auch eine Portion Misstrauen. Als Willy Brandt die Beziehungen zur Sowjetunion mit der neuen Ostpolitik auf ein neues Fundament stellte, als 1970 das berühmte Erdgas-Röhren-Geschäft eingefädelt wurde, das noch heute ein wichtiger Pfeiler der deutsch-russischen Kooperation ist, waren die Genossen in der DDR verunsichert. Als Gorbatschow in den achtziger Jahren die Außenpolitik neu gestaltete, fürchtete man in Ost-Berlin um die bisherige Sonderstellung im Ostblock. Moskau seinerseits achtete argwöhnisch darauf, dass die ostdeutsche Führung keine Alleingänge mit der Bundesrepublik unternahm und hintertrieb jahrelang Honeckers Besuch in der Bundesrepublik, der erst kurz vor dem Ende der DDR 1987 zustande kam.

Die Mauer, die Ulbricht unter sowjetischer Oberaufsicht durch Deutschland gezogen hatte, bröselte im Herbst 1989 auseinander. Immer mehr Menschen gingen in den Westen, die interne Opposition fühlte sich durch den sowjetischen Erneuerungskurs der Perestrojka gestärkt. Im Moskauer KPdSU-Zentralkomitee kochten die Leidenschaften hoch: Die Grenze zwischen Warschauer Pakt und Nato drohte sich aufzulösen, es musste etwas unternommen werden. Nikolai Portugalow, Mitarbeiter im ZK und exzellenter Deutschlandkenner, erzählte mir später, wie Valentin Falin durch die Gänge des ZK gestürzt sei und gefordert habe, »jetzt müssen die Panzer rollen«. Aus der DDR kamen täglich Telegramme vom Chef der Westgruppe der sowjetischen Streitkräfte in Deutschland, Boris Snetkow, mit immer drängender werdenden Anfragen nach Befehlen.

Nach dem Zusammenbruch der Sowjetunion sprach ich mit Gorbatschow darüber. Welche Anweisungen er seinen Militärs in der DDR in jener Zeit gegeben habe, fragte ich ihn. Seine Antwort: »Gar keine.« Und das war tatsächlich die Lösung. Ohne Befehl aus Moskau konnte kein einziger Panzer auf die Straße rollen, der militärische Konflikt blieb aus. Dieser Verzicht Gorbatschows war wohl eine seiner größten Leistungen, weshalb er in Deutschland bis heute positiver gesehen wird als im eigenen Land.

Untergang des Sowjet-Imperiums

Anfrage an den Sender Eriwan: Kann man den Kommunismus aufbauen? Antwort: Aufbauen schon, aber darin überleben – kaum.

Am 9. Februar 1984 starb Juri Andropow, Generalsekretär des Zentralkomitees der KPdSU und Vorsitzender des Präsidiums des Obersten Sowjets, wie sein offizieller Titel lautete. Überrascht war niemand. Andropow, der Mann, der führend an der Niederschlagung des ungarischen Aufstands 1956 beteiligt war, hatte das Land in seinen letzten Lebensmonaten nur noch vom Krankenlager aus regiert. Andropow erlag schließlich seinem schweren Nierenleiden.

Die Nachfolge schien klar. Der kranke Generalsekretär hatte sich einen jungen Mann aus der Provinz, aus der südrussischen Region Stawropol, herangezogen und ihn auf die Übernahme des Amtes als Staats- und Parteichef vorbereitet: Michail Gorbatschow. Auch die Diplomaten in den beiden deutschen Botschaften gingen davon aus.

Bundeskanzler Helmut Kohl wusste es sogar aus allererster Hand, sagte mir Gorbatschow 20 Jahre später während eines Interviews. Kohl habe ihm die Geschichte selbst erzählt. Während eines Treffens mit Andropow 1983 in Moskau habe der deutsche Bundeskanzler, wohl auch für ihn selbst unerwartet, gefragt: »Herr Generalsekretär, wer wird Ihre Nachfolge antreten?«

Als er bemerkt habe, dass er nicht ganz korrekt vorgegangen war, habe er hinzugefügt: »Schließlich sind wir alle sterblich.« Andropow erschütterte die Frage offensichtlich nicht, er antwortete dem Bundeskanzler: »Gorbatschow«.

Doch statt Michail Gorbatschow wurde der alte, kranke und senile Konstantin Tschernenko installiert. Was war geschehen? Gorbatschow diktierte mir seine Version ins Notizbuch: »In der kurzen, aber sehr interessanten Periode seiner Regentschaft unterstützte Andropow mich recht offen, alle sahen das. Er sagte mir eines Tages sehr deutlich: ›Beschäftige dich mit allem, handle so, als würde schon morgen die gesamte Bürde auf deinen Schultern ruhen.‹

Im Dezember 1983, er befand sich im Krankenhaus, fügte Andropow seiner Rede auf dem ZK-Plenum, die er selbst schon nicht mehr halten konnte, eine handschriftliche Notiz hinzu, in der er mich für die Leitung des Politbüros vorschlug. Konstantin Tschernenko, damals Sekretär des Politbüros, und sein Mitarbeiter schnitten diese Notiz einfach ab. Tschernenko, unterstützt vom damaligen Regierungschef Tichonow, trat die Nachfolge an.«[44]

Tschernenko hat praktisch keine Spuren in der sowjetischen Geschichte hinterlassen. Wer sich an ihn erinnert, denkt an einen älteren, weißhaarigen Mann, der hinter einem betonartigen Gesicht zu verbergen suchte, dass er kaum noch begriff, was um ihn herum vorging. Er starb am 10. März 1985.

»Der Leibarzt Tschernenkos, der Herzchirurg Jewgeni Tschasow, informierte mich telefonisch«, erinnerte sich Gorbatschow. »Ich berief sofort eine Sitzung des Politbüros für 22.00 Uhr ein. Mit [Außenminister] Gromyko verabredete ich ein kurzes Treffen eine halbe Stunde vor der Sitzung. Ich schlug ihm angesichts der bevorstehenden wichtigen Entscheidungen vor, unsere Bemühungen zu vereinen. Gromyko stimmte zu. Mehr wurde nicht darüber gesprochen, alles war klar. Am 11. März fand ein außerordentliches Plenum des Politbüros statt, auf dem Gromyko vorschlug, mich zum Generalsekretär zu wählen.«[45]

Zu dem Zeitpunkt war Gorbatschow noch ein weitgehend unbeschriebenes Blatt. Er kam aus der Provinz und war im Politbüro für die Landwirtschaft zuständig, ein schwärendes, in sowjetischer Zeit einfach unlösbares Problem. Jetzt trug er Verantwortung fürs Ganze und verblüffte zunächst Freund und Feind. Nach anfänglicher Zurückhaltung forderte er den Umbau der Gesellschaft, neuartige Beziehungen zwischen den Republiken und Nationalitäten des Vielvölkerstaates und eine neue Außenpolitik. Dieser Neuansatz wirkte nach den Jahrzehnten bedrückender Parteiherrschaft wie ein kräftiger Durchzug von Frischluft im Lande, aber auch in den abhängigen Ländern des Warschauer Vertrages. Hoffnung auf Veränderungen griff um sich, die Popgruppe »Scorpions« mit ihrem »Wind of Change« wurde zur beliebtesten deutschen Band in der Sowjetunion.

In der DDR zitterten die Greise im Politbüro der SED. Kurt Hager, der für die ideologische Ausrichtung der Partei und des Landes zuständig war, verdiente sich mit dem Ausspruch, nur weil der Nachbar renoviere, müsse man nicht auch gleich neue Tapeten an die Wände kleben, den Titel eines »Tapezierers«.

Zunächst war es die Losung von Glasnost (Transparenz), die von Gorbatschows Landsleuten mit großer Zustimmung aufgenommen wurde. Eine offene Gesellschaft sollte offen über ihre Probleme diskutieren, die heimlichen Debatten um die Zukunft der Sowjetunion, über Freiheit und Menschenwürde sollten aus den schummrigen Küchen ans Tageslicht gebracht werden. Fast über Nacht veränderten sich die noch immer von der Partei beherrschten Medien. Zeitungen wie die »Iswestija«, das Regierungsblatt, die Jugendzeitung »Komsomolskaja Prawda« oder das Gewerkschaftsblatt »Trud« mit einer Auflage von weit über 20 Millionen Exemplaren täglich wurden plötzlich interessant. Auch das Fernsehen versuchte sich in der neuen Offenheit, wenn auch vorsichtig. Neue Formate wurden entwickelt, Live-Diskussionen im Fernsehen wurden möglich, die Bevölkerung entdeckte auch die Nachrichtensendungen wieder neu.

Gegen die Wirtschaftsmisere sollte zunächst eine »Beschleunigung« helfen. Aber was wollte man beschleunigen? Die Stagnation der Breschnew-Zeit? Den scheinbar unüberwindbaren Mangel an einfachsten Konsumgütern, an Lebensmitteln? Die größer werdende Technologielücke? Die Losung von der Beschleunigung verschwand in der Versenkung und wurde durch den Begriff Perestroika (Umbau) ersetzt. Nach Gorbatschows Vorstellungen sollte die Perestroika die gesamte Gesellschaft erfassen, nicht zuletzt auch die kommunistische Partei, die er modernisieren wollte. »Was ist die Perestroika? Ihr Sinn besteht vor allem darin, die Bürger wieder am politischen Prozess, an der Wirtschaft, der gesellschaftlichen Öffentlichkeit teilhaben zu lassen.«[46]

Nie allerdings ging es dem damaligen Parteichef darum, die Machtposition der Partei aufzugeben oder gar die Sowjetunion in Frage zu stellen. Lange pflegte er seine Illusion von der Reformierbarkeit des zentralistischen Staatswesens mit seiner diktatorisch herrschenden Partei. »Noch bis zur Mitte der neunziger Jahre war die Frage, ob das System, in dem wir lebten, reformierbar war oder ob man es zerstören musste, für mich offen«, sagte er Jahre später. »Jetzt bin ich zu dem Schluss gekommen, dass das Land auf der Grundlage eines sozialdemokratischen Projektes reformierbar gewesen wäre. Dazu gehören Privateigentum, Marktwirtschaft mit sozialer Orientierung sowie eine bestimmte Rolle des Staates, der die sozialen Interessen der Mehrheit der Bürger schützt.«[47]

Doch da war diese Frage – Nachklang einer längst geschlagenen Schlacht – durch die Realitäten bereits entschieden. Trotz erfrischender Ansätze gelang es Gorbatschow Mitte der achtziger Jahre vor allem nicht, den wirtschaftlichen Niedergang zu stoppen. Das Land war dem Wettrüsten mit den USA, der Schaffung immer wieder neuer, sinnloser Overkill-Kapazitäten im nuklearen Bereich und der Aufrechterhaltung der ins Monströse aufgeblähten Militärmaschinerie nicht mehr gewachsen. Technologisch blieb die Sowjetunion immer weiter hinter dem Westen zurück.

Die Krise wurde verschärft, als zu allem Übel auch noch der Ölpreis zu fallen begann. Nach einem zeitweiligen Preis-Hoch von 35 US-Dollar pro Barrel Anfang der achtziger Jahre wurde das Öl und damit auch das an den Ölpreis gebundene Erdgas ab 1986 immer billiger. Der Preis für das Fass Öl oszillierte praktisch bis zum Amtsantritt von Wladimir Putin als russischer Präsident im Bereich der 15-Dollar-Marke, mal war es etwas mehr, meist aber weniger. Das traf die sowjetischen Exporte, die immer von einem hohen Anteil an Energieträgern geprägt waren, sehr hart. In dieser Situation hätte nur eins helfen können: Die Struktur der Exporte hätte zugunsten hochwertiger Industriegüter verändert werden müssen – das wusste auch der damalige Ministerratsvorsitzende Nikolai Ryschkow. Doch dazu war die Sowjetunion nicht fähig und Ryschkow erklärt, warum: »Unsere Industrieerzeugnisse waren auf dem Weltmarkt nicht konkurrenzfähig.« Sie taugten Ryschkow zufolge lediglich dazu, sie innerhalb des Wirtschaftsbündnisses RGW (Comecon) oder bei Ländern der Dritten Welt gegen andere Waren einzutauschen. Der Westen wollte nur sechs Prozent des sowjetischen Maschinenbauexports kaufen, und mit Recht. Sowjetischen Einschätzungen zufolge waren 62 Prozent der für den Export bestimmten Waren moralisch veraltet, wobei diese Zahl noch als geschönt angesehen werden darf.[48]

Mit diesen Aussagen widerlegt Ryschkow die noch heute unter Sowjetnostalgikern kursierende Illusion von der angeblich hochleistungsfähigen Industriemacht Sowjetunion. Sie existierte schlicht nicht. Der unflexible Wirtschaftskoloss stützte sich auf den Rohstoffexport. Und als auf dem Markt die Preise einbrachen, gleichzeitig aber die Preise für die importierten Industriewaren noch weiter stiegen, geriet die Sowjetunion in eine zunehmende ökonomische Schieflage, die Gorbatschow und seine Mannschaft nicht mehr in den Griff bekamen. Dazu hätte es freilich auch eines tiefgreifenden Neuansatzes bedurft, der mit der herrschenden kommunistischen Partei nicht machbar war.

Die zentralisierte Planwirtschaft »ruinierte das hoffnungslos überlastete Transportsystem, trieb maßlosen Raubbau an der Umwelt und den natürlichen Ressourcen des Landes, senkte unaufhaltsam den Lebensstandard. Die staatlichen Planer wurden der immer komplexeren Produktions-, Transport- und Versorgungswege nicht mehr Herr, während sie gleichzeitig den Weltmachtanspruch der Sowjetunion finanzieren mussten.« Bis 1991 »fraßen« Militär und Rüstungsindustrie 50 Prozent der staatlichen Einnahmen.[49]

Der Unmut der Menschen, für die allein die im Westen zunehmend bejubelte Glasnost-Politik kein Ersatz für ein wenigstens halbwegs normales Leben sein konnte, wuchs ständig. Die Jagd nach den knapper werdenden Nahrungsmitteln erforderte immer mehr Zeit. Mürrisch und müde standen die Menschen stundenlang in den Schlangen der Lebensmittelgeschäfte an. Schließlich wurden für Grundnahrungsmittel Marken ausgegeben, was die Versorgung um keinen Deut besser machte. Der Ärger der Russen wurde verstärkt durch Gorbatschows völlig unüberlegte, unsinnige Anti-Alkoholkampagne. Der »Mineralnyj Sekretar« (Verballhornung seines Titels Generalnyj Sekretar) verlor deutlich an Sympathien.

Gleichzeitig verwickelte er sich in seiner Pendelpolitik mal in Auseinandersetzungen mit den Hardlinern der Partei, mal mit den Demokraten und Reformern.

Ein Mann aus den Reihen der alteingesessenen Partei schlägt sich kompromisslos auf die Seite der Reformer und greift den Zauderer Gorbatschow bei jeder sich bietenden Gelegenheit an: Boris Jelzin. Gorbatschow hatte den Parteifunktionär aus Swerdlowsk nach Moskau geholt, um seine Hausmacht gegen die Betonköpfe im Politbüro zu stärken. Er machte den kräftigen, leicht aufbrausenden Sibirier zum Parteichef der Hauptstadt, traditionell eine äußerst einflussreiche Position. Doch schon bald begehrt Jelzin gegen den seiner Meinung nach zu laschen Gorbatschow auf.

Es kommt, wie es kommen musste – Jelzin fliegt aus den Partei-
gremien und verliert nach den landläufigen Sowjetvorstellungen
seine Machtbasis. Doch die Zeit ist schon zu weit fortgeschritten.
Die demonstrierenden Massen heben den von der ungeliebten
Partei Verfemten auf ihren Schild. Im Juni 1991 wählen sie ihn
zum Präsidenten der russischen Teilrepublik der noch existierenden Sowjetunion.

Schon in den Jahren davor hatte der Spaltpilz die bis dahin
alles im Lande zusammenhaltende Klammer, die KPdSU, befal-
len. Das geschah in dem Maße in den Regionen, wie das Zentrum
in Lähmung versank. Im Baltikum, in Armenien schlossen sich
die Kommunisten den nationalen Bewegungen an und kehrten
Moskau den Rücken. Den Kommunisten der größten Unionsre-
publik, der Russischen Sozialistischen Föderativen Sowjetrepublik (RSFSR), wurde plötzlich bewusst, dass sie gar keine eigene,
nationale KP hatten. Deren Gründung wurde im Juni 1990 nachgeholt, was die Spaltungstendenzen, gegen die sich die Gründung
eigentlich richtete, nur noch verstärkte.

Gorbatschow versuchte derweil, die Unionsrepubliken mit einem neuen Unionsvertrag zu locken, der ihnen eine weitgehende
Eigenständigkeit zubilligte. Das Papier lag bereits vor, am 20. August 1991 sollte die Unterzeichnung in Nowo-Ogarjowo bei Moskau stattfinden. Ein Putsch verhinderte das und besiegelte das
Ende der Sowjetunion.

Der Putsch der Memmen

Montag, 19. August 1991. Ich war gerade seit drei Wochen
wieder im Lande. Morgens schaltete ich im Büro am Prospekt
Wernadskowo wie üblich das Radio ein und stutzte. Getragene
Musik ertönte, Tschaikowskis »Schwanensee«, Rachmaninows
»Elegisches Trio«. Das klang in bekannter Weise nach dem To-
desfall eines hochrangigen Politikers. Es war sowjetischer Usus,
das gesamte Programm von Rundfunk und Fernsehen auf Trauer
umzustellen, wenn ein Mann aus dem Politbüro – Frauen hatte es
da nicht – gestorben war. Getragene Musik und pathetische An-
sagen bestimmten dann den Programmablauf aller Sender. Wer
konnte es diesmal sein? Gorbatschow war eigentlich bei guter
Gesundheit und im Moment im Urlaub auf der Krim.

Der Nachrichtensprecher brachte Klarheit. Aus dem Lautsprecher quollen Wortfetzen, von aufgesetztem Pathos offizieller sowjetischer Verlautbarungen getragen: »Landsleute, Bürger der Sowjetunion. Eine tödliche Gefahr schwebt über unserem großen Heimatland.« Auf »Bitten der Werktätigen« habe ein Staatliches Komitee für den Ausnahmezustand – die Abkürzung GKTschP war eine Zumutung – die Macht übernommen, um Schlimmeres zu verhüten.

Das ist der Putsch! Dieser Gedanke schoss mir sofort durch den Kopf. Lange genug war darüber spekuliert worden in Moskau, jeder hatte seine eigene Theorie, ob, wann und wie der Umsturz stattfinden würde. Realistische Einschätzungen mischten sich mit dem russischen Hang zu Verschwörungstheorien und pechschwarzem Pessimismus. Allen war noch der spektakuläre Rücktritt des sowjetischen Außenministers und Gorbatschow-Vertrauten Eduard Schewardnadse in Erinnerung. Er hatte am 20. Dezember 1990 sein Amt mit den Worten niedergelegt: »Eine Diktatur ist im Anmarsch – dies erkläre ich mit voller Verantwortung.« Sein Rücktritt sei sein Protest gegen die anbrechende Diktatur.[50]

Jetzt hatte sich also seine düstere Vorhersage bewahrheitet. Noch am Tag zuvor hatte ich für den 20. August einen Artikel für die »Berliner Zeitung« geschrieben. Erschienen ist er aufgrund der Ereignisse nie. Unter der Schlagzeile »Das Ende von Byzanz« hatte ich versucht, meinen Lesern die Bedeutung des neuen Unionsvertrages zu erklären, der an jenem 20. August unterschrieben werden sollte. Mit den ersten Unterschriften, die die Vertreter von Russland, Kasachstan und Usbekistan am Dienstag unter den Unionsvertrag setzen wollten, beginne »endgültig der Abschied von dem Versuch, mit der von Byzanz übernommenen Idee von der allmächtigen Zentralgewalt – versetzt mit vom Marxismus entlehnten Zusätzen – über das Wohl und Wehe von 270 Millionen Menschen entscheiden zu wollen. Dieser Versuch ist so gründlich gescheitert, dass es an ein Wunder grenzt, dass sich dennoch neun – falls Armenien anderen Sinnes werden sollte, zehn – Republiken für einen Neuanfang in einem föderativen Staat entschlossen haben.«

Geheimdienstchef Wladimir Krjutschkow und die Mitglieder seines Komitees für den Ausnahmezustand (GKTschP) aus der Armee sahen damit zu Recht das endgültige Ende des Sowjetkommunismus heraufziehen. Sie putschten.

Ich sprang in meinen schon etwas klapprigen Lada und fuhr ins Zentrum. Auf dem Weg dorthin schien zunächst alles wie immer. Es war absurd, in Moskau wurde geputscht, und keiner ging hin. Lediglich der Verkehr war geringer als üblich. Doch dann die ersten Panzer, das Militär hatte die Moskwa-Brücken besetzt. Vor dem Sitz des Obersten Sowjets der RSFSR, des russischen Parlaments, waren ein Dutzend Schützenpanzerwagen und T-72-Panzer postiert. Hektisch bauten Zivilisten provisorische Barrikaden aus Bussen und Trolleys. Fast hätte es die ersten Toten gegeben, als sich Zivilisten vor die Panzer warfen.

Major Jewdokimow befehligte an jenem Montag eine Panzer-Kompanie der Tamaner Elite-Division. Die zehn T-72 kamen den Kutusow-Prospekt herunter und hielten an der Kalinin-Brücke. Vor den Kanonenrohren der Panzer lagen das Moskauer Bürgermeisteramt, wo noch vor kurzem der RGW residiert hatte, und daneben das Weiße Haus. Major Jewdokimow hatte den Befehl, die Brücke am Neuen Arbat zu blockieren. Das war zunächst nicht möglich, weil noch Militärtechnik hinüberrollte. Warten war angesagt.

Bewusst habe ich Jewdokimow in jenen Stunden nicht wahrgenommen. Die Uniformen, die Panzerkappen verwischten jede Individualität, alle sahen mehr oder weniger gleich aus. Jahre später trafen wir uns. »Wir hatten insofern Glück, als wir uns mit unserer Position im Zentrum der Ereignisse befanden«, erinnerte er sich. »Viele Armee-Einheiten, die irgendwo am Stadtrand standen, wussten nicht, was eigentlich passiert war und warum sie dort drei Tage blieben, selbst dann nicht, als sie am 21. August wieder abgezogen wurden.«

Die Verteidiger des Weißen Hauses rückten ganz dicht an die Panzer heran, aus dem Parlament kamen Vertreter des dortigen Verteidigungsstabes. »Erst jetzt erfuhren wir von der Existenz des GKTschP, von seinen Zielen. Wir erfuhren aber auch von der entgegengesetzten Haltung Jelzins, von seinem Aufruf. Wir diskutierten, und ich dachte nach: Was ist gesetzlich, was ist ungesetzlich, wer hat Recht und wer nicht.« Schließlich, so Jewdokimow, sei er nach langen Debatten zu dem Schluss gekommen, dass die Handlungen des GKTschP ungesetzlich waren. »Denn was immer sie auch sagen mochten über ihre guten Absichten – nichts Gutes beginnt mit Lügen. Und sie erzählten, der Präsident sei krank, obwohl sie ihn in Foros festhielten. Ich kam zu dem Schluss, dass diejenigen, die sich bei Jelzin im Weißen Haus befanden, gegen einen Putsch kämpften.« In einer unübersichtlichen Situation, geprägt von Ungewissheit, sich widersprechenden Gerüchten und mit einem völlig anderslautenden Befehl im Nacken, entschied sich der Panzer-Major, auf Jelzins Seite überzugehen. Der demokratische Abgeordnete Sergej Juschenkow (inzwischen wie so viele andere aus dem demokratischen Lager ermordet) brachte Jewdokimow mit Vizepräsident Alexander Ruzkoi und General Konstantin Kobez zusammen. »Am Modell des Weißen Hauses entschieden wir, wo die Panzer am besten zu postieren waren.«

Jewdokimows Entschluss sollte den Verlauf der Ereignisse entscheidend beeinflussen. Denn nun hatten die Verteidiger des Parlaments neben kampfesmutigen, aber völlig unzureichend ausgerüsteten Moskauern erstmals Militärtechnik, die eine ernsthafte Verteidigung erst möglich machte. Damit ging der Major ein hohes Risiko ein. Hätten die Putschisten die Auseinandersetzung für sich entschieden, wäre das Kriegsgericht die Konsequenz für ihn gewesen. So aber fuhren Jewdokimows Panzer, geleitet von den Verteidigern des Weißen Hauses, in verabredete Stellungen, die sie bis zum 22. August nicht mehr verließen.

Der russische Präsident Jelzin hatte die Nacht zum Montag auf seiner Datscha außerhalb Moskaus verbracht, konnte aber ungehindert ins Weiße Haus gelangen und den Widerstand organisieren. Warum die Putschisten ihn nicht daran hinderten, blieb schleierhaft. Hofften sie, den Intimfeind Gorbatschows auf ihre Seite ziehen zu können?

Wenn, dann hatten sie sich verrechnet. Im Parlament angekommen, verfasste Jelzin seine berühmte Erklärung, die er dann, auf einem Panzer stehend, verlas. Sein Leibwächter Korschakow versuchte derweil, ihn mit einer schusssicheren Weste wenigstens dürftig vor etwaigen Anschlägen zu schützen.

Die Bilder gingen um die Welt, der Text der Erklärung ebenfalls: »In der Nacht vom 18. auf den 19. August wurde der verfassungsmäßig gewählte Präsident des Landes entmachtet. Was auch immer hinter dieser Entmachtung steht – wir haben es mit einem rechtsradikalen, einem verfassungswidrigen Umsturz zu tun.« Jelzin erklärt das Komitee für den Ausnahmezustand für gesetzwidrig, seine Beschlüsse für ungültig.[51]

Der legitime sowjetische Präsident Michail Gorbatschow saß derweil in seiner Residenz in Foros fest. Schon tags zuvor hatte er ungebetenen Besuch aus Moskau bekommen.« Am 18. August um sechzehn Uhr fünfzig unterrichtete mich der Chef der Leibwache, dass eine Gruppe von Leuten eingetroffen sei, die ein Treffen mit mir forderten«, schreibt der einstige sowjetische Präsident über den Staatsstreich. Verwundert, da er niemanden erwartet hatte, versuchte er, sich über seine Kommunikationssysteme Klarheit zu verschaffen. Doch alle Leitungen – die Regierungsleitung, die einfache Funkverbindung, die strategische, die kosmische Verbindung – waren stumm. »Noch zwanzig Minuten vorher hatte die Verbindung funktioniert ... Ich begriff, dass dies keine von den Missionen war, mit denen ich sonst zu tun hatte.«[52]

Tatsächlich stellte ihn die Gruppe aus Moskau – Boldin, der Leiter der Präsidialabteilung, Schejnin, Mitglied des Politbüros, Baklanow, Gorbatschows Stellvertreter im Verteidigungsrat, und Armeegeneral Warennikow – vor die Wahl: Entweder er unterschreibe das Papier zur Einsetzung des Notstandskomitees oder er müsse zurücktreten. Mit seiner Unterschrift hätte Gorbatschow nicht nur die Machtergreifung der Putschisten legitimiert, sondern sich auch noch zu ihnen ins Boot gesetzt. Er lehnte ab, ebenso weigerte er sich zurückzutreten. Die Putschisten kehrten unverrichteter Dinge nach Moskau zurück.

Gorbatschow blieb in Foros, technisch von der Außenwelt abgeschnitten. Seine Leibwache war ihm allerdings geblieben. Kritiker warfen ihm später vor, er habe verdächtig wenig unternommen, um sich mit eigenen Kräften aus der Situation zu befreien. Stattdessen habe er abgewartet, wie sich die Dinge entwickelten, um sich zum Schluss auf die Seite der Sieger zu schlagen. »Enten«, sagt Gorbatschow dazu.[53]

Am Montagnachmittag trat in Moskau ein Häuflein grauer Gestalten mit zitternden Händen vor die Weltpresse im Pressezentrum am Subow-Boulevard. Gorbatschow selbst hatte viele von ihnen, so Vizepräsident Gennadi Janajew und jetzt Anführer der Putschisten oder Innenminister Boris Pugo, in seine Führungsmannschaft geholt. Jetzt wandten sie sich gegen ihn, aber für eine direkte Konfrontation reichte ihre Courage nicht. Sie wiederholten monoton, was wir aus dem morgendlichen Aufruf des GKTschP längst wussten. Erneut behaupteten sie wider besseres Wissen, Gorbatschow sei sehr krank, könne das Land in dieser schweren Situation nicht lenken. Janajew faselte von seinem »Freund Gorbatschow«, der nach seiner Genesung wieder in die

Politik zurückkehren werde. Die Veranstaltung wurde weltweit gesendet, jeder konnte sehen, wie der Usurpator verzweifelt versuchte, seine zitternden Hände unter Kontrolle zu bringen.

Der schon etwas senile Verteidigungsminister Dmitri Jasow, der ebenfalls an der traurigen Veranstaltung teilnahm, sagte später in einem Anfall von geistiger Klarsicht, »ich war ein Dummkopf«. Starodubzew, der Chef der Bauernunion und im Putschistenkomitee der Vertreter der sowjetischen Kollektivwirtschaften, war nach dem gescheiterten Putsch so dreist, sich nach nur einer sehr kurz bemessenen Schamfrist weiter in der öffentlichen Politik zu tummeln. »Nur Pugo war anders«, sagte mir Nikolai Portugalow, ehemals ZK-Mitarbeiter und exzellenter Deutschlandkenner, als wir uns nach den aufregenden Tagen im August trafen, mit einem tüchtigen Schuss Zynismus, »der hat sich wenigstens erschossen.«

Der Putsch brach nach drei Tagen in sich zusammen. Da hatte er allerdings auf tragische Weise bereits drei Todesopfer gefordert. In der Nacht zum Mittwoch hatten Jugendliche in der Unterführung am Neuen Arbat verirrte Schützenpanzer zu blockieren versucht. Als Brandsätze flogen, versagten den Besatzungen die Nerven, sie überfuhren drei Jugendliche. Ein bescheidener Gedenkstein über dem Tunnel erinnert heute an das tragische Ereignis.

Am Mittwoch flog Ruzkoi auf die Krim und kehrte mit Gorbatschow, dessen Gattin Raissa Maximowna, mit Gorbatschows Tochter, Enkelin und Schwiegersohn zurück. Doch was der Präsident vorfand, glich nur noch einem Torso der einstigen Union. Die Kommunistische Partei, die zusammen mit dem Geheimdienst geputscht hatte, konnte dem Präsidenten kein Rückhalt mehr sein. Der neue Mann der Stunde hieß Boris Jelzin, der ihn beim ersten Zusammentreffen im Parlament regelrecht vorführt. Die KPdSU, eine allmächtige Kraft im Sowjet-Imperium, müsse ihre Tätigkeit einstellen, bis ihre Rolle während des Putsches geklärt ist, verfügte Jelzin. Gorbatschow murmelte etwas von einem Fehler, musste sich aber fügen.

Wenig später verließ der Noch-Präsident die Partei. Diese brach auseinander, ihr größerer Teil versammelte sich in der Kommunistischen Partei der Russischen Föderation und spielt seither die Rolle einer immer mehr an Einfluss verlierenden Oppositionspartei, die sich aber an die neuen Spielregeln hält.

Die Klammer, die das sowjetische Riesenreich zusammenhielt, existierte nicht mehr. Die bis dahin Eingeschnürten, die Unionsrepubliken, wollten nun endgültig nicht mehr und suchten ihr Heil in der Abspaltung von Moskau.

Major Jewdokimow und seine Panzer kehrten am 22. August in ihre Kasernen zurück. Dort sprach zunächst niemand über seine Tat, darüber, dass er die Ausführung eines Befehls verweigert hatte und unerlaubt auf die andere Seite übergegangen war. »Anfangs hatten sie Angst, mich anzugreifen.« Seine Vorgesetzten taten, als sei nichts geschehen.

Absurd wurde es, als die Putschisten angeklagt wurden, als die Untersuchungen einsetzten. Jewdokimow wurde als Zeuge gehört, ebenso seine Vorgesetzten. Und die logen, was das Zeug hielt. Sie erzählten dem Untersuchungsrichter, sie hätten Jewdokimow den Befehl gegeben, auf Jelzins Seite überzugehen.

Als der Major vor dem Büro des Untersuchungsrichters mit seinem Divisionskommandeur zusammenstieß, forderte der ihn auf, das zu bestätigen: »Wenn sie dich fragen, sag, ich hätte dir befohlen, die Panzer zum Weißen Haus zu fahren.«

Das habe er nicht gekonnt und nicht gewollt, er verließ die Division. Deren Führung blieb auf ihren Posten. Nur der Kommandeur wurde zeitweilig entfernt, konnte aber wieder zurückkehren. »Sie versuchten, die ganze Sache zu vertuschen, zu verdrehen. Zum Schluss schien es, als sei die gesamte Armee nach Moskau einmarschiert, um das Weiße Haus zu verteidigen und das Notstandskomitee zu bekämpfen.«

Das Treffen in der Beloweschsker Heide besiegelt das Ende

Finstere, heimtückische Verschwörung oder Festschreibung eines bereits eingetretenen Zustandes und Versuch eines Neubeginns? Auch Jahre nach der Vereinbarung in der Beloweschsker Heide, mit der die Gründung der Gemeinschaft Unabhängiger Staaten und damit das Ende der Sowjetunion markiert wurde, prallen die Fronten aufeinander, sind vor allem die Russen gespalten in ihrer Beurteilung. Tatsächlich ist es sogar eine Mehrheit, die bis heute das Ende der Sowjetunion tief bedauert. Ihnen sprach Kremlchef Wladimir Putin aus dem Herzen, als er den Untergang des sowjetischen Vielvölkerreiches als »größte geopolitische Katastrophe« bezeichnete. Gorbatschow glaubt noch immer, dass eine reformierte Sowjetunion lebensfähig gewesen wäre.

Nur wenige wollen sich heute noch an die Unterdrückungsmechanismen, das fremdbestimmte Leben und den Mangel an Lebensmitteln und allem, was den Alltag angenehmer macht, erinnern. Im verklärenden Rückblick scheint insbesondere den Russen, die letztlich das Sagen im sowjetischen Staatsgefüge hatten, der vergangene Unionsstaat als Hort des Friedens und der Stabilität. Die Niederschlagung des ungarischen Aufstands, des Prager Frühlings, die Intervention in Afghanistan? Abgehakt, kein Thema mehr. Russen interessieren sich zwar sehr für Geschichte, neigen aber dazu, die schmerzhaften Dinge auszusparen beziehungsweise mit der Bemerkung abzutun: »Es war eben, wie es war, ändern kann man das heute sowieso nicht mehr.« Diese Reaktion erlebt man allerdings nicht nur in Bezug auf andere, sondern auch dann, wenn sie selbst Opfer ihrer eigenen Führungen wurden.

In den neunziger Jahren, nach dem Zusammenbruch der Sowjetunion und der nachfolgenden chaotischen Umgestaltung des Landes, waren vor allem die Vertreter der Eliten von Pessimismus durchtränkt. Nicht nur die persönliche Situation, die Hyperinflation und ausbleibende Gehaltszahlungen machten ihnen zu schaffen. Allenthalben war auch die bittere Klage zu vernehmen, niemand in der Welt rechne mehr mit Russland, niemand achte das Land. Der Verlust einstiger staatlicher Größe – die Sowjetunion hatte den Krieg gegen Nazi-Deutschland gewonnen, sie bot mit ihren Kernwaffen den reichen USA die Stirn – schlug auch auf das persönliche Selbstwertgefühl. In jenen Jahren stieg die Selbstmordrate unter dem männlichen Teil der Bevölkerung überproportional.

Die Schuldigen an dem Niedergang sind für einen Großteil der Russen leicht auszumachen. Der sowjetische Präsident Michail Gorbatschow, der mit seiner Perestroika ihrer Meinung nach den Untergang eingeleitet hat und die Sowjetunion nicht habe zusammenhalten können, und Boris Jelzin. Der erste Präsident des neuen Russland unterschrieb mit seinem damaligen ukrainischen Amtskollegen Leonid Krawtschuk und Stanislaw Schuschkjewitsch, zu der Zeit Präsident des weißrussischen Parlaments, das Gründungsdokument der Gemeinschaft Unabhängiger Staaten (GUS). Für den letzten Präsidenten der UdSSR, Michail Gorbatschow, bleiben die drei damaligen Unterzeichner Verschwörer. Der Hauptschuldige war für ihn sein russischer Widersacher: »Ein zu Abenteurertum und Rachsucht neigender Jelzin zerstörte den Unionsstaat, um sich von Gorbatschow im Kreml zu befreien.«[54]

Die an dem Treffen Beteiligten selbst sehen sich als Wegbereiter der Unabhängigkeit ihrer Staaten, die sich von der erdrückenden Umarmung durch das sowjetische Zentrum befreit haben. »Das Wichtigste für mich – und darauf bin ich noch heute stolz, und ich werde darauf noch stolz sein, wenn ich sterbe, und meine Kinder sollten darauf stolz sein – war, dass ich ohne Blutvergießen und Erniedrigung das erreicht habe, wofür sich die weißrussische Elite, die Intelligenz schon 200 Jahre lang eingesetzt hatte: Russland anerkannte die Unabhängigkeit von Belarus.«

Viel mehr als diesen Stolz hatte Stanislaw Schuschkjewitsch nicht mehr, als ich ihn in seiner mehr als bescheidenen Wohnung in einem hässlichen Plattenbau in Minsk aufsuchte. Der ehemalige Parlaments- und Staatschef Weißrusslands wurde von seinem Nachfolger Alexander Lukaschenko nach allen Regeln postsowjetischer Allmachtsallüren geschurigelt.

Im Dezember 1991 hat Schuschkjewitsch Weltgeschichte gemacht. Dabei ahnte er zunächst nicht, wohin ihn die Reise führen würde. »Ich habe absolut nicht vermutet, dass wir so weit gehen würden«, räumte er später ein. Dabei hatte er sich schon im Oktober 1991 mit Jelzin zu einem »Jagdausflug« verabredet. Nach dem Putsch im August wurde die UdSSR zusehends unregierbarer. Beide glaubten nicht mehr an die von Gorbatschow betriebene Neuauflage des Unionsvertrages von Nowo-Ogarjowo.

Auch der ukrainische Präsident Krawtschuk bekundete sein Interesse an dem Treffen. »Am 7. Dezember versammelten wir uns abends und berieten, was zu tun sei«, erinnert sich Schuschkjewitsch. »Später haben wir viel darüber gestritten, wer diesen Satz zuerst ausgesprochen hat. Ich glaube, es war Burbulis (Jelzins damaliger Staatsekretär und seine rechte Hand – M. Q.) der da sagte: Die UdSSR als geopolitische Realität beendet ihre Existenz in diesem Augenblick. Als wir feststellten, dass alle Anwesenden bereit waren, das zu unterschreiben, musste dieses Skelett mit Fleisch versehen werden. Es musste geklärt werden, wie wir ohne die Sowjetunion leben werden und was wir weiter tun müssen. So entstand die Beloweschsker Vereinbarung«, beschreibt der

Physikprofessor Schuschkjewitsch den Vorgang, der sich über die gesamte Nacht erstreckte und am 8. Dezember in einem Gründungsdokument mündete.

Darin wird der Sowjetunion bescheinigt, sie habe »als Subjekt des Völkerrechts und der geopolitischen Realität zu existieren aufgehört«. Die von der UdSSR abgeschlossenen Verträge und Abkommen sollen jedoch erfüllt werden, die Atomwaffen – der für den Rest der Welt wohl wichtigste Punkt – werden einer einheitlichen Kontrolle unterworfen. Die wird später durch die alleinige russische Verfügungsgewalt abgelöst, die in anderen Unionsrepubliken stationierten Kernwaffen und Träger werden an Russland übergeben. »Die Unterzeichner sichern ferner die Wahrung der Menschen- und Bürgerrechte einschließlich der Freizügigkeit und Meinungsfreiheit zu, weiter den Schutz nationaler Minderheiten und die Achtung der territorialen Integrität. In zentralen Politikbereichen – darunter Außenpolitik, Entwicklung eines gemeinsamen Wirtschaftsraumes, Umweltpolitik und Kampf gegen die organisierte Kriminalität – wird die Kooperation der drei Mitgliedsstaaten vereinbart.«[55]

Das meiste davon blieb Makulatur. Die GUS wurde letztlich eine Art Nachlassverwalter der Sowjetunion, dessen Anwesenheit zumindest verhinderte, dass sich die Erben nach jugoslawischem Beispiel gegenseitig an die Gurgel gingen.

Dabei, so sagt Schuschkjewitsch, waren die »verdeckten Ziele« der Beteiligten völlig unterschiedlich. »Krawtschuk begriff, dass auf diese Weise das Ergebnis des ukrainischen Referendums bestätigt wird und er mit einer Trumpfkarte – die von Russland bestätigte Unabhängigkeit – nach Hause zurückkehrt.« Der Ukrainer war erst am 1. Dezember zum Präsidenten gewählt worden, im parallel dazu abgehaltenen Referendum sprachen sich 90,32 Prozent seiner Landsleute für die Unabhängigkeit aus.

»Jelzin seinerseits wusste, dass er so Gorbatschow beiseiteschieben konnte.« Davon war Schuschkjewitsch überzeugt. »Es war ganz offensichtlich, dass er seinen Konkurrenten satthatte, obwohl niemand offen darüber sprach.« Gennadi Burbulis widersprach dieser Interpretation vehement. Jelzin habe keineswegs seine »persönlichen Probleme« auf diese Weise lösen wollen. Vielmehr habe er bis zuletzt versucht, die Ukraine »zu halten, bis hin zu einer neuen Union«. Doch Krawtschuk habe »klar und deutlich erklärt, dass er keinerlei Vollmachten habe, irgendeine

Variante des erneuerten, tausendmal umgeschriebenen Unionsvertrages zu erörtern. »Da mussten wir, unter Berücksichtigung, dass der Zerfall der Sowjetunion bereits stattgefunden hatte, über neue juristische Varianten nachdenken.«

Als die drei Staatschefs merkten, worauf das Treffen hinauslaufen würde, »wurde uns auch klar, dass man die neue Gemeinschaft als slawischen Bund interpretieren könnte«. Das habe man vermeiden wollen, sagte Schuschkjewitsch. Also wurde schnell noch der kasachische Präsident Nursultan Nasarbajew eingeladen. Der war gerade unterwegs zu Gorbatschow, versprach aber zu kommen. Dann schob er »technische Probleme« mit seinem Flugzeug vor und blieb in Moskau.

Doch 13 Tage später traten in der kasachischen Hauptstadt Alma-Ata mit Ausnahme der drei baltischen Staaten alle anderen ehemaligen Sowjetrepubliken dem Vertrag von Beloweschsk bei. Der Vorwurf eines slawischen Alleinganges wurde damit hinfällig, die Dokumente dieses Treffens in Kasachstan wurden ebenfalls zu Gründungsdokumenten der GUS.

Stabilitätsfördernd war, dass die ehemaligen Unionsrepubliken auf die bei ihnen stationierten Atomwaffen verzichteten, sie wurden an Russland übergeben, das sich zum Rechtsnachfolger der UdSSR erklärte und zur Einhaltung aller völkerrechtlichen Verträge verpflichtete, die die Sowjetunion abgeschlossen hatte.

Gorbatschow, dessen politische Existenz damit obsolet wurde, verzichtete darauf, gewaltsam gegen die »Verschwörer« vorzugehen. Wer das von ihm erwartet habe, kenne seinen Charakter nicht, meinte sein Mitarbeiter Karen Karagesian. Burbulis dagegen behauptet, Gorbatschow habe eine mögliche Verhaftung sogar mit seinem Verteidigungsminister Schaposchnikow erörtert. Er sei aber zu dem Schluss gekommen, »dass ihm dafür bereits die Machtmittel fehlten«.

Zehn Jahre nach den Ereignissen des Jahres 1991 fragte ich Gorbatschow, warum er als Unionspräsident Jelzin nicht habe verhaften lassen, nachdem der praktisch das Ende der UdSSR eingeleitet hatte. Seine Antwort: »Jelzin wurde im Juni 1991 in einer freien, nicht verfälschten Wahl zum Präsidenten gewählt. Die GUS-Gründung von Beloweschsk wurde von den Parlamenten der drei Länder mit übergroßer Mehrheit bestätigt. Und da sollte ich hingehen und Jelzin deshalb verhaften? Wie hätte ich gegen die ersten frei gewählten Parlamente vorgehen können?«

Er räumte zwar ein, kurzzeitig auch über eine militärische Lösung nachgedacht zu haben, er sei aber zu dem Schluss gekommen, dass das inakzeptabel war. Gesprochen habe er mit niemandem darüber.

Der Phantomschmerz nach dem Zerfall

Nachdem die westlichen Staaten am 25. Dezember 1991 den neuen Staatenverbund einhellig anerkannt hatten, verließ Michail Gorbatschow still und leise den Kreml. Die sowjetische Flagge wurde eingeholt, die russische Trikolore stieg am Flaggenmast empor. Ein ARD-Fernsehteam befragte einen Moskauer auf dem Roten Platz nach dem Vorgang und erhielt zur Antwort: »Nu, i schto?« (Na und?)

Das war wohl eher Hilflosigkeit denn Gleichgültigkeit in einer komplizierten Situation, deren Konsequenzen die Russen erst nach und nach erfassten. Der Zerfall des sowjetischen Imperiums war für Russland gleichbedeutend mit dem Verlust riesiger Territorien. Die Ukraine, Mittelasien, der südliche Kaukasus und das Baltikum gehörten plötzlich nicht mehr dazu. Die Erkenntnis, keine Großmacht mehr zu sein, international nahezu bedeutungslos geworden zu sein, verbunden mit dem wirtschaftlichen Niedergang der neunziger Jahre, löste bei vielen Russen trübe Gedanken aus. Die Welt hatte sie vielleicht nicht geliebt, was sie gerne gesehen hätten. Aber sie wurden wenigstens beachtet, keine Entscheidung auf internationaler Ebene fiel ohne Zutun Moskaus, auch wenn das meist nur das berühmte »Net« von Außenminister Andrej Gromyko im UNO-Sicherheitsrat war. Innere Fehler, Schwächen und Mangelerscheinungen wurden kompensiert durch das starke Bild, das die Sowjetunion nach außen abgab. Der Medaillenspiegel bei olympischen Spielen – wie übrigens auch in der DDR – geriet zur Ersatzdroge für ein bedrängtes, eingesperrtes Leben.

Während viele Russen den Verlust der zentralasiatischen Republiken noch verschmerzen konnten, weil ihnen deren Kulturen fremd waren und sie die Länder – fälschlicherweise – für unerwünschte Schmarotzer am Budget der Zentralmacht hielten, sah das mit der Ukraine, dem Kaukasus und der Krim schon ganz anders aus. Die Ukraine mit der Kiewer Rus war die Wiege des russischen Staates. Auch Georgien galt den Russen immer als zu

Russland gehörig, die Georgier als sehr enge Freunde, die man zwar als nicht ernst nahm, aber für harmlos, sangesfreudig und immer fröhlich hielt. Mit leichtem Neid gewürzt war die Bewunderung der georgischen Geschäftstüchtigkeit und ihres vermeintlichen oder tatsächlichen Reichtums, über den zahlreiche Anekdoten wie diese kursieren: Russen und Georgier sitzen in fröhlicher Runde um einen Tisch, da fällt einem Russen eine 50-Kopeken-Münze herunter. Während er im Dunkeln zwischen den Füßen herumsucht, beugt sich ein Georgier zu ihm hinunter und bietet seine Hilfe an. »Komm, ich leuchte dir«, sagt er und zündet einen Hundert-Rubel-Schein an.

Ein Sommerurlaub an der georgischen Schwarzmeerküste war der Traum jedes Sowjetbürgers. Deshalb tut es den Russen heute besonders weh, wenn sie mit ansehen müssen, wie sich die Georgier mit Europa, den USA und der Nato anderen Bundesgenossen zuwenden. Das wird als undankbar empfunden, wobei nicht ganz klar ist, wofür die Georgier dankbar sein sollten.

Ein besonders schwerer Fall ist die Krim. Die Zarin Katharina II. hatte die Halbinsel im Schwarzen Meer, nachdem sie 1783 von Russland annektiert worden war, »von nun an und für alle Zeiten« als russisch deklariert. Die Krim galt seitdem als »urrussisches Territorium«, obwohl dort zunächst vorwiegend Krimtataren, Ukrainer und Griechen lebten. Als Parteichef Nikita Chruschtschow, selbst gebürtiger Ukrainer, diesen wunderschönen Flecken Erde 1954 der Ukraine überschrieb, rief das nur wenig Besorgnis hervor. In der alle und alles umschließenden Sowjetunion war das letztlich egal. Dann aber, nachdem mit der Beloweschsker Vereinbarung die existierenden Grenzen der Vertragspartner für unantastbar erklärt wurden und die Ukraine plötzlich Ausland war, wurde der Schmerz des Verlustes spürbar. Simferopol, wo die russische Schwarzmeerflotte noch bis 2016 Asylrecht genießt, gilt den meisten Russen bis heute als russische Stadt.

Privatisierung in Russland oder Wie wird man Milliardär?

Begegnen sich zwei »neue Russen«. Der eine schlägt dem anderen ein Geschäft vor: »Ich gebe dir einen Eisenbahnwaggon voller Platin, du gibst mir dafür eine Million Dollar.« Der andere stimmt sofort zu und beide gehen auseinander. Der eine sucht die Million Dollar, der andere den Eisenbahnwaggon mit Platin.

Das wohl schillerndste, undurchsichtigste und verwirrendste Kapitel in der jüngeren russischen Geschichte spielte sich in den neunziger Jahren nach dem Zusammenbruch der Sowjetunion ab. Das sowjetische Staatseigentum, beherrscht von der allgewaltigen Staatspartei KPdSU, wurde in privates Eigentum überführt. Milliardenwerte wechselten für den Einsatz von ein paar Millionen über Nacht den Besitzer oder wurden mit Stempeln, Unterschriften und Waffengewalt »umverteilt«. Wirtschaftsimperien entstanden, die heute nicht nur Russlands Ökonomie beherrschen, sondern zunehmend auch international agieren.

Die spannende Frage, wie das abgelaufen ist, wie völlig unbekannte Nobodys zu einflussreichen Milliardären aufstiegen, die zeitweilig die Ölindustrie komplett beherrschten, die die Aluminiumindustrie und die Metallurgie ihr Eigen nennen, die sich Fußballclubs wie den FC Chelsea kaufen, im Kreml ein- und ausgehen, Gouverneure wurden oder bei Nacht und Nebel aus dem Land fliehen mussten, ist bis heute nicht zweifelsfrei zu beantworten. Die meisten Details blieben im Dunkeln. Niemand der Beteiligten – und das betrifft neben den Wirtschaftsgewinnern auch die Staatsbürokratie, ohne die solche Deals unmöglich gewesen wären – will ernsthaft über die tatsächlichen Abläufe reden. Zu viele Leichen – im übertragenen und im Wortsinn – sind in diversen Kellern verborgen. So steht beispielsweise zu vermuten, dass bei einigen der traumhaften Oligarchenkarrieren KPdSU-Gelder als Starthilfe dienten, zu beweisen ist es nicht.

Start in den Raubtier-Kapitalismus

Drei einschneidende Ereignisse, bewusst herbeigeführt von der Mannschaft des damaligen Präsidenten Boris Jelzin, bestimmten den mit atemberaubender Geschwindigkeit vollzogenen Übergang der sowjetischen Planwirtschaft zu einem Raubtier-Kapitalismus, wie er in dieser Form einmalig in der Welt war. Die meisten der rund 145 Millionen Einwohner der Russischen Föderation wurden in eine katastrophale wirtschaftliche Lage gestürzt, aus der sie erst Ende der neunziger Jahre, bedingt durch die hohen Erdöl- und Erdgaspreise und den damit verbundenen Zufluss an Dollars, langsam wieder herausgelangten.

Schon Mitte, Ende der achtziger Jahre waren die Versorgungsengpässe in der noch existierenden Sowjetunion immer gravierender geworden. 1989, 1990 gab es außer Brot und Milch kaum noch etwas zu kaufen, an den Fleischständen der Supermärkte prügelten sich die Menschen um Knochen und minderwertiges Fleisch. Die Hausfrauen mussten immer mehr Zeit mit der Jagd nach Lebensmitteln aufwenden. Am Autobahnring, der Moskau umschließt, legten die Moskauer kleine Gärten an, in denen sie Kartoffeln, Zwiebeln und Gurken zogen. Die Preise stiegen permanent.

Auf Anraten internationaler Berater hoben Boris Jelzin und sein Regierungschef Jegor Gaidar am 1. Januar 1992 die Preisbindung auf und verordneten dem Land so eine Rosskur, an der Russland zu verenden drohte. Eine beispiellose Verelendung der Bevölkerung setzte ein. Unter anderem wurden die Ersparnisse einer ganzen Generation vernichtet. Als besonders dramatisch empfand ich persönlich das Schicksal jener Millionen ehemaliger Sowjetbürger, die in Sibirien, im Hohen Norden oder im Fernen Osten unter härtesten klimatischen Bedingungen teilweise jahrzehntelang geschuftet hatten, um ihren Lebensabend unter halbwegs gesicherten Umständen in wärmeren Gegenden zu verbringen. Dieser Traum war mit einem Schlag ausgeträumt, das Geld war nichts mehr wert. Viele hatten nicht einmal genug für die Flugtickets, um die eisigen Städte und Siedlungen zu verlassen. Sie saßen in der Falle.

Der Kurs zu Beginn des Jahres 1992 stand bei 150 Rubel je Dollar. Ende 1992 bekam man in Russland für einen Dollar fast das Dreifache: 414,50 Rubel. Das Erstaunliche war indes, dass die Preise noch schneller verfielen als der Dollarkurs. Die Inflation lag 1992 bei 2.510 Prozent, der Preisabsturz setzte sich auch 1993 fort. Die Löhne, wenn es sie denn gab, wurden wöchentlich ausgezahlt, damit die Menschen die Chance hatten, sie sofort in Waren umzusetzen. Die Russen waren permanent unterwegs, um ihre Rubel, die im Handumdrehen ihren Wert verloren, möglichst schnell an den Mann zu bringen. Die Schilder mit den Kursangaben an den Wechselstuben, die wie Pilze aus dem Boden schossen, wurden nahezu stündlich ausgewechselt.

Ein Beispiel am Rande: Ich hatte mir 1987 von den Rubeln, die ich mir während meiner Arbeit als Korrespondent in Moskau in den achtziger Jahren zurückgelegt hatte, einen Skoda gekauft. Er kostete so um die 5700 Rubel. Ende 1992 bekam ich für die gleiche Summe eine Tankfüllung minderwertigen Benzins für meinen Lada. Was mich persönlich nicht so sehr traf, da ich inzwischen im Besitz der D-Mark war, deren Kurs ebenfalls rasant stieg. Aber es tat weh zu sehen, wie Freunde und Bekannte, wenn sie denn nicht unter die Spekulanten und Devisenhändler gegangen waren, den Boden unter den Füßen verloren.

»Ihr in der Ex-DDR habt es gut«, meinten Moskauer Freunde in dieser Zeit. »Ihr seid eines Morgens aufgewacht, und da war der Kapitalismus schon da. Bei uns zieht sich alles unter Qualen über lange Jahre hin.« Frühere DDR-Bürger mögen das anders sehen, aber meine russischen Freunde hatten Recht. Die Brutalität der Ereignisse, die über sie hereinbrachen, war beispiellos, die Wende im Osten Deutschlands dagegen ein sanftes Hinübergleiten, verglichen mit dem, was in Russland geschah. Immer wieder habe ich die – wohl eher scheinbare – Gelassenheit bewundert, mit der die Russen die Widrigkeiten ihres Alltags hinnahmen.

Tausende Moskauer standen in jener Zeit auf den Straßen, an Metrostationen und Bahnhöfen und verkauften, was Zwischenhändler aus China, der Türkei, aber auch aus der eigenen Schwarzmarktproduktion herangeschafft hatten: Wodka, Bekleidung, Strümpfe, Werkzeug, Büromaterial – einfach alles. So mancher versuchte, die Dinge aus dem eigenen Haushalt zu veräußern, die ihm entbehrlich schienen. An belebten Plätzen standen Autos mit getönten Scheiben, in denen wenig vertrauenerregende Gestalten saßen. Schilder an der Windschutzscheibe kündeten von ihrem »Bisnis«: »Kaufe Gold, Edelmetalle, Wertgegenstände«. In zugigen Nischen warteten abgehärmte Figuren, die sich Papierzettel an ihre Mäntel geheftet hatten. »Kaufe Devisen«, stand darauf.

Tatsache allerdings war auch, dass mit der Preisfreigabe plötzlich wieder Waren in den Geschäften und vorwiegend in den Tausenden Kiosken auf Moskaus Straßen auftauchten. Das meiste waren Importe, sie waren teuer und wurden mit jedem Tag teurer. Aber es gab etwas! Für die Russen nach den Jahren der Entbehrungen und der leeren Schaufenster eine ganz neue Erfahrung, mit der die große Masse indes zunächst nichts anfangen konnte. Hatte der Durchschnittsbürger in sowjetischer Zeit Geld, für das es wenig bis nichts zu kaufen gab, waren nun plötzlich immer mehr Waren im Angebot, die er sich aber wegen Geldmangels nicht leisten konnte. Beim Streit über die Frage, was besser und was schlechter sei, blieben manchmal sogar Freundschaften auf der Strecke.

Die Stunde der Oligarchen

Im kalten Herbst des Jahres 1992 tauchten neue Zettel auf den Mantelrevers der Händler auf: »Kaufe Voucher«, stand auf den einen, »Verkaufe Voucher« auf den anderen. Die Privatisierung der russischen Industrie hatte begonnen. Am 15. Oktober 1992 trat der Präsidenten-Ukas vom Sommer des gleichen Jahres in Kraft, demzufolge jeder Bürger der Russischen Föderation Anteilsscheine, die sogenannten Vouchers bekam, denen der Wert von 10 000 Rubel zugeschrieben wurde. Jeder sollte davon profitieren, jeder sollte seinen Anteil am Volksvermögen erhalten, der Aktienbesitz sollte breit gestreut werden. Als Vater dieser Idee gilt Anatoli Tschubais, zu der Zeit Vizepremier der russischen Regierung.

Mit seinem Voucher konnte der Besitzer entweder Anteile an seinem eigenen Unternehmen erwerben oder sie in Investmentfonds anlegen. Doch angesichts der grassierenden Armut und des Währungsverfalls taten das nur die wenigsten. Die meisten verkauften ihre Vouchers für eine Handvoll Dollars oder Rubel, die ihnen Zwischenhändler an jeder Metrostation anboten. Für manchen Besitzer eines Anteilscheins reichte schon eine Flasche Wodka. So führte die Realität im russischen Wirtschaftschaos »nicht etwa zu einem Aktien-Streubesitz in Volkshand, sondern zu einer einmaligen Konzentration der Kontrolle ganzer Branchen in wenigen Händen und zur Entstehung jener für das heutige Russland so typischen Oligarchen«, analysierte Gernot Erler, stellvertretender Fraktionsvorsitzender der SPD im Deutschen Bundestag.[56]

Die Russen mit ihrer Vorliebe für Wortspiele nennen die Privatisierung (Priwatisazija) deshalb auch »Prichwatisazija«, abgeleitet von »prichwatit«, was so viel wie »zusammenraffen« heißt. Anatoli Tschubais, zu allem Übel auch noch rothaarig, was in Russland als Zeichen der Falschheit gilt, ist seit jener Zeit eine der Hassfiguren der russischen Bevölkerung. Tschubais war auch an der nächsten Etappe der Privatisierung beteiligt, die die Voucher-Privatisierung an Dreistigkeit und Skrupellosigkeit noch weit in den Schatten stellte. Hier war der Ideengeber Wladimir Potanin, heute einer der reichsten russischen Oligarchen und Besitzer eines Industrieimperiums, zu dem mit Norilsk Nikel der weltgrößte Edelmetall-Produzent gehört.

Der russische Staat, der sich von der Voucher-Privatisierung einen Kapitalzufluss zur Stabilisierung der Wirtschaft erhofft hatte, musste sich 1995 eingestehen, dass er wieder einmal – trotz westlicher Kredite – vor der Pleite stand. Zu jener Zeit hatten sich schon die ersten russischen Millionäre etabliert. Die hatten Geld und sie hatten Hunger auf mehr. Wladimir Potanin, zeitweilig selbst Regierungsmitglied, hauptberuflich aber millionenschwerer Oligarch, hatte die zündende Idee. Die trug er am 30. März 1995 bei einer vierstündigen Kabinettssitzung im Kreml vor.

Der Kern des Vorschlags bestand darin, der Regierung einen Tausch anzubieten. Potanin offerierte im Namen einer Gruppe finanzkräftiger Unternehmer einen Kredit von 9,1 Billionen Rubel (1,8 Milliarden Dollar zum damaligen Kurs). Als Sicherheit verlangte die Gruppe die Übernahme von Minderheitsanteilen an 44 Staatsunternehmen. Würden die Kredite zurückgezahlt, gingen auch die Staatsanteile wieder an ihre ursprünglichen Besitzer zurück.

Bei diesem Deal konnte also niemand sagen, hier würden Werte verschleudert, sie wurden ja nur verpfändet. Aber wohl niemand in der Runde glaubte daran. Tatsächlich war der Staat denn auch nicht in der Lage, seine verpfändeten Anteile zurückzukaufen. Diese Transaktion ging in die Geschichte ein als Kredit-gegen-Aktien-Geschäft, das endgültig zur Herausbildung der russischen Oligarchie führte.

Eins darf dabei indes nicht übersehen werden. Nur besonders risikofreudige Leute, die möglicherweise auch noch Zugriff auf staatliche und ehemalige Finanzquellen der KPdSU hatten, wollten in der damaligen Situation in die marode russische Wirtschaft investieren. Ausländische Geldgeber hielten sich auch wegen der hohen politischen Risiken zurück. Die Gefahr, dass Kommunistenchef Gennadi Sjuganow die Macht übernehmen und eine große Kehrtwende einleiten würde, war noch sehr real. Wenn also ein paar Dutzend Russen zu märchenhaftem Reichtum gelangten, war das sicher eine brisante Mischung aus unternehmerischer und krimineller Energie, den richtigen Verbindungen in den Staatsapparat hinein sowie Glück. Denn vor allem die neugeschaffenen Unternehmen in der Öl-, Gas- und Rohstoffbranche verdankten ihre schwindelerregenden Wertsteigerungen erst dem rasanten Anstieg der Rohstoff- und Energiepreise mit Beginn des neuen Jahrtausends, den niemand voraussehen konnte.

Es klingt freilich völlig unglaubwürdig, wenn sich der russische Staat heute beschwert, er sei in den neunziger Jahren betrogen worden. Seine Diener wirkten nicht ohne Eigennutz kräftig an der Umsetzung der Umverteilungspläne mit, bei denen Recht und Gesetz, soweit vorhanden, weitgehend ignoriert wurden. Das dürfte einer der Gründe dafür sein, dass Details über die damaligen Vorgänge auch heute noch unter dem Vermerk »Sowerschenno sekretno« (streng geheim) abgelegt werden.

Ein anderer, nicht minder wichtiger Grund für die obwaltende Schweigsamkeit ist mit der Tatsache verbunden, dass die ökonomische Umgestaltung bereits in Gorbatschows Perestroika-Zeit von Teilen des Geheimdienstes KGB initiiert wurde. Mehr noch, die Perestroika selbst, der Versuch Gorbatschows nämlich, das sowjetische System umzugestalten, um es zu retten, wurde von Geheimdienstkreisen geleitet.

Insbesondere das fünfte Direktorat des KGB, das für den Kampf gegen »ideologische Diversion« zuständig war, erkannte früher als der verkrustete Parteiapparat, dass die KPdSU das Land in eine Sackgasse geführt hatte. Es klingt wie Ironie des Schicksals, dass damals wie heute der Erdölpreis eine wesentliche Rolle spielte. Während Russland heute auf einer Hochpreiswelle dahinreitet und den Traum von einer Rohstoff-Großmacht träumt, stürzte die sowjetische Wirtschaft mit dem Einbruch des Erdölpreises 1985 endgültig in den Ruin. Doch bei aller Schuldzuweisung an diesen Umstand vergessen Sowjet-Nostalgiker freilich, dass das Hauptproblem hausgemacht war: Die Strukturen der Kommando-Wirtschaft waren international nicht konkurrenzfähig.

Teile des KGB – neben dem fünften war auch das sechste, das für ökonomische Sicherheit sowie für die Kontrolle der Mafia und des schwarzen Marktes zuständige Direktorat an der Neuorientierung beteiligt – suchten nach einem Ausweg. Wenn die Sowjetunion als Staat und die Macht der herrschenden Clique gerettet werden sollten, mussten grundsätzliche, aber kontrollierte Veränderungen eingeleitet werden. Ein neuer Ansatz wurde gebraucht, »so wurde die Perestroika gestartet«, meint der unabhängige Sicherheitsexperte Anton Surikow.[57]

Surikow ist davon überzeugt, dass die aufblühende Schattenwirtschaft, die Herausbildung einer neuen Klasse privater Geschäftsleute nur unter der Schirmherrschaft des Geheimdienstes möglich war. Tatsächlich habe der Geheimdienst den Schwarzmarkt in den Ausmaßen der späten achtziger und frühen neunziger Jahre selbst organisiert. »Die Erfindung der Oligarchen war eine Revolution, angetrieben vom KGB, der dann die Kontrolle verlor«, erklärt Surikow. Denn die neue Zeit brauchte auch neue Leute. Mit den meisten »roten Direktoren«, die lediglich darauf getrimmt waren, die von oben vorgegebenen Planzahlen zu realisieren und im Falle eines Fehlschlags – was die Regel war – die Statistik aufzubessern, war Marktwirtschaft nicht zu machen.

Man hielt Ausschau nach flexiblen jungen Leuten, die die neuen ökonomischen Möglichkeiten begriffen und gnadenlos auszuschöpfen bereit waren. Junge Wissenschaftler, Komsomolsekretäre und unternehmerisch fähige Schwarzmarktgrößen drängten nach vorn. »Der KGB half ihnen, und von einer bestimmten Phase an begannen die, die bisher geholfen hatten, für sie zu arbeiten.« Einer dieser »jungen Wölfe« war Michail Chodorkowski.[58]

Aufstieg und Absturz des Michail Chodorkowski

Es war eine jener langweiligen Tagungen für Programmierer im Herbst 1987 auf der Moskauer WDNCh, der Allunionsausstellung für die Errungenschaften der Volkswirtschaft, deren Ausgang schon von vornherein festzustehen schien. Man sagt sich gegenseitig Nettigkeiten, tauscht ein paar Erfahrungen aus, ohne den Nachbarn allzu tief in die eigenen Karten schauen zu lassen und geht wieder auseinander. Ein junger, schnauzbärtiger Mann brachte unerwartet Wirbel ins Geschehen. Michail Chodorkowski, 24 Jahre alt, Komsomolfunktionär und Leiter eines der damals gerade in Mode gekommenen Zentren für »wissenschaftlich-technisches Schöpfertum der Jugend«, erklärte den überraschten Konferenzteilnehmern, wie man unter den neuen Bedingungen der Perestroika richtig Geld verdienen kann.

Bis dahin hatte sich der jugendliche Redner mit dem Verkauf von bemalten Holzlöffeln und Matrjoschkas mit Gorbatschow-Porträt durchgeschlagen. Doch mit den Zentren ließ sich mehr anfangen, ließ er seine Zuhörer wissen. Besonders einer war wie elektrisiert: »Da kommt so ein junger Kerl daher und erzählt uns unvorstellbare Dinge. Aber er sprach mit Überzeugung, wir beschlossen, einen Versuch zu wagen«, erinnert sich der damalige Programmierer Michail Brudno, der an jenem denkwürdigen Tag im Auditorium saß.[59]

Er stellte Chodorkowski seinem Kollegen Leonid Newslin vor, der wie Brudno in der Außenhandelsorganisation des Ministeriums für Geologie arbeitete. Die Zweifel an Chodorkowskis Plänen schwanden, als ein Vertrag mit dem Institut für Hochtemperaturen die erste Million einbrachte. Dann stieß Wladimir Dubow zum Team, das später die Menatep-Bank gründete und dessen enger Zusammenhalt die russische Generalstaatsanwaltschaft später zur Anklage wegen Bildung einer kriminellen Vereinigung bewog. Im Hintergrund zogen zwei KGB-Generäle die Fäden. Filip Bobkow und Alexej Kondaurow von der fünften Hauptverwaltung des KGB, zuständig gewesen für den Kampf gegen die sogenannte ideologische Diversion, waren bereits Chodorkowskis Paten, als der seine ersten Schritte auf dem schwarzen Markt unternahm. Denn ohne den Schutz des Geheimdienstes lief auf dem Schwarzmarkt nichts, weiß der Sicherheitsexperte Surikow zu berichten.

Folgerichtig trat Kondaurow – der Dank für geleistete Dienste? – schon 1993 in die Menatep-Bank ein, wo er eine führende Position innehatte und die Kontakte zu den Sicherheitsdiensten pflegte. Bobkow fand ebenfalls ein warmes Plätzchen in der freien Wirtschaft. Er leitete die Sicherheitsabteilung im Imperium des Oligarchen Wladimir Gussinski, einem Chodorkowski-Freund aus den Neunzigerjahren.

Kondaurow bestätigte die Kontakte, bestand aber darauf, dass Chodorkowski nie KGB-Agent gewesen sei. Er verdanke seinen Aufstieg der Parteinomenklatura, den Staatsbediensteten und »roten Direktoren«, die Hilfe brauchten, um sich nach dem Zusammenbruch der Sowjetunion in der neuen Wirtschaftswelt zurechtzufinden. Chodorkowski soll auch gute Beziehungen zum leitenden Personal der Staatsbank gehabt haben.

Das würde erklären, wie es ihm schon im Dezember 1988 gelang, die erste in sowjetischer Zeit ausgegebene Lizenz für eine Privatbank mit dem Recht zu Valutaoperationen zu erhalten. Das Start-up Kapital stammte angeblich aus dem Geschäft mit importierten Computern. Bis heute halten sich allerdings auch hartnäckig die Gerüchte, dass Gelder aus dem verschwundenen Vermögen der KPdSU den Start der Menatep-Bank erleichtert haben sollen.

Den richtigen marktwirtschaftlichen Schliff holten sich Chodorkowski und seine Mannschaft dann aber doch lieber in der Schweiz. Christian Michel und Christopher Samuelson waren die Inhaber von Valmet (Valeur et Metaux – Aktiva und Metalle), einem weltweit agierenden Treuhand-Unternehmen mit Sitz in Genf und Filialen in Gibraltar und auf der Isle of Man. Die Kontakte zwischen Valmet und Menatep gehen auf das Jahr 1989 zurück.

Anfangs habe er Chodorkowski und seinem Bank-Mitinhaber Leonid Newslin sogar die Handhabung einer Kreditkarte und die Benutzung eines Scheckbuchs erklären müssen, erzählte Michel. Sie hätten nicht einmal Geld für ein Hotel gehabt, er habe ihnen seine Wohnung zur Verfügung gestellt. Doch bei jedem Besuch stieg das Niveau ihrer Bleibe, schon bald war es eine Suite im Fünfsternehotel Four Seasons des Bergues.

Michel brachte auch die gesamte Menatep-Mannschaft mit einem Crash-Kurs in Budapest auf Vordermann.[60]

Michel und Samuelson waren mit Valmet hilfreich, als Chodorkowski 1995 ins Ölgeschäft einstieg und in einer Auktion den Yukos-Konzern für lächerliche 306 Millionen Dollar erwarb. Und sie halfen Chodorkowski bei der Entwicklung von Schemata zur »Steuerminimierung«, mit denen die Finanzen am Staatsbudget vorbeigeleitet wurden. Zu diesem Zweck wurden in Steueroasen, von denen im Russland der neunziger Jahre viele existierten, Tochterfirmen installiert, über die die Finanzströme flossen und weitgehend steuerfrei blieben. Das war nicht legal, aber üblich. Dass Chodorkowski später darüber stolpern sollte, hatte andere Gründe.

Chodorkowski war nicht feiner in seinem Geschäftsgebaren als andere russische Wirtschaftsemporkömmlinge. Sein irrwitziger Aufstieg zum zeitweilig reichsten Mann Russlands ist gesäumt von betrogenen Partnern, die auf der Strecke blieben, von zwielichtigen Geschäften und einem permanenten Versteckspiel mit den Steuerbehörden. Auch Tote hat es gegeben.

Seine Menatep-Bank, über die er und seine Mannschaft die Mehrheit am Yukos-Konzern hielten, war sicherheitshalber im Steuerparadies Gibraltar registriert. Als es 1998 zum großen Finanzcrash in Russland kam, blieben zahlreiche seiner Partner, auch Anleger im Westen, auf riesigen Verlusten sitzen, während Menatep und Chodorkowski ungeschoren davonkamen.

Doch dann setzte ein wundersamer Wandel ein. Offensichtlich inspiriert von seinen neuen amerikanischen Geschäftspartnern, veränderte Chodorkowski nicht nur sein Image. Er änderte auch sein Geschäftsgebaren. Sogar unterschlagene Gelder gab er zurück. Er führte als erster russischer Konzern internationale Abrechnungsmethoden ein und setzte sich für Transparenz in der Geschäftsführung ein. Das war zunächst weniger moralisch denn wirtschaftlich motiviert. US-Konzerne wie Chevron und ExxonMobile interessierten sich für das Imperium des jungen Russen, der auch von US-Präsident George Bush senior empfangen wurde. In einer solchen Umgebung, das erkannte der intelligente Chodorkowski sehr schnell, muss ein Mindestmaß an international üblichen Spielregeln eingehalten werden.

Die heimischen glaubte er, im Jahr 2003 mit einem Besitz von acht Milliarden Dollar vom russischen Forbes-Magazin zum reichsten Russen erklärt, ignorieren zu können. So erlaubte er es sich im Glauben an seine Unverwundbarkeit sogar, im Februar 2003 im Kreml Präsident Putin gegenüber die Korruption in der Kremladministration zu kritisieren. Er solle lieber seine Steuern in Ordnung bringen, kanzelte der Kremlchef ihn daraufhin ab. Sieben Monate nach dem Eklat saß Chodorkowski im Gefängnis.

Putins neue Mannschaft, allen voran der mächtige Vize der Kremladministration Igor Setschin, die der Kremlchef nach seiner Wahl zum Präsidenten im Jahr 2000 aus St. Petersburg geholt hatte, mochte Chodorkowski nicht. Denn der hatte, was die

Neuen gerne gehabt hätten: Geld und einen inzwischen modernen, profitträchtigen Konzern. Und Chodorkowski wollte in Verkennung der tatsächlichen Machtverhältnisse nicht teilen. Es kam zum »Aufstand der Millionäre gegen die Milliardäre«, wie es der Moskauer Politologe Andrej Piontkowski sieht.

Der »Aufstand« richtete sich gegen einen Mann, der eine Verabredung aus dem Jahr 2000 gebrochen und sich in die Politik eingemischt hatte. Kreml und Oligarchen hatten zu Beginn der Amtszeit von Wladimir Putin einen Pakt geschlossen: Der Präsident lässt die Oligarchen Geld scheffeln, die Oligarchen lassen dafür die Finger von der Politik. Wladimir Gussinski und Boris Beresowski, die sich nicht daran hielten, mussten ins Exil fliehen.

Chodorkowski, bei seiner Biografie sicher alles andere als ein Waisenknabe, spielte zunächst nach diesen Regeln, entwickelte aber mit wachsender Wirtschaftskraft politische Ambitionen. Ihm missfiel, dass der nur zehn Jahre ältere Wladimir Putin, wie er aus einfachen Verhältnissen stammend, sich als Präsident bei den im Dezember 2003 abgehaltenen Parlamentswahlen eine absolute Mehrheit zusammenzimmern lassen wollte.

Dem gedachte der Erdölbaron einen Riegel vorzuschieben; ein allein herrschender Kreml ohne Gegengewicht im Parlament widersprach seinen Interessen. Und so verteilte er freizügig »Parteispenden« an die liberale Jabloko-Partei und an die Partei der Rechtskräfte (SPS). Indirekt flossen auch Mittel ganz nach links an die Kommunisten. Nur so glaubte er, im Dezember einen »Durchmarsch« der Präsidentenpartei »Geeintes Russland« verhindern zu können.

Jewgeni Jassin, SPS-Führungsmitglied und ehemaliger Wirtschaftsminister, räumte das mir gegenüber auch unumwunden ein. »Nun gut, Chodorkowski hat 50 Abgeordnete gekauft, das ist schlecht.« Aber sei es etwa gut, »wenn die exekutive Macht ihre administrativen Ressourcen einsetzt, um der Legislative oder der Justiz die Handlungen vorzuschreiben? Herr Surkow, stellvertretender Chef der Kremladministration, kauft natürlich keine Abgeordneten, er kommandiert sie einfach.«

Zudem wurde Chordokowski – ob berechtigt oder nicht, ist unklar – mit der Präsidentschaft im Jahr 2008 in Verbindung gebracht. Die Gefahr, die Herrschaft und damit die Pfründe an eine neue, nicht selbst ausgesuchte Mannschaft zu verlieren, ließ die Alarmglocken im Kreml schrillen.

Hauptgrund für die Verfolgung Chodorkowskis, an der sich lust-
voll auch die russische Konkurrenz beteiligte, war aber wohl die
langfristige Strategie des Kremls im Bereich der Energieträger.
Putins Mannschaft trieb die Herausbildung eines staatlich beherrschten Energie- und Brennstoffkomplexes voran, in dem die
Vertreter des Kremls die Schlüsselpositionen einnehmen. Erdgas,
Erdöl und künftig auch Strom sollen nicht nur Geld in die Kassen
bringen, sondern auch Russlands Einfluss als Großmacht weltweit zementieren. Ein unabhängiger Chodorkowski, der Teile
seines Imperiums und damit Teile der strategischen Rohstoffre-
serven Russlands an amerikanische Konzerne verkaufen wollte,
stand diesen Plänen im Wege.

Am 25. Oktober stürmten bis an die Zähne bewaffnete Geheimdienstler und Angehörige der OMON-Sondereinheit des Innenmi-
nisteriums bei einer Zwischenlandung in Nowosibirsk das Flugzeug Chodorkowskis, der eins seiner Ölfelder inspizieren wollte.
Er wurde festgenommen und nach Moskau zurückgeschafft. Die
deutlichen Zeichen zuvor, er möge sich aus dem Lande scheren,
hatte er ignoriert.

Der Prozess gegen ihn und seinen Partner Platon Lebedew vor
dem Moskauer Meschtschanski-Gericht entwickelte sich zu einer
Farce. Unfähig, die erhobenen Vorwürfe – die natürlich auch auf
die im Kreml ein- und ausgehenden Wirtschaftsbosse zuträfen –
auch tatsächlich beweisen zu können, zog die Generalstaatsanwaltschaft eine miese Show ab. Chodorkowski und Lebedew
saßen in dem kleinen Verhandlungsraum, der nur zwei, drei Dutzend Zuschauer fasste, in einem Metallkäfig, scharf bewacht von
bewaffneten Gerichtsdienern. Jeder Kontakt mit den Angeklag-
ten war verboten.

Die konnten nur fassungslos zuschauen, wie jeder Antrag ihrer
Verteidigung von der Richterin abgeschmettert wurde, während
der Vertreter der Anklage das Recht gepachtet zu haben schien.
Sie wurden zu acht Jahren Lagerhaft verurteilt, zu verbüßen im
Lager Krasnokamensk bei Tschita. Inzwischen wird ein weiterer
Prozess vorbereitet.

Die Mehrheit der Russen begrüßt das Vorgehen gegen Chodorkowski, auch wenn der Prozess rechtsstaatlichen Ansprüchen
in keiner Weise genügt hat. Natürlich habe Chodorkowski gestohlen, das wisse jeder, also müsse er auch ab ins Lager. Den Einwand, dass dieses selektive Vorgehen letztlich reine Willkür sei,

wollen sie nicht gelten lassen. Irgendwo müsse man ja schließlich anfangen. Und wenn man schon nicht die gesamte Privatisierung zurückschrauben könne, sei es immer noch besser, wenn wenigstens einer abgeurteilt wird, als wenn alle davonkommen. Das Urteil, und da treffen sich die Gedanken der Volksmehrheit mit der der Führung, diene zur Abschreckung und werde die anderen disziplinieren.

Grigori Jawlinski, der Vorsitzende der liberalen Jabloko-Partei, hält den Fall Chodorkowski für keine Einzelerscheinung. »In den Regionen gibt es Tausende solcher Fälle«, sagte er mir bei einem unserer Gespräche. Jeder Gouverneur nehme sich ein Beispiel am Vorgehen gegen den Moskauer Erdöl-Oligarchen und gehe gegen unliebsame regionale Wirtschaftsgrößen mit den gleichen Methoden vor. Jawlinskis Vorschlag: Alle Unternehmer, die sich in den neunziger Jahren an der höchst umstrittenen Privatisierung der russischen Wirtschaft beteiligt haben, zahlen ohne Ausnahme eine einmalige Abgabe an den Staatshaushalt. Sozusagen eine Entschädigung für diejenigen ihrer Landsleute, die bei der Privatisierung leer ausgegangen sind. Der Umfang der Abgabe sollte von der heutigen Größe des Unternehmens abhängig sein. Ist das geschehen, wird ein Schlussstrich gezogen, und die privatisierten Unternehmen sind legalisiert. Solange das nicht geschehen ist, gibt es kein wirkliches Privateigentum und keine Stabilität in Russland, meint Jawlinski. Besitzstände könnten jederzeit unter einem Vorwand wieder angefochten werden.

Kurz leben, viel verdienen, Geld ausgeben – notfalls für den FC Chelsea

»Wer ist der gammelige Typ am Fotokopierer?« Gregory Baker, ein junger englischer Finanzexperte, hatte gerade beim russischen Sibneft-Konzern angeheuert und kannte sich noch nicht so gut aus. Eine Sekretärin bewahrte ihn vor einem unangenehmen Zusammenstoß. Der »gammelige Typ« sei Roman Abramowitsch, der Firmeninhaber, flüsterte sie ihm zu. »Er trug einfach Jeans und ein Hemd mit offenem Kragen«, erzählte Baker später, noch immer ganz erstaunt.

Überraschend war diese Unkenntnis nicht. Abramowitsch scheute die Öffentlichkeit. Im Jahr 2000 wussten nur ganz wenige, wie er überhaupt aussah. Eine Agentur zahlte damals 10 000 Dollar für ein unscharfes Schwarzweißfoto von dem Mann, der als »Kassenwart« des Jelzin-Clans galt und zu den geheimen Drahtziehern im Kreml gehörte.

Doch spätestens seit er sich 2003 den englischen Fußballclub FC Chelsea leistete, dessen Schulden beglich, die teuersten Spieler Europas einkaufte und bei Heimspielen in der VIP-Lounge den Weg des Clubs zur Meisterschaft verfolgte, ist es mit dem Versteckspielen vorbei. Abramowitsch, den seine Freunde »Roma« nennen, ist bekannt wie ein bunter Hund. Und er ist erfolgreich wie kaum ein anderer seiner russischen Oligarchenkollegen.

Legere Kleidung und der Dreitagebart sind noch immer die Markenzeichen des Multi-Milliardärs, der sich auch dem Wunsch des Kremls nicht entzog, als Gouverneur von Tschukotka diese verarmte Region im Fernen Osten mit seinen Wohltaten zu beglücken. Die Einheimischen verehren ihn bis heute als »Gott der Tschuktschen«. Sie wissen, warum. Nach dem Zusammenbruch der Sowjetunion waren Hunger und Entbehrung eingezogen bei den 75 000 Tschuktschen, Ewenen und Ewenken, die als Rentierzüchter und Walrossfänger ihr Leben fristeten. Der Kreml »überredete« Abramowitsch, sich der verarmten Gegend anzunehmen. Es war eines dieser Angebote, die auch ein Oligarch nicht ablehnen kann. Zwischen 200 und 300 Millionen Dollar will er in den ersten vier Jahren seines Gouverneursdaseins dort ausgegeben haben. Steuervorteile für seine Firmen, darunter für Sibneft, in einer inzwischen abgeschafften Steueroase sollten das indes aufgewogen haben.

An der Wiege gesungen wurde es dem künftigen Oligarchen nicht, dass er einmal einen derart schnellen, schwindelerregenden Aufstieg vom armen jüdischen Waisenjungen zum reichsten Mann Russlands absolvieren würde. Wer freilich versucht, etwas Licht in die frühen Jahre des heutigen Magnaten und Kreml-Intimus zu bringen, stößt sehr schnell an Grenzen, gezogen von den Mannen des Oligarchen. Das mussten Dominic Midgley und Chris Hutchins erfahren, als sie 2003 für ihre Abramowitsch-Biografie recherchierten. Zeitweilig, so bekannten sie, hätten sie sich gefühlt wie auf einer »mission impossible«.[61]

So ist bis heute unklar, was es mit Abramowitschs Geschäft mit den 55 Tankwagen mit Dieseltreibstoff aus Uchta auf sich hat, das er 1992 über seine Firma AWK eingefädelt hatte. Angeblich für Kaliningrad bestimmt, tauchten die Tankwagen in Riga auf, wo ihr Inhalt zu einem guten Preis verkauft wurde. Der Jungunternehmer wurde in Moskau zur Staatsanwaltschaft einbestellt, Protokolle wurden verfertigt, die Unterlagen dann aber nach Uchta geschickt, wo sie dank einer für den Betroffenen glücklichen Fügung angeblich verlorengingen. Der Kommentar des inzwischen Arrivierten: »Reine Erfindung«.

Dieser Deal gilt indes als Abramowitschs Einstieg in das Ölgeschäft. Zuvor hatte sich der 21-jährige Student über Wasser gehalten, indem er mit seiner Firma Ujut (Gemütlichkeit) Gummienten und Fußbälle herstellte, die er auf Märkten verkaufte. Doch das Öl zog ihn magisch an, obwohl er, wie Midgley und Hutchins herausfanden, nie am renommierten Moskauer Gubkin-Erdölinstitut studiert hatte. Trotzdem begriff er schnell, dass es in jener Zeit die Ausfuhrlizenzen waren, die das Geld brachten.

Seine erste Millionen machte er mit der von seinem Jugendfreund Andrej Bloch und dem deutschen Lektor Franz Mühling 1992 in München gegründeten Firma BMP Trading. Der entscheidende Schritt zum Tycoon gelang ihm allerdings erst, nachdem er 1995 zusammen mit Boris Beresowski, der die entsprechenden Papiere aus der Präsidialadministration beschaffte, die Firma Sibneft ins Leben rief. Auf einer obskuren Auktion erwarben die beiden das Unternehmen für knapp 200 Millionen Dollar. Sieben Jahre später war der Konzern 15 Milliarden wert. Um Sibneft zu »ersteigern«, das Ergebnis stand natürlich vorher fest, fehlten Beresowski noch ganze 50 Millionen Dollar. George Soros, der internationale Finanzjongleur und Philanthrop, winkte ebenso ab wie Daimler Benz und Daewoo. Ihnen schien die Investition angesichts der unsicheren politischen Zustände und der Gefahr eines kommunistischen Roll Back zu riskant.

In dieser Situation kam Roman Abramowitsch ins Geschäft. Niemand wusste, wo er die benötigten 50 Millionen Dollar herhatte. »Boris Beresowski sollte den Tag, an dem er Roman Abramowitsch in seine Kreise einführte, noch bitter bereuen. Fünf Jahre später hatte der schüchterne junge Mann die Kontrolle über Sibneft und ORT übernommen und war die wichtigste graue Eminenz des Kreml und der reichste Mann Russlands geworden.«[62]

Während Beresowski seine wirtschaftlich starke Stellung zunächst noch zum Ausbau seines politischen Einflusses nutzte, hielt sich Abramowitsch trotz exzellenter Kontakte zur Jelzin-Tochter

Tatjana Djatschenko vorsichtig zurück. Es war denn auch Beresowski, der 2001 ins Exil musste, weil er zu laut seine vermeintlich wohlerworbenen Ansprüche beim neuen Präsidenten namens Putin einklagen wollte und – als das nicht klappte – ihn heftig als rückwärts gewandten Autokraten kritisierte.

Abramowitsch blieb. Er wusste, warum. Hinter Beresowskis Rücken hatte er schon 1999 so enge Beziehungen zum damaligen Premier Wladimir Putin geknüpft, dass er ihn bei der Auswahl künftiger Minister beraten durfte. Die hochrangigen Politiker mussten sogar zu Bewerbungsgesprächen bei ihm antreten, die er direkt im Kreml führte.[63]

Aber nie drängte er sich politisch in den Vordergrund, wie es zuerst Beresowski und dann Chodorkowski taten. Er blieb vorsichtig, was auch seine Geschäfte einschloss. So fuhr er seine wirtschaftlichen Aktivitäten in Russland zurück. Sein größter Coup in dem Zusammenhang beleuchtet die Möglichkeiten, die ein Oligarch in Putins Russland hat, wenn er sich mit der Staatsmacht arrangiert. Abramowitsch verkaufte seinen rund 72-prozentigen Sibneft-Anteil an den Staat. Ursprünglich hatte er eine Fusion mit dem Ölimperium Chodorkowskis angestrebt. Als der in Ungnade fiel, war der Rückzug aus dem Deal angesagt.

Er fand mit Gazprom einen anderen Partner, der den für ihn unschätzbaren Vorteil hatte, dass er mehrheitlich in Staatsbesitz ist. Wenn dieser Konzern ein Geschäft eingeht, ist es automatisch vom Kreml gedeckt. Abramowitsch verkaufte seine von seiner Millhouse Capital Holding gehaltenen 72,6 Prozent Sibneft-Aktien für 13 Milliarden Dollar. Er wusste nach den Erfahrungen, die Chodorkowski mit Yukos und einer angestrebten Beteiligung von US-Konzernen gemacht hatte, dass nur Gazprom für diesen Deal in Frage kam. Der Kreml nutzte den Umstand interessanterweise nicht, um den Preis, der deutlich unter dem internationalen Marktwert lag, noch weiter zu drücken. Beobachter erklären sich das damit, dass sowohl Personen aus dem Umfeld der Jelzin-Familie als auch aus der Putin-Umgebung davon profitierten, dass Abramowitsch dieses Filetstück seines Wirtschaftsimperiums verkaufen durfte. Damit war Abramowitsch vor eventuellen Nachstellungen sicher. Wegen der Art, wie er Sibneft erworben hatte, wäre er immer angreifbar gewesen. Aber die 13 Milliarden, die der russische Staat ihm ganz offiziell für seine Anteile gezahlt hat, die sind nun »sauber«.

Damit hat der Oligarch etwas erreicht, was bisher keiner seiner Kollegen geschafft hat: Er verwandelte den in den wilden neunziger Jahren der Raubprivatisierung zusammengerafften Besitz, den er durch technologische und personelle Erneuerung zu mehren wusste, mit dem Segen des Kremls in »ehrlich« erworbenes Bargeld. Unter streng rechtsstaatlichen Begriffen könnte man das auch eine Art »Geldwäsche« nennen. Dieses Geld, verwaltet von seiner in London registrierten Holding, ist vor jedem Zugriff russischer Behörden sicher. Auch dann, wenn sein Gönner Wladimir Putin nicht mehr im Kreml sitzt.

Schon vor dem Superdeal mit Sibneft hatte sich Abramowitsch von zahlreichen millionenschweren Unternehmungen in Russland getrennt. Die von Beresowski übernommene Beteiligung am Fernsehen ORT ging an den Staat, sein 50-prozentiger Anteil am Aluminium-Konzern Rusal erhielt der Oligarch Oleg Deripaska, um nur einige zu nennen. Abramowitsch hat seine Geschäfte in seiner Heimat – gemessen an seinem Gesamtvermögen – auf ein Minimum heruntergeschraubt.

Noch besitzt er seine Moskauer Residenz, einen Kilometer von der prominenten Rubljowskoje Chaussee entfernt, im Dörfchen Neu-Sarajewo gelegen. Das 42 Hektar große Anwesen gleicht einer Festung, die Abramowitsch niemals zu Fuß verlässt. Früher lebte hier der ehemalige Verteidigungsminister der UdSSR, Marschall Dmitri Jasow. Abramowitsch mietete die Hinterlassenschaft zunächst, kaufte sie dann, ohne dass ein Kaufpreis bekannt geworden wäre.

Hinter der vier Meter hohen Mauer, bestückt mit modernster Videotechnik, verbirgt sich eine ganze Siedlung mit einem dreistöckigen Wohngebäude mit Kino, Sauna und Orangerie sowie zahlreichen Wirtschaftsgebäuden. Im Innern der weitläufigen Anlage patrouillieren Milizionäre, den äußeren Schutz vertraute Abramowitsch einem privaten Wachdienst an. Seine Leibwächter gelten als seine »Garde«, elf von ihnen begleiten ihn überall hin. Besitz in Russland ist riskant, sehr großer Besitz extrem riskant, wie der mit Leichen gesäumte Weg zum Kapitalismus russischer Prägung belegt.

Sein Lebensmittelpunkt ist inzwischen gen England gewandert. Er soll für ein sechsstöckiges Haus im Londoner Stadtteil Knightsbridge 27,5 Millionen Pfund gezahlt haben. Er habe am Lowndes Square lediglich ein Appartment im Erdgeschoß gekauft, korrigierte er. Ein weitläufiges Anwesen in der Grafschaft Sussex mit 440 Acre (etwa 176 Hektar) Grundbesitz kostete ihn 12,5 Millionen Pfund. In Garmisch-Partenkirchen erwarb er das elegante Leitenschlössl, in dem sich einst der Jelzin-Clan erholte.

Seine ganze Leidenschaft neben dem FC Chelsea sind seine zwei Hochsee-Yachten. Die »Pelorus« ist mit kugelsicherem Glas ausgestattet und besitzt ein Raketenabwehrsystem. Im Ernstfall kann ihr Besitzer mit einem Hubschrauber oder einem kleinen U-Boot verschwinden. Seine 90-Millionen-Euro-Yacht »Le Grand Bleu« soll mit Spezialsensoren ausgerüstet sein, die auf weite Entfernung vor Kameras warnen. Das »Projekt 790«, das dritte hochseegängige Schiff, ist noch im Bau. Abramowitsch liebt zudem englische Sportwagen und reist in einer privaten Boeing. Sein Credo: »In Russland leben wir nicht so lange, also verdienen wir und geben das Geld wieder aus.«

Abramowitsch stand 2007 in der vom russischen Forbes-Magazin geführten Liste der reichsten Russen mit einem Besitz von 19,2 Milliarden Dollar auf Platz eins.

Das Putin-Prinzip

Auf einem Baum sitzt ein Rabe und hält ein Stück Käse im Schnabel. Da kommt ein Fuchs vorbei und fragt: »Rabe, bist du politisch gebildet?« Der Rabe schweigt. »Rabe, gehst du zur Wahl des Präsidenten?« Der Rabe schweigt weiter. »Rabe, wirst du für den Präsidenten stimmen?« Der Rabe krächzt laut: »Jaaa!« Der Käse fällt natürlich runter, der Fuchs schnappt ihn sich und verschwindet. Der Rabe sitzt auf seinem Baum und denkt nach. »Und wenn ich nein gesagt hätte, was wäre anders geworden?«

Es ist der 31. Dezember 1999. Am Vormittag fuhr ich mit meiner Frau den Kutusow-Prospekt hinunter nach Hause. Wir waren einkaufen, Feiertage standen bevor, die Vorräte mussten aufgefüllt werden. Das Autoradio dudelte vor sich hin, die Nachrichten von »Echo Moskwy« drangen nur ins Unterbewusstsein. Plötzlich schauten wir uns verdutzt an. Hatten wir beide das Gleiche gehört? Es gab keinen Zweifel – Boris Jelzin, der erste, sehr umstrittene Präsident der Russischen Föderation, war zurückgetreten. Das Amt hatte, wie es die Verfassung vorsah, Premierminister Wladimir Putin übernommen. Die Überraschung war total.

Gerüchte über einen Rücktritt hatte es unter anderem wegen seines schlechten Gesundheitszustandes natürlich schon lange gegeben. So lange, dass sie schon niemand mehr ernst nahm. Jetzt war ein Ernstfall eingetreten, den zu diesem Zeitpunkt niemand erwartet hatte.

Denn mit viel größerer Spannung warteten alle darauf, ob sich die Befürchtungen wegen des Computer-Syndroms 2000 erfüllen würden. Was, so fragte sich so mancher, wird aus den russischen Atomraketen, sollten die Rechner verrücktspielen, weil sie mit der neuen Jahreszahl nicht zurechtkamen? Würden die Raketen brav in ihren Silos bleiben? Der Chef der strategischen Raketentruppen, General Sergej Martynow, hatte schon Wochen vor dem

Jahresende auf einer Pressekonferenz beschwichtigende Worte gefunden. Es drohe keine Gefahr, sagte er, und wer das nicht glaube, könne ja die Silvesternacht mit ihm im Bunker des zentralen Befehlsstandes verbringen. Kaum hatte ich das vernommen, war auch schon ein Fax an den General unterwegs. Ich dankte für die freundliche Einladung, ich würde sie gerne annehmen, schrieb ich ihm. Es geschah ein kleines Wunder. In einem Land, wo schriftliche Anfragen der Bürger an Behörden praktisch nie schriftlich beantwortet werden, sondern im besten Fall mit einem anonymen Telefongespräch reagiert wird, bekam ich einen Brief des Oberkommandierenden der Raketentruppen. Er freue sich über den Humor des Korrespondenten. Natürlich sei das mit dem Kommandostab nicht ganz so gemeint gewesen, ich würde aber eine Telefonnummer des Diensthabenden bekommen, bei dem ich mich in der Silvesternacht nach dem Zustand der Raketen erkundigen könne.

Ich bekam die Nummer tatsächlich, und tatsächlich meldete sich kurz nach 24.00 Uhr ein Oberst Wassili Iljuschko, stellvertretender Chef einer Sondergruppe, die sich mit dem 2000-Problem beschäftigt. »Alles normal, wir haben keine Probleme«, versicherte er. »Alle Raketen sind in ihren Silos.« Iljuschko schrieb das der »sehr umfangreichen Vorbereitung« auf den Jahrtausendwechsel zu. Einzelheiten will er jedoch nicht nennen: »Das ist viel zu kompliziert und würde viel zu lange dauern«, behauptete er.

Dreizehn Stunden zuvor hatte der berühmte »Atomkoffer«, mit dem die russischen Raketen im Ernstfall gestartet werden können, den Besitzer gewechselt. Jelzin übergab den Samsonite-Koffer im Kreml an Putin. Ob das Einfluss auf den Dienst der Raketenstreitkräfte habe, fragte ich Iljuschko. »Natürlich nicht«, sagte der Oberst im Brustton der Überzeugung.

Das alles ging am nächsten Tag völlig unter, die Welt hatte eine ganz andere Sensation zu verkraften. Die TV-Ansprache von Boris Jelzin mit seinem zittrigen »Ich gehe, ich gehe« wurde permanent wiederholt. Die Blicke richteten sich auf den amtierenden Präsidenten. »Who is Mister Putin?« sollte von nun an für Jahre eine der am meisten gestellten Fragen bleiben, wenn es um Russland ging.

Der Weg ins Präsidentenamt

Für die meisten Russen, aber auch für das Ausland war Putin nach der Ernennung zum amtierenden Staatschef noch immer das, was man in der Landessprache ein »tjomnaja loschad« ein »dunkles Pferd« nennt. Niemand wusste zu dem Zeitpunkt, welche Richtung der »eiserne Putin« einschlagen würde.

Putin wurde am 7. Oktober 1952 im damaligen Leningrad geboren. Schon als Jugendlicher zog es ihn zu den geheimnisumwitterten Spionen des KGB, des Komitees für Staatssicherheit. Doch dort wurde seine Bewerbung zunächst abgewiesen. Er studiert Jura und darf dann doch seiner Passion frönen: Er wird Spion. Von 1975 bis 1990 dient er in der ersten Hauptverwaltung des KGB, die für die Auslandsspionage zuständig ist.

1985 schicken ihn seine Chefs nach Dresden, wo er fünf Jahre lang die dortige Bezirksverwaltung der Staatssicherheit überwacht. Sein Spitzname aus dieser Zeit: »Stasi«. Er entwickelt eine Vorliebe für Radeberger Bier, seine jüngere Tochter Jekaterina (Katja) wird 1986 in Dresden geboren.

»Wir saßen damals in der Angelika-Straße 4, nur 100 Meter von der MfS-Bezirksverwaltung entfernt«, erinnert sich der Ex-KGB-Oberst Viktor Adianow, der mehrere Jahre mit Putin zusammen in Dresden war. »Ich habe mit Putin in der Radeberger Straße im gleichen Aufgang in der zweiten Etage gewohnt«, erzählt er redselig.

Adianow lief mir kurz nach der Präsidentenwahl 2000 in Moskau ganz zufällig über den Weg. Ich kannte ihn aus den achtziger Jahren als liebenswürdigen, freundlichen Mitarbeiter der Presseabteilung des sowjetischen Außenministeriums. Inzwischen aus dem Dienst ausgeschieden, outete er sich wie selbstverständlich. Wenn ich etwas über Putin wissen wolle, könne er mir einiges erzählen, »wir haben doch in Dresden zusammen gedient«, sagte er zu meiner Verblüffung ganz beiläufig, als müsste ich das wissen.

Natürlich vermutete man besonders zu sowjetischer Zeit immer, dass Mitarbeiter des Außenministeriums »auf beiden Schultern tragen«, wie die Russen einen verdeckten Mitarbeiter beim KGB umschreiben. Durch die Begegnung mit Adianow erhielt ich erstmals eine direkte Bestätigung dafür. Inwieweit dieses Treffen, aus welchen Gründen auch immer, arrangiert worden ist, um bestimmte Informationen oder Desinformationen zu streuen, ist auch im Nachhinein schwer zu sagen. Tatsache ist, dass der einstige Putin-Kollege Spektakuläres nicht zu bieten hatte. Das kann aber auch an der Art der Tätigkeit in Dresden gelegen haben. Die Kontaktstellen, von denen es in den 15 DDR-Bezirken jeweils eine gab, hatten in erster Linie die Beziehungen zu pflegen und nur nebenbei auch ein wenig zu spionieren.

Laut Vertrag, so Adianow, habe man dabei nicht in der DDR aktiv werden dürfen. Getan hat man es trotzdem. So verfolgten die KGB-Schnüffler sehr genau, was sich im einzigen privaten wissenschaftlichen Institut der DDR von Manfred von Ardenne im Dresdener Stadtteil Weißer Hirsch tat. Ardenne und etliche seiner Mitarbeiter waren nach Kriegsende in die Sowjetunion gebracht worden. In der freundlichen Umgebung der georgischen Schwarzmeer-Stadt Suchumi waren sie am sowjetischen Atom-Projekt beteiligt. Nach seiner Rückkehr in die DDR nutzte Ardenne seine Sonderstellung, um das noch heute existierende Institut zu gründen. Da habe man schon wissen wollen, was dort vor sich ging, erzählt Adianow, »zumal ja das Uranbergwerk der Wismut AG ganz in der Nähe war«.

»Der Leiter unserer Organisation in Dresden«, so plauderte Adianow weiter über seinen Dienst, »hat sich gewöhnlich mit dem damaligen Chef der Stasi-Bezirksverwaltung, Generalmajor Böhm, getroffen.« Er selbst sei als Oberstleutnant der zweite Mann gewesen, Putin war da noch Major. Die Abteilung habe aus sechs Mann bestanden. »Die waren eigentlich nicht unbedingt Profi-Aufklärer. Für diese Posten in den Bezirken wurden auch KGB-Mitarbeiter aus den russischen Provinzen abkommandiert. Ich war damals der Einzige, der aus der Zentrale in Moskau kam. Die anderen wurden zwar auch ausgebildet, aber nicht ausreichend, oft fehlten die entsprechenden Sprachkenntnisse, das war auch bei uns der Fall. Außer mir sprach nur Putin gut deutsch.«

Wie musste man sich die Tätigkeit der Sowjetspione in Dresden nun vorstellen? Völlig unspektakulär, meinte Adianow: »Also — wir bekommen einen Brief aus Moskau. Wir sollen ein bestimmtes Thema beleuchten. Dabei ging es nicht um DDR-Probleme, sondern immer um den Westen, um die Nato. Also gehen wir zum MfS und fragen: Könnt ihr uns helfen, habt ihr was? Die haben uns dann gegeben, was sie hatten.« Besonders gut lief das, wenn die Beziehungen freundschaftlicher Art waren. Deshalb wurden sie sorgfältig gepflegt. »Wir haben zusammen geangelt, zusammen gefeiert, haben uns gegenseitig beschenkt. Zum Beispiel mit Wodka, oder wir haben irgendwelche Elektrogeräte und Fernseher aus Moskau mitgebracht. Der Fernseher Junost war damals sehr beliebt.«

Ansonsten habe man sich für politische Geheimnisse der Nato interessiert, »das Militärische war nicht unsere Sache«. Das ging nicht ohne die Hilfe der »Freunde« ab. Die empfahlen »Reisekader«, Wissenschaftler oder Außenhändler, die aus beruflichen Gründen in den Westen reisen durften. Sie wurden von Putin und seinen Kollegen rekrutiert, um vor allem Kurierdienste zu übernehmen oder interessante Leute »im Operationsgebiet abzuschöpfen«. Aber die Stasi habe alles gewusst, sagte der Ex-Oberst.

Und Putins Qualitäten als »Raswedtschik«, als Spion? »Putin hat einmal gesagt: ›Ich habe alles sorgfältig erledigt, wozu ich beauftragt wurde.‹ Das hat er auch in Dresden getan, mit Gewissenhaftigkeit, Intelligenz und Initiative. Er hat seinen Job professionell gemacht.« Nur ein Superspion, wie zeitweilig behauptet wurde, das sei Putin nie gewesen, versicherte der ins Lager der Geschäftsleute gewechselte Geheimdienstmann Adianow.

Biografen des Wladimir Putin, vor allem, wenn sie aus Deutschland stammen, verweisen gerne auf die Jahre, die er in der DDR zugebracht hat. Damit, so wird geschlussfolgert, habe er ein besonders enges Verhältnis »zu Deutschland« entwickelt. Tatsächlich spricht Putin sehr gut deutsch. Er hat sicher auch ein gewisses Verständnis für die DDR-Deutschen und ihre spezifischen Probleme entwickelt. Von der Bundesrepublik Deutschland dagegen dürfte er in jenen Jahren außer der gängigen Sowjetpropaganda, die den Westen Deutschlands dem »aggressiven, angriffslüsternen Nato-Block« zuordnete, kaum etwas mitbekommen haben.

Denn Dresden befand sich in einer auch für DDR-Verhältnisse ganz speziellen Lage. In dem Talkessel an der Elbe, in dem die Stadt liegt, waren die westlichen Fernsehsender auch mit allen technischen Tricks nicht zu empfangen. Dresden, der Einsatzort Putins, hieß deshalb im DDR-Volksmund »das Tal der Ahnungslosen«.

Wieder nach Leningrad zurückgekehrt, wird Putin, der inzwischen zur »aktiven Kaderreserve des KGB« gehört, schon bald die rechte Hand von Reform-Bürgermeister Anatoli Sobtschak. Später wird er zu dessen Stellvertreter gewählt. 1996, als Sobtschak seine Wiederwahl in St. Petersburg verfehlt, wird Boris

Beresowski, damals Finanzmagnat und graue Eminenz des Kremls, auf Putin aufmerksam. Der weigerte sich nämlich, zum Wahlsieger Jakowlew überzulaufen. So viel Ehrgefühl beeindruckt, der Kreml ruft.

In Moskau macht der schmale, blasse Mann, der in der Freizeit gerne asiatische Kampfsportarten betreibt, eine schwindelerregende Karriere: Zunächst wird er Stellvertreter des einflussreichen Kreml-Liegenschaftsverwalters Borodin, dann steigt er zum Chef des Inlandsgeheimdienstes FSB auf und wird im August 1999 schließlich Premierminister. Wieder hat Boris Beresowski seine Hände im Spiel.

Am 9. August feuerte Jelzin seinen Premierminister Primakow. Der war ein politisches Bündnis mit Moskaus ehrgeizigem Bürgermeister Juri Luschkow eingegangen, beide strebten mit ihrem Wahlbündnis »Vaterland – ganz Russland« nach dem Sieg im Parlamentswahlkampf im Dezember. Im März sollte der Triumph bei der Präsidentenwahl folgen. Das hätte das Ende für die »Familie« um Jelzin bedeutet, die es sich im Kreml mit seinen Möglichkeiten an Pfründen gemütlich gemacht hatte.

Um dem Tandem Luschkow-Primakow den Zugriff auf die administrativen Ressourcen der Regierung zu nehmen, musste der ehemalige Spion der Auslandsaufklärung Primakow gehen. Zur Überraschung aller wurde ein bis dahin äußerst blasser Mann sein Nachfolger im Amt: Wladimir Putin.

»Jetzt ist der Junge zerstört«, schrieben russische Medien nach der Ernennung in der festen Überzeugung, dieses Amt sei deutlich mehrere Nummern zu groß für den jungen Mann aus St. Petersburg. Er sei einfach nicht wählbar, hieß es auch in der Staatsduma. Ein hochrangiger Politiker, so der Politologe Stanislaw Belkowski, habe auf einer geschlossenen Sitzung in der Duma, bei der er anwesend war, gesagt, Putin sei sicher der bestmögliche Präsident, den man sich vorstellen könne. »Aber wir sind hier doch keine Idioten, wir verstehen, dass das Volk ihn niemals wählen wird.«[64] Fünf Monate später trat der so Geschmähte die Jelzin-Nachfolge an. Denn die Entwicklung verlief völlig anders als erwartet. In Moskau und Wolgodonsk explodierten im September Wohnhäuser, über 300 Menschen starben im Schlaf. Ein zweiter Krieg gegen Tschetschenien begann, den der inzwischen getötete Rebellenkommandeur Schamil Bassajew mit einem Überfall auf die russische Teilrepublik Dagestan provoziert hatte. Wie mir damals tschetschenische Quellen versicherten, habe Bassajew dafür von russischer Seite 20 Millionen Dollar erhalten. Aslan Maschadow, der tschetschenische Präsident, der damals noch lebte, soll Bassajew deshalb heftig zusammengestaucht haben. Aber es war schon zu spät, der zweite Krieg hatte begonnen.

Für den Politologen Stanislaw Belkowski war das alles ein geplantes Szenarium. Allerdings zunächst nicht, um Putins Popularität anzuheben. Die lag im Sommer 1999 bei drei Prozent. Niemand glaubte, dass sich das spürbar ändern könnte. »Der Krieg, die Sprengungen der Häuser sollten vielmehr der Anlass für die Einführung des Ausnahmezustandes und die Verschiebung der Wahlen sein.« Als sich dann aber herausstellte, dass Putins Popularität plötzlich rasant stieg, wurde die Idee mit der Verschiebung der Wahl fallengelassen.[65]

Beresowski soll es auch jetzt gewesen sein, der die Fäden für einen der genialsten Coups in der russischen Politik zog: Der alterssenile, unberechenbare Präsident Boris Jelzin wurde von seiner Umgebung zum Rücktritt zu einem Zeitpunkt gedrängt, da Putin noch mit 52 Prozent in der Publikumsgunst vorne lag. Der stets loyale, ehrliche und aufrichtige Mann, so suggerierte die Propagandamaschine des Kreml, empfing die Macht – zunächst interimistisch – aus den Händen seines Vorgängers. Damit war er praktisch »gesegnet« und wählbar.

Seine Aufgabe: Nichts sollte sich ändern an den Besitz- und Machtverhältnissen des inneren Zirkels im Kreml. Der Neue verstand, was man von ihm erwartete. Mit seinem ersten Ukas, den er sofort nach seiner Ernennung unterschrieb, sicherte er Boris Jelzin und seinen Familienangehörigen Straffreiheit für alles zu, was man ihnen je vorwerfen würde. Ein beispielloser Vorgang, der vom russischen Wahlvolk jedoch gelassen hingenommen wurde.

In der Öffentlichkeit galt Putin wegen seines harten Durchgreifens als entschlossener, entscheidungsfreudiger junger Mann, der nicht trinkt und gepflegte Sätze formulieren kann. Das von den Jahren der Jelzin-Herrschaft enttäuschte Volk sah in ihm den neuen Heilsbringer.

Was er tatsächlich plante, blieb zunächst im Dunkeln. Erst ein Ausspruch, der viel später an die Öffentlichkeit drang, warf ein interessantes Licht auf Putins Pläne. Bereits seit über fünf Monaten Premierminister, trat er am 20. Dezember 1999 auf einem

Bankett zum Feiertag der Tschekisten, der Geheimdienstler, auf. »Russland kann sich von den Knien erheben und zuschlagen, wie es sich gehört«, erklärte er den erfreuten Berufsspionen und fuhr dann zur allgemeinen Erheiterung fort: »Ich möchte berichten, dass die Gruppe von FSB-Mitarbeitern, die zur verdeckten Arbeit in der Regierung abkommandiert wurde, in der ersten Etappe ihre Aufgabe erfüllt hat.«[66]

Die Vertikale der Macht

Nach zwei Amtszeiten war auch die zweite Etappe weitgehend abgeschlossen. Der russische Staat wurde, ohne an die Verfassung zu rühren, völlig umgemodelt. Dabei hat der Erdölpreis eine so große Rolle gespielt, wie wohl selten in der Geschichte eines Staates. Noch 1998, Boris Jelzin war Präsident und Wladimir Putin weitgehend unbekannt, aber schon Geheimdienstchef, gab es eine Ölschwemme. Die Preise fielen in den Keller, man sprach von einem dramatischen Öljahr. Das OPEC-Kartell war zerstritten. Verstärkt durch die Asienkrise bauten sich übergroße Lagerbestände an Rohöl und Mineralölprodukten auf. Ende 1998 waren die Ölpreise dann auf dem tiefsten Stand seit 20 Jahren. Das Fass Rohöl wurde für 10 Dollar regelrecht verschleudert. Als Putin am Silvestertag 1999 das Präsidentenamt übernahm, wurde das Barrel Erdöl mit rund 18 Dollar gehandelt. Dann geschah das, was man fast schon einen schicksalhaften Glücksfall nennen muss: Ein sagenhafter Preisanstieg setzte ein, der erst bei 100 Dollar (2008) ein vorläufiges Ende fand. Putin muss sich wie Hans im Glück vorgekommen sein. Innerhalb weniger Jahre wurde Russland wieder zu einer aufstrebenden Wirtschaftsmacht, aber auch zu einem Staat »ohne Gewaltenteilung, ohne Wahlen, mit Attrappen statt gesellschaftlicher Organisationen, ohne Gerichte«.[67]

Putin hatte der Gesellschaft die »Machtvertikale« verordnet, mit der die Legislative weitgehend entmachtet und die Entscheidungsgewalt in den Kreml verlegt wurde. Die Gouverneure der 88 Regionen wurden im Frühjahr 2000 einem neuen Kontrollorgan des Kremls unterstellt und verloren so einen Teil ihrer teilweise übergroßen Macht. Sieben Bevollmächtigte des Präsidenten, im Volksmund in Erinnerung an die Zarenzeit auch »Generalgouverneure« genannt, überwachen sieben aus mehreren »Subjekten

der Föderation« bestehende Territorien, die sich an den Militär-
bezirken orientieren. Die Institution des Präsidentenvertreters ist
in der Verfassung nicht vorgesehen, sie wurde per Ukas des Präsidenten eingeführt.

Die Gouverneure, die laut Verfassung eigentlich gewählt werden müssen, werden seit 2002 vom Kreml ernannt und dann von
den Regionalparlamenten bestätigt. Bei einem Nein droht die
Auflösung der Parlamente.

Die Gouverneure, die sich loyal zum Kreml verhalten, dürfen
statt der früher üblichen zwei Amtszeiten nun drei oder sogar
vier Amtszeiten herrschen. Voraussetzung ist die Einhaltung eines
Rituals: Die Gouverneure wallfahrten nach Moskau oder zu
einer der Residenzen des Präsidenten, nach Sotschi oder Sawi-
dowo beispielsweise, und bieten ihren Rücktritt an. Meist ist das
Ergebnis vorher klar, die Bittsteller erhalten das Vertrauen des
Präsidenten und dürfen ihre Region weiterregieren. Der ganze
Vorgang erinnert an die Überreichung des »Jarlyk« (Mandat) am
Hofe des Tataren-Khans.

Aus dem Föderationsrat, der zweiten Kammer des russischen
Parlaments, wurden die einst einflussreichen Gouverneure entfernt. Stattdessen sitzen dort jetzt nur noch subalterne Figuren,
die von den Chefs der regionalen Exekutive und Legislative entsandt sind und deren Weisungen auszuführen haben. Der Föderationsrat hat die Aufgabe, Gesetze der Duma, dem Unterhaus
des Parlaments, zu bestätigen. Er hat mithin ein Vetorecht und
könnte Gesetze scheitern lassen. Das geschieht in der Regel nicht.
Denn in beiden Kammern des Parlaments sitzen ebenfalls Vertreter des Präsidenten. Sie gelten offiziell als Verbindungsleute
zwischen Parlament und Kreml, tatsächlich aber überwachen sie
die Tätigkeit der Parlamentskammern und sorgen dafür, dass die
Abstimmungen in den gewünschten Bahnen verlaufen.

In der 450-sitzigen Duma hat die Kreml-Partei Geeintes Russland, auch Partei der Macht genannt, die absolute Mehrheit.
Die Kremladministration dirigiert sie direkt. Sie schreibt vor,
worüber wie abzustimmen ist. Sie bestimmt, wer bei den Parlamentswahlen einen Listenplatz erhält. Wagt es ein Abgeordneter,
was sehr selten vorkommt, dagegen aufzubegehren, fliegt er aus
der Fraktion.

So geschehen mit dem Abgeordneten Anatoli Jermolin. Er hatte sich unter anderem bei der Generalstaatsanwaltschaft darüber

beschwert, dass ein leitender Mitarbeiter der Administration des Präsidenten eine Abgeordnetengruppe der »Einheitsrussen« regelrecht »zusammengefaltet« und mit Mutterflüchen belegt hatte. Sie sollten gefälligst abstimmen, wie man es ihnen sage. Sie seien überhaupt keine vom Volk gewählten Abgeordneten, sondern nur dank des Kremls im Parlament, also solle sich keiner erkühnen, nach eigenem Gutdünken abzustimmen. Jermolin, der sich dagegen auflehnte, war tags darauf nicht mehr Mitglied der Fraktion Geeintes Russland.[68]

In Russland hat sich unter der Regentschaft von Wladimir Putin ein ganz spezifisches politisches System herausgebildet. Nominell hat das Land mit der sowjetischen Vergangenheit gebrochen, doch sei die Gesellschaft unfähig, in Übereinstimmung mit demokratischen Werten zu leben, meint der Publizist Dmitri Furmanow. Sie schaffe erneut ein System »unangefochtener Macht«, das zunehmend dem Sowjetsystem ähnelt, allerdings ohne dessen ideologische Grundlage zu haben. Dieses post-sowjetische russische System basiere »auf einem tiefgehenden Widerspruch zwischen den formellen und den informellen sozialen Regelungen – ein Widerspruch, den die Gesellschaft vor der Welt und vor sich selbst verbergen muss«.[69]

In diesem als »Demokratie getarnten System« wird der Anschein demokratischer Wahlen erweckt, obwohl deren Ergebnis meist vorher bekannt ist. Die Gerichte geben sich unabhängig und erfüllen dennoch treu die Wünsche der Macht. Presse- und Meinungsfreiheit schließlich existiert nur in dem Maße, wie sie der politischen Führung genehm sind. Hinter einem demokratischen Vorhang wirken die informellen Beziehungen eines autoritären Staates. Die Münchner Politikwissenschaftlerin Professor Margarete Mommsen kommt denn auch zu dem Schluss, »dass die Vertikale der Macht den demokratischen und rechtsstaatlichen Verfassungsauftrag vollkommen auf den Kopf gestellt hat«.[70]

Den russischen Normalverbraucher, sieht man von einer Handvoll demokratischer Aktivisten ab, interessiert das herzlich wenig. Politik ist ohnehin nur etwas für »die da oben«, die sowieso machen, was sie wollen. Nach den Umbrüchen der vergangenen zwei Jahrzehnte existiert ein tiefes – und sehr verständliches – Bedürfnis nach Ruhe und Stabilität. Demonstrationen, politische Aktivitäten liegen Iwan Iwanowitsch fern, er genießt den gegenwärtigen Zustand eines wenn auch kleinen, so doch merkbaren Wohlstandes.

Das Leben, verglichen mit der Sowjetzeit oder den schwierigen Neunzigerjahren, ist zumindest in den großen Städten bunter und angenehmer geworden.

Im fatalistischen Bewusstsein, nur Spielball der unbeeinflussbaren »Macht« zu sein, interessieren ihn parlamentarische Gepflogenheiten kaum. Solange es ruhig bleibt im Lande, solange er eine gewisse Teilhabe am Wohlstand spürt, lassen ihn Demokratiedefizite weitgehend kalt. Und wer sie dennoch als schmerzhaft empfindet, hat sich nach den Aufregungen der vergangenen Jahre resigniert auf seine Datscha zurückgezogen. Das »Putin-Prinzip« hat aus Mangel an wirkungsvoller Opposition die Chance auf eine lange Lebensdauer, unabhängig davon, ob sein Namensgeber noch an den Hebeln der Macht sitzt oder nicht. Wenn es nicht an seinen eigenen inneren Widersprüchen scheitert, von denen die Korruption – die dafür ausgegebenen Gelder entsprachen 2006 dem Umfang des Staatsbudgets – und die Nichterfüllung von Anweisungen der Zentrale die gravierendsten sind.

Der Geheimdienst-Staat

Diesen Vorgang sollte man sich im deutschen Bundestag vorstellen: Ein Abgeordneter wird zum Oberst des Geheimdienstes befördert und dies wird in der russischen Staatsduma feierlich verkündet. So geschehen im Dezember 2000, als Nikolai Charitonow, der damalige Vorsitzende der Agrar-Partei gewürdigt wurde.

Charitonow ist bei weitem kein Einzelfall. Russland ist weltweit der einzige Staat, der von einem Geheimdienst übernommen wurde und verwaltet wird. Wladimir Putin, der Herr im Kreml, einst als Oberstleutnant aus dem KGB ausgeschieden, stellt nur die Spitze des Eisberges dar. Der den Augen verborgene Teil hat gigantische Ausmaße angenommen. 78 Prozent der führenden politischen Elite waren – oder sind – mit dem KGB oder seinen Nachfolgeorganisationen verbunden.

Olga Kryschtanowskaja, Russlands führende Elitenforscherin und Leiterin des damit befassten Zentrums, hat die Biografien von über 1000 hochrangigen Politikern analysiert. Sie ging die offiziellen Lebensläufe der Abteilungsleiter in der Präsidentenadministration, der Kabinettsmitglieder, der Abgeordneten in beiden Kammern des Parlaments, der Chefs der föderalen Strukturen sowie der Oberhäupter der Legislative und Exekutive in den Regionen durch und kam zu einem Ergebnis, das im internationalen Vergleich einmalig ist.

In 26 Prozent der Biografien gaben die Betroffenen selbst an, aus den Reihen der Geheimdienste zu stammen. Kryschtanowskaja gab sich indes mit den offiziellen Auskünften nicht zufrieden und grub tiefer. Aus unerklärlichen Lücken im Lebenslauf, sonderbaren Karrieresprüngen oder einer Tätigkeit bei Institutionen, die dem KGB immer nahegestanden haben, schloss sie auf Geheimdienstverbindungen. Sie kam zu der Schlussfolgerung, dass nicht nur 26 Prozent der politischen Führungskräfte, sondern tatsächlich 78 Prozent mit den Geheimdiensten verbunden waren oder sind.

Anrüchig ist das allerdings in Russland schon lange nicht mehr. Beim »Schild und Schwert der Partei« gedient zu haben gilt heute wieder als höchst ehrenwert und wird von der Mehrheit als Hinweis auf Loyalität, Zuverlässigkeit und ausgezeichnete Ausbildung verstanden.

Doch Loyalität und Vertrauen sind nicht die einzigen Gründe, warum sich der Kremlchef mit so vielen ehemaligen Geheimdienstleuten umgibt, meint der Ex-KGB-Oberst und ehemalige Putin-Kollege in Dresden, Viktor Adianow. Vielmehr »denken sie wie er, sie verstehen ihn und er sie«.

Zu Beginn der neunziger Jahre, als sich die russische Gesellschaft anschickte, eine demokratische Entwicklung zu nehmen, hatten sich Bürgerrechtsorganisationen darum bemüht, die Vergangenheit des KGB zu durchleuchten. Präsident Jelzin wies nach dem Putsch von 1991, der von der KGB-Führung inszeniert worden war, die Zerlegung des Apparates in mehrere Teile an. Im noch sowjetischen Außenministerium begann das große Zittern, hatte doch das russische Außenministerium mit dem jungen, kaum bekannten Diplomaten Kosyrew an der Spitze die Gestaltung der Außenbeziehungen übernommen. Was wird aus uns, fragten sich die Sowjet-Diplomaten, die sich vielfach unter dem Dach des Ministeriums mit ganz anderen Dingen beschäftigt hatten.

Dass die Dinge langsam wieder ins altbekannte Lot kamen, machte mir eine Episode Ende 1992 deutlich. Ich wollte mit einem jungen Diplomaten im Café des Pressezentrums des Außenministeriums Visa-Angelegenheiten besprechen und hoffte, auch ein paar Neuigkeiten aus dem Apparat zu erfahren. Ich steuerte auf einen der Tische an der Wand zu, der Diplomat, den ich ganz gut kannte, hielt mich zurück: »Nicht dort, sie haben die Mikrophone wieder eingeschaltet.«

Damals bemühte sich ein Wladimir Schirinowski, der Vorsitzende der alles andere als liberalen Liberal-demokratischen Partei Russlands, eine vermutete KGB-Vergangenheit zu leugnen. Auch die Gründung seiner Partei, so der Verdacht, war eine Idee, die an der Lubjanka, dem Sitz des KGB, ausgebrütet worden war. Schirinowski wehrte sich damals auf einer Pressekonferenz, indem er ein Papier hochhielt und versicherte, dies sei eine Bestätigung des KGB, dass er, Schirinowski, nie KGB-Mitglied gewesen sei. Schallendes Gelächter bei den anwesenden Journalisten.

Schirinowskis Biografie legt etwas anderes nahe: Er studierte Linguistik, unter anderem Türkisch, und war zeitweise in einer sowjetischen Auslandsvertretung eingesetzt. In der Sowjetunion galt diese Kombination ebenso als sicheres Indiz für einen Geheimdiensthintergrund wie eine Ausbildung an der Diplomatenschmiede MGIMO oder ein Studium am Fremdspracheninstitut »Maurice Thorez«, verbunden mit Funktionen im Außenhandel.

Es ist für Russland eine Selbstverständlichkeit, dass Spione unter dem Dach von Moskaus diplomatischen Vertretungen ihr Unwesen treiben. »Das ist doch überall auf der Welt so, bei Ihnen auch«, freute sich der Chef des Veteranenvereins für Spione und Diplomaten »Ehre und Würde«, Valentin Welitschko. Sein Veteranenverein war zeitweilig in Verdacht geraten, mit der Vergiftung des russischen Ex-KGB-Mitarbeiters und Putin-Kritikers Alexander Litwinenko mit Polonium-210 zu tun gehabt zu haben. Ein Verdacht, der zwar nicht ausgeräumt, aber auch nicht bestätigt wurde.

Als ich Welitschko im Zusammenhang mit dem Fall aufsuchte, fragte er fröhlich und unverblümt: »Und Sie, sind Sie auch Spion?« Eine Antwort wollte er gar nicht haben. Kaum ein Russe, und schon gar nicht ein Berufsgeheimdienstler, zweifelt daran, dass Auslandskorrespondenten nur zum Spionieren in ihrem Lande unterwegs sind.

Viele Geheimdienstmitarbeiter haben inzwischen ihre Profession gewechselt. »Wenn zu sowjetischer Zeit und zu Beginn der post-sowjetischen Periode der KGB und später der FSB sich vorwiegend mit Sicherheitsfragen beschäftigten, so ist damit nur noch die Hälfte des Apparates befasst«, weiß die Forscherin Kryschtanowskaja. »Die andere Hälfte ging ins Geschäftsleben, in politische Parteien, nichtstaatliche Organisationen, Regionalregierungen und sogar in die Kultur«, beschreibt sie die Neuordnung des Staates unter Wladimir Putin.

Vor allem in der Geschäftswelt tummeln sich die »Ehemaligen«, die es nach landläufiger Meinung eigentlich nicht gibt. »Einmal Spion, immer Spion«, heißt ein geflügeltes Wort in Russland. »Welches Geschäft du auch anschiebst, immer stößt du auf einen Geheimdienstler«, klagte ein iranischer Freund, der sich früher im Wodka-Geschäft versucht hatte und heute im Verlagswesen in Russland unterwegs ist.

Damit einher geht eine permanente Ausweitung der Vollmachten für den Dienst. Kaum ein Vorgang im Staate, sei er wissenschaftlicher, politischer oder wirtschaftlicher Natur, bei dem es ohne die Zustimmung des Inlandsgeheimdienstes FSB abgeht. Informationen zufolge soll der FSB sogar die Kontrolle über das computerisierte Wahlsystem übernommen haben. Für die Auslandsaktivitäten löste die Duma inzwischen auftragsgemäß alle Fesseln, als sie den russischen geheimen Diensten, darunter dem FSB, erlaubte, des Terrorismus Verdächtige im Ausland aufzuspüren und notfalls auch zu liquidieren.

Andrej Soldatow, Herausgeber der Internet-Ausgabe Angentura.ru, kommt denn auch zu der Schlussfolgerung, dass der FSB heute mächtiger ist, als es der KGB je war. Die Russen spüren das, es wird wieder geflüstert. Die Floskel »das ist kein Gespräch fürs Telefon« ist wieder gebräuchlich. Und auch eine Redewendung, die noch aus Breschnews Zeiten stammt, ist wieder aktuell: »Nur weil du unter Paranoia leidest, heißt das noch lange nicht, dass du nicht verfolgt wirst.«

Die Zähmung der Oligarchen

Das Wort »Oligarch« für die mächtigsten russischen Wirtschaftsmagnaten – abgeleitet von Oligarchie, was so viel wie unumschränkte Herrschaft einer kleinen Gruppe bedeutet – wurde von einem geprägt, der dazugehörte: Boris Beresowski, einst russischer Finanzmogul und »graue Eminenz« im Kreml. Jetzt sitzt

Beresowski in London, unterhält ein Office in der renommierten Savile Row. Er unterstützt alles, was sich in Russland Opposition nennt, wobei sowohl Beresowski als auch der von ihm bekämpfte Kreml die Einflussmöglichkeiten des einstigen Oligarchen deutlich überschätzen.

Beresowski benutzte den Begriff zu Beginn der neunziger Jahre, als das Staatseigentum praktisch über Nacht weitgehend in private Hände überging. Er stellte damals eine Liste der sieben Männer auf, die seiner Meinung nach zu jener Zeit über die Hälfte der russischen Wirtschaft kontrollierten. Neben ihm selbst gehörten dazu: Alexander Smolenski (SBS-Agro-Bank), Wladimir Potanin (Onexim-Bank), Michail Chordorkowski (Menatep-Bank), Wladimir Gussinski (Most-Bank) sowie Pjotr Awen und Michail Friedman (beide Alpha-Gruppe).

Später stießen dann auch der Aluminium-König Oleg Deripaska, Viktor Wekselberg und Roman Abramowitsch zu dem erlauchten Kreis. Ebenso Russlands-Ex-Privatisierungsminister Anatoli Tschubais, seit er 1998 im Staatsauftrag die Leitung des weltgrößten Energieerzeugers Vereinigtes Energiesystem »Rossija« übertragen bekam.

Geschlossen traten die Oligarchen erstmals und auch zum letzten Mal 1996 an die Öffentlichkeit, als sie gemeinsam den Präsidentschaftswahlkampf von Boris Jelzin finanzierten, dessen Kosten angeblich bei 100 Millionen Dollar gelegen haben sollen.

Es war der 17. März 1996. An jenem Tag wurde Boris Beresowski früh um sechs Uhr durch einen Anruf von Valentin Jumaschew, Schwiegersohn und Ghostwriter von Präsident Jelzin, aus dem Bett geworfen. »Es ist alles aus«, keuchte Jumaschew panisch. »Boris Nikolajewitsch hat gerade dem Vorschlag zugestimmt, die Wahlen auszusetzen.«[71]

Nachdem der Präsident sich bis tief in die Nacht mit Alexander Korschakow, dem Chef seiner Leibgarde, und seinen Leuten in der Kremladministration beraten hatte, unterschrieb er drei Dekrete: Er wollte die Duma auflösen, die Kommunistische Partei verbieten und die Präsidentschaftswahlen um zwei Jahre verschieben. Beresowski, Jumaschew und andere Politiker und Konzernchefs waren entsetzt. Das war nichts anderes als ein Putsch, er könnte das Ende der bisherigen Entwicklung in Russland und damit auch ihrer politischen, wirtschaftlichen und möglicherweise sogar physischen Existenz bedeuten.

Jelzin musste dazu bewogen werden, seinen Plan zu revidieren. Anatoli Tschubais, Jelzins Wahlkampfleiter, wurde vorgeschickt. Er stimmte den Präsidenten mit dem Versprechen um, ihm den Wahlsieg im Sommer zu sichern.[72]

Voraussetzung dafür war eine Einigung der beiden verfeindeten Oligarchen Beresowski und Gussinski. Die fand am Rande des Wirtschaftsforums in Davos statt. Beide schlossen einen Burgfrieden, dem sich auch die anderen potenten russischen Wirtschaftskapitäne anschlossen.

Die Rückendeckung durch die Oligarchen und auch ausländisches Geld bescherten Jelzin 1996 eine zweite Amtszeit. Aber auch der alternde Politiker schonte sich im Wahlkampf nicht, er erlitt nach dem ersten, knapp gewonnenen Wahlgang einen Herzinfarkt und musste sich nach seinem Sieg im zweiten Wahlgang einer Herzoperation unterziehen. Bis heute hält sich in Moskau hartnäckig die Meinung, eigentlich habe der Kommunistenführer Gennadi Sjuganow gewonnen, nur habe er nicht den Mut gehabt, diesen Sieg gegenüber den Machtinhabern auch zu beanspruchen.

Wie auch immer, die Oligarchen glaubten jedenfalls nach der Wahl ihr vermeintliches Recht einfordern zu können und die Politik Russlands nun auch direkt beeinflussen zu dürfen. Beresowski wurde endgültig zur »grauen Eminenz« des Kreml. Es gab kaum eine wichtige Entscheidung, bis hin zu Personalfragen, bei denen er nicht seine Hände im Spiel hatte.

Er soll auch die Fäden gezogen und den bis dato relativ unbekannten Putin dem störrischen Boris Jelzin als Nachfolger angedient haben. Als das gelungen war und Putin im März 2000 im Kreml saß, hatte Beresowski – und mit ihm sein Ziehsohn und nunmehriger starker Partner Roman Abramowitsch – seine Machtstellung als Drahtzieher zunächst neu zementiert.

Die erste Reaktion des dankbaren Putin: Die beiden Oligarchen durften ungehindert die russische Aluminium-Industrie in ihre Gewalt bringen. Über den Erdölkonzern Sibneft, der dem damals 33-jährigen Abramowitsch gehörte und an dem auch Beresowski beteiligt war, kauften die beiden umtriebigen Moguln entscheidende Anteile an den größten Aluminium-Unternehmen Russlands auf.

Das betraf sowohl die Aluminium-Hütten in Bratsk und Krasnojarsk als auch das Bauxit-Kombinat von Atschinsk und das

Krasnojarsker Wasserkraftwerk als Energiequelle für die strom-
fressende, aber strategisch bedeutende Alu-Produktion. Damit
kontrollierten die beiden Oligarchen rund 70 Prozent der russischen Aluminiumproduktion, von der der gesamte zivile und militärische Flugzeugbau des Landes abhängt.

Doch Beresowski überschätzte seine Position. Auch wusste er
nicht, dass sein vermeintlicher Partner Abramowitsch da schon
längere Zeit engste Beziehungen zu Putin unterhielt. Beresowski
glaubte sich berechtigt, sich wie früher in die Politik einmischen
zu können. Auf seine Rolle als »Königsmacher« bauend, schließlich hatte ja sein TV-Sender ORT wesentlich zum Ausschalten
politischer Konkurrenten und zum Aufbau des Mythos Putin bei-
getragen, wollte er hinter den Kulissen auch die Politik mit beeinflussen. Damit scherte Beresowski aus der Vereinbarung aus,
die der Kremlchef den Oligarchen oktroyiert hatte: Ich lasse euch
Geschäfte machen, ihr lasst die Finger von der Politik.

Beresowski glaubte, wie später irrtümlicherweise auch Chodorkowski, das ignorieren zu können. Über das von ihm kontrollierte ORT-Fernsehen begann er, der russischen Führung ihre
Fehler vorzuhalten. Er warf Putin autoritäres Verhalten vor und
setzte sich für eine starke Opposition ein. Das missfiel dem gerade gewählten Präsidenten Putin, der da schon die Losung ausgegeben hatte, er wolle sich die Oligarchen alle gleich weit vom Lei-
be halten. Dass das so ernst nicht gemeint war, zeigte sich schon
bald. Putin ging selektiv gegen einzelne Oligarchen vor, wenn es
ihm opportun erschien, andere blieben verschont und mehrten
ihren Reichtum.

Während der stille Abramowitsch in dieser Phase ohne viel
Lärm große Teile des Beresowski-Geschäfts übernahm und im
Kreml wohlgelitten blieb, geriet Beresowski selbst ins Fadenkreuz
der Ermittler aus der Steuerbehörde. Ihm wurde unter anderem
vorgeworfen, er habe 255 Millionen Dollar von ausländischen
Aeroflot-Filialen über seine eigenen Auslandsfirmen Forus und
Andava abgezogen und gestohlen.

Nun besteht sicher kein Zweifel, dass Beresowski – wie alle
anderen in Russland über Nacht Reichgewordenen – seine »Leichen« im Keller hat. Wer im Privatisierungssumpf der neunziger
Jahre nachgräbt, wird fündig. Geheimdienste und Staatsanwaltschaft besitzen zweifellos über jeden russischen Neureichen ihre
Dossiers. Bezeichnend für das reale russische Leben ist allerdings

auch, dass diese Dossiers je nach Opportunität gezogen oder nicht gezogen werden. Beresowski, der in Ungnade gefallen war, wurde strafrechtlich verfolgt, Abramowitsch wurde unter Putins Schirmherrschaft Multimilliardär und Gouverneur der fernöstlichen Provinz Tschukotka.

Im Oktober 2001 erging ein Haftbefehl gegen Beresowski, der Vollstreckung entzog er sich durch die Flucht nach London. Er ist inzwischen im Besitz der britischen Staatsbürgerschaft, die ihn bislang vor allen Auslieferungsanträgen des russischen Staates geschützt hat. Im Januar 2002 besuchte ich ihn in seinem vergleichsweise bescheidenen Büro in der Savile Row. Gerade hatte die russische Generalstaatsanwaltschaft erneut ein Auslieferungsersuchen an die britischen Behörden gestellt und dabei auf den Aeroflot-Fall und die angeblichen Unterschlagungen verwiesen. Beresowski, danach befragt, wies das empört zurück, er habe nichts gestohlen. Mit nervöser, heiserer Stimme behauptete er, »diese Gelder wurden für die Finanzierung der Präsidentschaftswahlkampagne von Wladimir Putin ausgegeben«. Es seien übrigens nicht direkt Gelder von der Aeroflot gewesen, sondern von dem Unternehmen Forus, »das mit meiner Mithilfe extra zu diesem Zweck gegründet worden war. Ich habe für das Geld offiziell Steuern bezahlt und konnte anschließend nach eigenem Gutdünken darüber verfügen. Es wurde für den Wahlkampf ausgegeben«, bekräftigte Beresowski.

Später brachte Alex Goldfarb in seinem Litwinenko-Buch eine weitere Version ins Spiel. Demnach sollen die Geheimdienste die staatliche Fluggesellschaft Aeroflot als Finanzquelle benutzt haben. Beresowski sei dahintergekommen, als er seinen besten Manager dem neu ernannten Geschäftsführer, Ex-Marschall Jewgeni Schaposchnikow, als Hilfskraft zur Verfügung stellte. Der Manager, Nikolai Gluschkow, habe herausgefunden, dass der Auslandsspionagedienst SWR und der Spionagedienst des Generalstabs GRU ihre Auslandsspionageeinsätze und mehrere Tausend Agenten in aller Welt aus den Einnahmen der Aeroflot bezahlten. 3000 der insgesamt 14 000 Aeroflot-Mitarbeiter seien Geheimagenten gewesen, erfuhr Goldfarb von Beresowski. Die Einnahmen aus dem Ticketverkauf seien auf 352 Auslandskonten geflossen. Gluschkow stoppte sämtliche Überweisungen und gründete im Auftrage von Beresowski die Finanz- und Verwaltungszentrale Andava in der Schweiz, die nun den Finanzverkehr abwickelte. »Danach wurden sie richtig wütend«, zitiert Goldfarb den Manager Gluschkow.[73]

Gluschkow wurde 2006 in Abwesenheit wegen Betruges verurteilt. Er war nach einer ersten Verurteilung zu einer dreijährigen Haftstrafe, die mit der Untersuchungshaft als verbüßt galt, nach Großbritannien ins Exil gegangen. Beresowski wurde 2007 in Abwesenheit zu neun Jahren Lagerhaft verurteilt.

Neben Beresowski war auch dessen Konkurrent und Intimfeind, der Medienmogul und Bankier Wladimir Gussinski, ins Visier des Kreml geraten. Gussinski, damals auch Präsident des russischen jüdischen Kongresses, hatte den Fehler begangen, aufs falsche Pferd zu setzen und darüber hinaus in seinem Medienimperium Media-Most eine dem Kreml gegenüber kritische Berichterstattung zu pflegen. Zu Media-Most gehörten unter anderem der damals sehr beliebte Fernsehsender NTW, der Rundfunksender Echo Moskwy und die Wochenzeitschrift »Itogi«.

Während des Parlamentswahlkampfes 1999 unterstützte Gussinski als Einziger der Oligarchen den Ex-Premier Jewgeni Primakow und den Moskauer Bürgermeister Juri Luschkow. Gussinski verdankte seinen Aufstieg zum Oligarchen der Unterstützung des Moskauer Bürgermeisters. Luschkow und Primakow wollten mit ihrer Partei Jedinstwo (Einheit) als stärkste Fraktion in die Duma einziehen und dann den Präsidentschaftswahlkampf für Luschkow gewinnen. Beides misslang gründlich, nicht zuletzt durch eine gewaltige Schmutzkampagne des Fernsehsenders ORT, der damals noch von Beresowski kontrolliert wurde. Jedinstwo erlitt eine vernichtende Niederlage, Luschkow trat zur Präsidentschaftswahl im März 2000 gar nicht mehr an, Putin gewann mit deutlicher Mehrheit. Gussinski hatte jedoch auch nach der Niederlage im Parlamentswahlkampf nicht die Seiten gewechselt, Putin seine finanzielle Unterstützung versagt, während Media-Most seine kritische Betrachtung der Putin-Regentschaft fortsetzte. Das hatte Folgen.

Kurz nach Putins Amtsantritt brach der Staatskonzern Gazprom einen Schuldenstreit mit Gussinski vom Zaun. Auf Drängen des Kremls kündigte Gazprom eine Vereinbarung, derzufolge ein 211-Millionen-Dollar-Kredit, den Gussinskis Media-Most von Gazprom-Media bekommen hatte, über eine Kapitalbeteiligung beglichen werden sollte. Gazprom forderte stattdessen die sofortige Rückzahlung. Nachdem die Verhandlungen darüber abgebrochen worden waren, wurde ein Verfahren wegen Betruges eingeleitet. Gussinski sollte angeblich 10 Millionen Dollar unterschlagen haben. Er wurde verhaftet, aber innerhalb kurzer Zeit überraschend wieder freigelassen. Gussinski zögerte nicht lange, sondern begab sich umgehend ins Ausland. Er lebt heute teils in Spanien, teils in Israel.

Später wurden Einzelheiten der überraschenden Freilassung bekannt. Medienminister Michail Lessin hatte mit dem Untersuchungshäftling einen Deal ausgehandelt, der ein bezeichnendes Licht auf das Rechtsverständnis des Kremls wirft: Gussinski musste sein Eigentum im Austausch für seine Freilassung Gazprom überschreiben. Wie der Deal genau aussah, geht aus dem Annex Nr. 6 hervor, der dem Kaufvertrag beigefügt war: »Die Parteien erkennen an, dass eine erfolgreiche Vertragserfüllung nur möglich ist, wenn Einzelpersonen ebenso wie rechtliche Vereinigungen Rechte im Zivilrechtsverkehr ihrem eigenen Willen und ihren eigenen Interessen entsprechend erwerben und ausüben, ohne von anderen Parteien zu irgendwelchen Handlungen gezwungen zu sein. Dies macht es erforderlich, dass mehrere miteinander in Verbindung stehende Bedingungen erfüllt sind, nämlich: die Beendigung der strafrechtlichen Verfolgung gegen Herrn Wladimir Alexandrowitsch Gussinski im Zusammenhang mit dem Strafverfahren, das am 13.6.2000 gegen ihn eröffnet worden ist, die erneute Bestätigung seiner Stellung als Zeuge in dem benannten Verfahren und die Aufhebung der Beschränkungen in Form eines Ausreiseverbots. Falls diese Bedingungen nicht eingehalten werden, sind die Parteien von der Erfüllung ihrer Vertragsverpflichtungen befreit.«[74]

Mit Gussinski und Beresowski sind zwei wichtige Akteure aus dem Russland der neunziger Jahre, zwei starke Gegenspieler des Kremls ins Exil geflohen. Der Erdölbaron Michail Chodorkowski, der sich ebenfalls in das politische Spiel einschalten wollte, blieb trotz Warnungen in Russland. Seine Verhaftung und Aburteilung vervollständigte die Lektion, die der Kreml seinen Oligarchen verabreichte. Die haben verstanden. Sie verhalten sich ruhig, sie arrangieren sich mit der Staatsmacht und bauen ihre Imperien aus. Oleg Deripaska beispielsweise, der sich auf dem blutig umkämpften Aluminiummarkt nach oben gearbeitet hat, ist seit dem Jahr 2000 erst so richtig reich geworden. Sein sibirischer Aluminium-Konzern fusionierte zunächst mit den Alu-

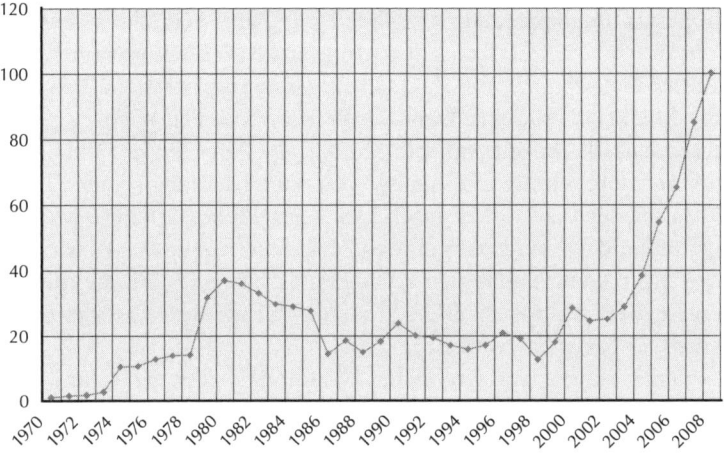

US-$ / Barrel

Entwicklung des Ölpreises von 1970–2008

minium-Beteiligungen des Sibneft-Konzerns, der Abramowitsch gehörte, zu Rusal. Nach der Fusion mit dem Sual-Konzern des Oligarchen Viktor Wekselberg im Mai 2007 entstand der weltweit größte Aluminiumkonzern, der sich zu 66 Prozent im Besitz von Deripaskas Holding Basic Element befindet.

Deripaska, verheiratet mit einer Jelzin-Enkelin, besitzt darüber hinaus den größten russischen Automobilhersteller GAS, er verfügt über Beteiligungen an Stromerzeugern, Flugzeugbauunternehmen und Holzkonzernen. Im Ausland kaufte er 30 Prozent des österreichischen Baukonzerns STRABAG, 9,6 Prozent der deutschen Hochtief AG sowie 16 Prozent des österreichischen Autozulieferers Magna. Die fünf Prozent von General Motors soll der mit 16,8 Milliarden Dollar zweitreichste Mann in Russland aus eigener Tasche bezahlt haben.

Der Neue

Ein ehemaliger deutscher Bundeskanzler soll es Putin geraten haben: »Wolodja, verändere auf keinen Fall die Verfassung in eigenem Interesse.« Wolodja folgte dem Rat und so blieb der Passus erhalten, demzufolge ein russischer Präsident – wie der amerika-

137

nische übrigens – nur zwei Amtszeiten hintereinander das höchste Staatsamt bekleiden darf. Wladimir Putin verzichtete auf die Tricks seiner mittelasiatischen Kollegen Islam Karimow und Nursultan Nasarbajew, die ihre Grundgesetze »frisierten«, um sich die Macht zu erhalten. Der Usbeke Karimow ließ nach zwei Referenden, die ihn im Amt bestätigten, die Amtszeit des Präsidenten auf sieben Jahre erhöhen, womit nach Meinung seiner Clique alles wieder bei Null begann. Der Kasache Nasarbajew wartete geduldig, bis sein ihm ergebenes Parlament hinter den Passus mit den zwei Amtszeiten einen einfachen Satz eingefügt hatte, der da lautet: »Dies gilt nicht für den ersten Präsidenten Kasachstans«, eine Lex Nasarbajew also.

Ganz anders der Kremlchef Wladimir Putin. Er erfand das Tandem als Mittel, die Fortsetzung seines in acht Jahren aufgebauten Systems zu gewährleisten, sich selbst vor möglicher Strafverfolgung zu schützen und gleichzeitig weiterhin an den Hebeln der Macht zu sitzen, ohne den Buchstaben der Verfassung zu verletzen. Das ging nicht ohne theatralische Inszenierung ab. Die Parteiführer von Geeintes Russland und Gerechtes Russland durften an einem Montag im Dezember 2007 zur Audienz im Kreml antreten, bei der sie dem Präsidenten den Kandidaten vorschlugen, den sie gern als seinen Nachfolger sehen würden: Dmitrij Medwedjew, zu dem Zeitpunkt erster stellvertretender Premierminister und langjähriger Weggefährte Putins. Der spielte souverän seinen Part in der Inszenierung mit und hatte natürlich nichts dagegen. Tags darauf revanchierte sich Medwedjew, indem er im Falle seines Wahlsieges die Berufung Putins zum Premierminister in Aussicht stellte. Dass er als Vizepremier damit seinem direkten Vorgesetzten, dem Regierungschef Viktor Subkow, praktisch den Stuhl nach der Präsidentenwahl vor die Tür stellte, ging in der allgemeinen Begeisterung der machthabenden Eliten unter. Die steigerte sich noch einmal, als Putin auf dem Parteitag von Geeintes Russland die »Einladung« annahm.

Medwedjew Präsident, Putin Premierminister – ein unschlagbares Duo, meinen nicht nur viele Russen, sondern auch die meisten Politiker im Ausland, die sich davon Stabilität im Riesenreich versprechen. Wobei niemand daran zweifelt, wer die führende Kraft in dieser Zweisamkeit sein wird: Putin, der weitaus Erfahrenere, der knapp zehn Jahre Ältere, zehn Zentimeter Größere und – nach Meinung von Insidern – der eindeutig Willensstärkere.

»Medwedjew ist eine so schwache Figur, dass er am zweiten Tag seiner Präsidentschaft von den Lobbyisten gleich auf seinem Arbeitstisch vergewaltigt wird, und Putin weiß das«, glaubt der langjährige Regierungsberater und Chef des Instituts für Globalisierung, Michail Deljagin. Er unterstellt dem Neuen einen Mangel an Machtgier und an anderen Fähigkeiten, die vonnöten sind, um Menschen zu motivieren und zu führen.[75]

Der liberale Wirtschaftsexperte und Vizepräsident des Unternehmer- und Industriellenverbandes, Igor Jürgens, lobt dagegen Medwedjews Fähigkeit, mit Menschen zusammenarbeiten zu können. »Die Russen, die verstehen, dass man die Wirtschaft nicht mit lautstarken Kommandos führen kann, werden Medwedjew unterstützen.«[76] Einig sind sich die Beobachter indes darüber, dass Putin für den 1,65 Meter großen Medwedjew eine Art Vaterfigur oder älterer Bruder ist.

Geboren wurde der dritte russische Präsident nach Zerfall der Sowjetunion wie sein Vorbild Putin in Leningrad. Am 14. September 1965 kam er in einer Intelligenzler-Familie zur Welt, was damals keineswegs ein Vorteil war. Putins Herkunft aus der Unterschicht war zu sowjetischer Zeit ein deutlicher Karrierevorteil. Medwedjews Vater Anatolij lehrte am technologischen Institut, Mutter Julia arbeitete als Sprachwissenschaftlerin am Herzen-Institut, wo Pädagogen ausgebildet wurden.

Der Schüler Dima (Koseform von Dmitrij) tat sich vor allem durch seinen Fleiß und seine Fähigkeiten im Bereich der exakten Wissenschaften hervor, erinnern sich seine Lehrer. »Er gab sich immer große Mühe, seine ganze Zeit widmete er dem Lernen«, erzählte seine erste Lehrerin, Vera Smirnowa. Selten, so berichtete sie, habe man ihn zusammen mit den Kindern auf der Straße angetroffen. »Er ähnelte einem kleinen Greis.«[77]

Später – 1989 – wird dieser Kleine die blonde, von vielen anderen Konkurrenten umworbene Schönheit Swetlana aus der Parallelklasse heiraten. Ihr Sohn Ilja kommt 1996 zur Welt. Swetlana Medwedjewa, ebenfalls Jahrgang 1965, absolvierte ein Studium an einem Wirtschafts- und Finanzinstitut, zieht aber die Betätigung in Wohltätigkeitsorganisationen der Businesswelt vor. Zuletzt war sie Beiratsvorsitzende eines von der orthodoxen Kirche und dem Kreml unterstützten Programms zur Hebung der »kulturell-moralischen Kultur der heranwachsenden Generation Russlands«. Damit sollen der Jugend geistige Werte Russlands nahegebracht werden. Das Projekt wendet sich gegen Kinder-kriminalität, Obdachlosigkeit, Alkoholismus, Drogensucht, den Zerfall der Familie, kinderlose Ehen und Wehrdienstverweigerung.[78]

Medwedjew, der sich aufgrund seiner Größe in der Freizeit auch als Gewichtheber versuchte und ein Fan der britischen Rock-Gruppe Deep Purple ist, absolvierte – wie Putin – ein Studium an der juristischen Fakultät der Leningrader Universität, wo er 1990 auch promovierte. Im Gegensatz zu Putin gibt es bei Medwedjew wohl keinen Geheimdiensthintergrund, obwohl während seines Wahlkampfes auch solche Gerüchte auftauchten. 1991 wechselte er als Berater ins Bürgermeisteramt von Anatoli Sobtschak. Das war der Beginn einer wunderbaren Freundschaft mit Wladimir Putin, der damals Leiter des für die Außenbeziehungen zuständigen Ressorts war. Medwedjew half ihm bei der Ausarbeitung von Verträgen mit in- und ausländischen Firmen.

Die damals entstandene Bindung sollte die Jahre überdauern. Als Putin nach seinem Wechsel nach Moskau und einer schwindelerregenden Karriere innerhalb von vier Jahren vom Nobody zum Präsidenten wurde, vergaß er seinen alten Freund nicht. Er holte Dmitrij Medwedjew 1999 nach Moskau, wo er inzwischen Regierungschef geworden war. Nach seinem Einzug in den Kreml im Jahr 2000 machte er ihn erst zum Vizechef, dann zum Chef seiner Administration. 2005 wechselte Medwedjew von dort in die Regierung. Nach dem einflussreichen, aber eher im Hintergrund angesiedelten Posten im Kreml wurde der aufstrebende Politiker nun der Öffentlichkeit präsentiert, ein Präsidentschaftskandidat war geboren. Zeitweilig schien sein Stern zu sinken, weil ihm mit Sergej Iwanow ein weiterer erster Vizepremier zur Seite gestellt wurde. Iwanow, ein ehemaliger Geheimdienstgeneral, gewann mit markigen Sprüchen an die Adresse des Westens an Popularität in einem Land, in dem zumindest in den militärischen und Geheimdienst-Eliten noch immer eine herzliche Abneigung vor allem gegenüber den USA gepflegt wird.

Die Entscheidung Putins für den vermeintlich Schwächeren von beiden wird vielfach als Beleg dafür interpretiert, dass der Kremlchef auch nach der Übernahme des Postens eines Regierungschefs die Fäden in der Hand behalten will, ohne sich an der Verfassung zu vergreifen. Deren Buchstaben hält er so zwar ein. Den Geist des russischen Grundgesetzes – Verhinderung von Machtkonzentration in einer Hand über einen zu langen Zeitraum – verletzen Putin und Medwedjew allerdings sehr wohl. Professor Heinrich Vogel nennt diese Form des Machtwechsels denn auch ein »Hütchenspiel«.[79]

Formal untersteht der Premierminister dem Präsidenten, der in Russland mit einer weitreichenden Machtfülle ausgestattet ist. Der Chef im Kreml bestimmt, wo es außenpolitisch langgeht. Ihm unterstehen die sogenannten »Machtministerien« für Inneres, Äußeres, Katastrophenschutz und Verteidigung sowie die Geheimdienste. Der Premier dagegen ist für Wirtschaft und Soziales verantwortlich. Das Tandem Putin-Medwedjew will diese Aufgaben partnerschaftlich und konkurrenzfrei angehen. Dabei hat Medwedjew trotz seines formal höheren Amtes zunächst die Rolle des weniger erfahrenen Juniorpartners zu spielen, der auf die Ratschläge des älteren Premiers angewiesen ist. Wie lange das gutgeht, bleibt abzuwarten. Der Faktor Persönlichkeitsveränderung spielt gerade bei den Herrschern im Kreml immer mit hinein. Der als schüchtern beschriebene Medwedjew mit seinem jungenhaften Aussehen wird so schüchtern nicht bleiben. Vielleicht gewinnt er ja Geschmack an seinem neuen Job und dessen Möglichkeiten, und er beginnt, die mit Putin verbundenen Amtsinhaber langsam hinauszudrängen und seinem Namen (Medwedj – der Bär) alle Ehre zu machen? Ein russisches Sprichwort sagt, zwei Bären können nicht in einer Höhle leben, irgendwann fliegen die Fetzen.

Die ganz andere, ebenfalls denkbare Variante: der freundliche Medwedjew räumt seinen Posten nach einer Amtszeit oder sogar früher und macht den Weg frei für Neuwahlen, die dann möglicherweise wieder Wladimir Putin gewinnt.

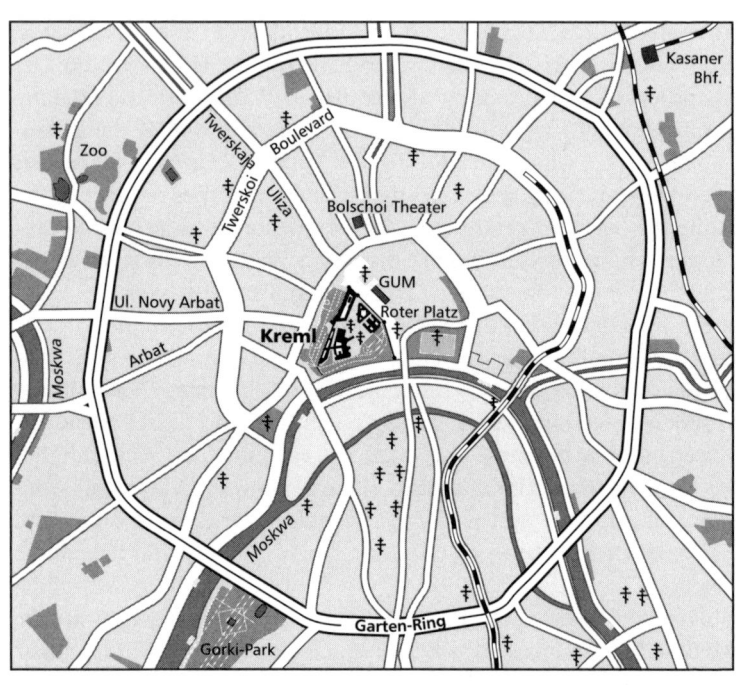

Moskau, die Hauptstadt

Zwei Georgier wanken in Moskau gegen Mitternacht aus dem berühmten georgischen Restaurant »Aragwi«. Der eine ist das erste Mal in der Stadt und fragt, was das dort auf dem Postament für ein Typ sei. »Das ist Juri Dolgoruki, der Gründer Moskaus.« »Sehr gut«, nickt der Moskau-Neuling beifällig. »Der hat sich das Denkmal wirklich verdient. Hat er die Stadt doch direkt vor dem Eingang zum ›Aragwi‹ errichtet!«

Der Fürst von Susdal, Juri Dolgoruki, Juri »Langarm«, von manchen auch als »Langfinger« übersetzt, lud im Jahre 1147 seinen Vetter Swjatoslaw Olgowitsch, den Fürsten von Nowgorod, in einen kleinen Flecken am Moskwa-Fluss ein. »Komm zu mir, Brate (Bruder), nach Moskow (Moskau)«, soll der Fürst Dolgoruki laut Chronik geschrieben haben.

Es galt, einen Bündnisvertrag auszuhandeln. Die Verhandlungen gerieten zu einem gewaltigen Gelage, das sich tagelang hinzog. Denn Swjatoslaw, der Vorsichtige, hatte 400 Krieger mitgebracht, die wiederum je ein Mädchen mit sich führten. Ahmed ben Foszlan ben Abbas bereiste Russland just zu dieser Zeit im Auftrage des Kalifen von Bagdad und schrieb seine Eindrücke nieder: »Die russischen Fürsten beginnen alle Konferenzen mit endlosen Saufereien, bei denen sie unvorstellbare Mengen vertilgen. Bisweilen stirbt ein fröhlicher Zecher an Herzversagen oder Gehirnschlag. Die Mädchen machen kräftig mit, stets bedacht, die Kontrahenten ihrer Herren mit ihrem Liebreiz zu verwirren und schließlich in kleine Holzhütten zu locken … Da machen sie sie dann restlos verhandlungsunfähig.«[80]

Die schriftliche Erwähnung des Dolgoruki-Briefs in der Chronik gilt als Gründungsurkunde der Stadt, auch wenn inzwischen archäologische Funde belegen, dass die ersten Siedlungen wesentlich älteren Datums sind. Der Fürst ließ auf dem Borowizki-

Hügel am Zusammenfluss von Moskwa und Neglinnaja zunächst eine hölzerne Festung bauen, die später erweitert wurde, mehrmals abbrannte und schließlich in Stein ausgeführt wurde. Die dankbaren Moskauer errichteten Dolgoruki ein Reiterdenkmal. Es steht in der Twerer Straße direkt gegenüber dem Amtssitz des Bürgermeisters.

Dolgorukis Gründertat erfuhr eine weitere Würdigung, indem zwei landestypische Produkte nach dem Fürsten benannt wurden: ein Wodka und ein strategisches, atomar getriebenes Unterseeboot. Die »Juri Dolgoruki«, bestückt mit 16 ballistischen Raketen, lief 2007 vom Stapel. Ein weiterer, nach Dolgorukis Vater Wladimir Monomach benannter strategischer Unterwasserkreuzer liegt in der Werft von Sewmasch bei Sewerodwinsk auf Kiel.

Der Moskau-Gründer Dolgoruki starb zehn Jahre nach dem historischen Besäufnis an der Moskwa in Kiew, vergiftet von Kiewer Bojaren. Seine Gebeine sollen angeblich im Kiewer Höhlenkloster in der Erlöserkirche von Berestowo ruhen. Knapp 900 Jahre nach der Tat haben die bislang nicht zweifelsfrei identifizierten Überreste Dolgorukis zu einem weiteren Streitpunkt in den schwierigen russisch-ukrainischen Beziehungen geführt. Die orthodoxe Kirche will Dolgorukis Gebeine nach Moskau holen, die Ukrainer verlangen eine Gegenleistung. So könnte man beispielsweise den sowjetischen Filmregisseur ukrainischer Herkunft Alexander Dowschenko heim in die ukrainische Erde holen, meint man in Kiew.

Obwohl bereits 1147 gegründet, sollte es zunächst noch 300 Jahre dauern, ehe sich Moskau als russische Hauptstadt etablieren konnte. So lange saßen die Großfürsten in Susdal und Wladimir, ebenso der einflussreiche Patriarch, das Oberhaupt der russisch-orthodoxen Kirche. 1321 schließlich befahl Iwan I. Kalita den Umzug von Adel und Klerus von Wladimir nach Moskau. Damit wurde Moskau zum politischen und geistlichen Zentrum der neuen Rus, zu der auch die Gebiete von Wladimir und Susdal gehörten. Zur Hauptstadt des einheitlichen russischen Staates wurde Moskau in der zweiten Hälfte des 15. Jahrhunderts. 1712 verlegte Peter I. die Metropole nach St. Petersburg, wo sie durchgelüftet und mit europäischem Geist beseelt werden sollte. Moskau spielte in der Zeit weiterhin die Rolle des religiösen, aber rückständigen Zentrums, vor dem die Zaren dennoch ihr Haupt neigten. In der Mariä-Entschlafens-Kathedrale des Kremls wurden die russischen Herrscher gekrönt. Jeder Russe, Tolstoi schrieb es in »Krieg und Frieden«, empfinde Moskau als eine Mutter.

Dorthin kehrte Wladimir Iljitsch Uljanow, der den Namen Lenin angenommen hatte, 1918 mit seiner Regierung zurück. Er verließ die nördliche Hauptstadt an der Newa und verpflanzte sein Kabinett zurück nach Zentralrussland.

Lenins Arbeitszimmer mit einem kleinen Schlafgemach wird heute noch in Ehren gehalten. Interessierte dürfen es besichtigen. Sie werden dann einer kleinen Plastik ansichtig, die auf dem staubfreien Schreibtisch steht: Ein Gorilla hält einen menschlichen Schädel in der Hand und betrachtet ihn nachdenklich. Diese witzige Anspielung auf die Evolutionstheorie von Charles Darwin, deren Anhänger Lenin natürlich war, ist ein Geschenk des amerikanischen Industriellen Armand Hammer. Er unterhielt bereits Anfang der zwanziger Jahre enge Kontakte zum russischen Revolutionsführer, was ihm gute Geschäfte bescherte. Hammer blieb dieser Tradition bis in die Breschnew-Zeit treu, in der er das Moskauer internationale Handelszentrum finanzierte. Das klobige Bauwerk am Moskwa-Ufer trägt heute kühn die Bezeichnung »World Trade Center«.

Als die Spitzen von Partei und Staat das Gebäude in den siebziger Jahren begutachteten, fehlte ihnen in dem für die damaligen Verhältnisse futuristischen Gebäude das »typisch russische Element«. Es wurde nachgerüstet. Seitdem steht im Foyer ein buntbemaltes Türmchen mit einem Hahn auf der Spitze. Zur vollen Stunde ertönt eine Spieluhr, Türchen öffnen sich, bunte Märchenfiguren paradieren im Kreis. Der Hahn kräht und schlägt gemessen mit den Flügeln.

Verwandlung einer Metropole

Tiefgehende Erschütterungen, deren Tragweite für Außenstehende nur schwer nachzuempfinden sind, veränderten die Stadt in den vergangenen zwei Jahrzehnten so schnell und so gründlich, dass man Gefahr läuft, das Moskau des gestrigen Tages aus dem Auge zu verlieren. Nur allzu schnell wird das Neue zum Alltäglichen. Wie gut, wenn sich dann Verwandtschaft ansagt, die das letzte Mal zu sowjetischer Zeit in der Stadt war und nun mit frischem Blick auf die Veränderungen schaut.

Das erste Aha-Erlebnis für den Ankömmling ist der alte Flughafen Domodjedowo. Er war zu sowjetischer Zeit ein noch größerer Alptraum als das Pendant Scheremetjewo II. Er wurde, wie auch der Airport Wnukowo, von einem privaten Betreiber zu einem modernen, hellen, angenehmen Flughafen umgebaut. Die Abfertigung dauert dort nicht länger als in Berlin-Tegel. In alter Zeit konnte es passieren, dass der Ankömmling zwei Stunden Zeit hatte, unter den stets misstrauischen Blicken der Grenzbeamten im Halbdunkel der Abfertigungshalle darüber nachzudenken, ob es wirklich eine so gute Idee war, in dieses Land zu reisen. Inzwischen hat sich das Verhalten der Grenzer verändert, manchmal lächeln sie, sogar beim Scherzen soll schon einer beobachtet worden sein. Und auch in Scheremetjewo wird gebaut.

Total verändert ist auch der Autobahnring, der – 110 Kilometer lang – die russische Hauptstadt umschließt und einen Großteil des Transitverkehrs um das Zentrum herumleitet. Einst war er zweispurig in jeder Richtung, nachts unbeleuchtet, mit löchrigem Straßenbelag und ohne Mittelbegrenzung als »Trasse des Todes« zu trauriger Berühmtheit gelangt: Täglich kam es zu Frontalzusammenstößen. In einem Kraftakt ließ Moskaus Bürgermeister Juri Luschkow den Autobahnring in den neunziger Jahren gründlich modernisieren. Seine Benutzer haben nun im ungünstigsten Falle das Privileg, auf einer hellerleuchteten, fünfspurigen Autobahn abends im Stop-and-Go an den strahlenden Einkaufszentren und Baumärkten am Stadtrand vorbeizurollen.

Mit der Zunahme des Wohlstands in der Stadt wuchs die Zahl der Autos sprunghaft. Längst vorbei sind die Zeiten, da ein paar wenige hunderttausend sowjetische Fahrzeugbesitzer nahezu freie Fahrt in der Hauptstadt hatten. Heute drängen sich mehr als 3,5 Millionen Pkws auf den Straßen und verursachen die Verkehrsprobleme, die andere Hauptstädte schon seit langem haben.

Einem Moskauer brannten deshalb die Sicherungen durch. Er wählte die Notrufnummer 02 und teilte den schockierten Milizionären mit schwerer Zunge mit, dass im Dorf Wnukowo, wo auch der gleichnamige Flughafen gelegen ist, alle Straßen unterminiert seien. Da er von seinem eigenen Telefon aus angerufen hatte, wurde er innerhalb weniger Minuten ausfindig gemacht. Der schwer Bezechte erklärte seinen Falschalarm mit den Worten: »Mir hängen eure Verkehrsstaus zum Halse heraus.« Am Abend vor dem Anruf war der Verkehr in der Moskauer Innenstadt für drei Stunden völlig zum Erliegen gekommen. Selbst auf dem Gartenring mit seinen fünf Spuren in jeder Richtung ging stundenlang nichts mehr. Auch die Fußballer von Spartak Moskau saßen in der Falle. Sie mussten in die Metro umsteigen, um noch rechtzeitig zu ihrem Champions-League-Spiel gegen Inter Mailand zu kommen.

Das ohnehin schon schwer überschaubare Straßen-Chaos wird durch die sprichwörtliche Disziplinlosigkeit der Moskauer noch schlimmer. Durchgezogene Linien, Ampeln oder Abbiegeverbote haben oft nur noch Empfehlungscharakter. Moskau, so lästern böse Zungen, ist die einzige Stadt auf der Welt, in der man mit 150 km/h auf der Gegenspur fahrend von hinten gerammt werden kann – wenn kein Stau ist. Erlaubt sind übrigens 60 km/h.

Das Treiben völlig verrückt machen Staatsbedienstete oder aus anderen Gründen Privilegierte, die mit ihren Blaulicht-Fahrzeugen Vorfahrt genießen. Tausende sind es, die sich mit ihren Sondersignalen freie Bahn zu verschaffen suchen. Eine ganz besondere Behandlung genießt der Präsident. Für ihn wird die Strecke zu seinem Arbeitsplatz im Kreml morgens und abends total gesperrt. Die Rückstaus erfassen Zehntausende Fahrzeuge. Trotz der ständigen Erweiterung des Straßennetzes – »Herr der Ringe« wird Bürgermeister Luschkow wegen der Ringstruktur der Verkehrsführung genannt – steht die 14-Millionen-Stadt kurz vor dem Verkehrsinfarkt. Nur die am Rande ihrer Kapazität fahrende, ausgezeichnet funktionierende Metro verhinderte bislang das Schlimmste.

»Was sollen wir mitbringen?« war die übliche Anfrage in früheren Jahren, bevor sich Freunde und Verwandte auf den Weg ins sowjetische Reich machten. Und für gewöhnlich war die Liste des Mangels lang. Es wirkt deshalb wie ein Kulturschock auf Sowjetunionerfahrene, die das Land lange nicht besucht haben, wenn sie mit der heutigen Realität zusammenstoßen. Die Supermärkte, die es nun an allen Ecken gibt, sind wohl sortiert, es gibt praktisch nichts, was es nicht gibt. Streit um Ladenöffnungszeiten ist kein Thema, viele Geschäfte haben an sieben Tagen der Woche rund um die Uhr geöffnet.

Der Kampf an übelriechenden Fleischtheken um ein Stück tiefgefrorenes, fettes Schweinefleisch gehört einem anderen Zeitalter an. Wenn vor ein paar Jahren noch der hohe Anteil an Importwaren auf Disproportionen in der Erzeugung hinwies, kommen jetzt mehr und mehr russische Lebensmittel von guter Qualität in die Geschäfte. Sie werden nach einer Phase des Heißhungers auf alles Ausländische inzwischen von russischen Kunden bevorzugt, die den Geschmack ihrer Kindheitsjahre wiederentdeckt haben.

Im Zentrum der Stadt wächst die Zahl der Luxus anbietenden Geschäfte ständig. Kleidung, Kosmetika, Autos – das Angebot ist auf dem neuesten Stand. Mercedes hat ein Verkaufszentrum auf der Leningrader Chaussee. Bentley besitzt direkt neben dem Geheimdienstzentrum an der Lubjanka seinen kleinen, aber feinen Ausstellungssaal. Mit dem »Bentleynapping« hat die Unterwelt eine neue Erwerbsmöglichkeit kreiert. Die superteuren Wagen, die kaum verkäuflich sind, werden entführt und gegen Lösegeld zurückgegeben. Wer einen Porsche oder eine Harley-Davidson sucht, findet sie auf dem Kutusow-Prospekt.

Die einstige Tristesse der sprichwörtlich grauen Stadt ist hellen Fassaden, neuen Einkaufstempeln, Bürohäusern und einer Überfülle an farbigen Reklamen gewichen. Die Stadt Moskau und ihr Bürgermeister sind einem Bauwahn verfallen. Denkmalschützer versuchen verzweifelt, architektonische Kleinode zu retten, meist ohne Erfolg. Alte Bauwerke werden oft entweder plattgemacht oder mit einer Pseudorekonstruktion umgebaut, bei der manchmal nur die Fassade übrigbleibt. Hauptsache, es geht schnell. Architektonische Kleinode entstehen in diesem Baurausch allerdings kaum. Die Bauherren legen ihrer kindlichen Freude an Schnörkeln, Türmchen und Söllerchen keinerlei Beschränkungen auf. Selbst die Architektur der Stalinzeit wird wiederbelebt. Im Stadtteil Sokol steht ein gewaltiges Wohnmonster, dass den fünf aus der Stalinzeit stammenden Hochhäusern so sehr ähnlich sieht, dass es schmerzt.

In Hunderten neuer Restaurants, vom Imbiss bis zum superteuren Nobeletablissement, wird von italienischen, französischen bis zu asiatischen Speisen alles geboten, was die Welt an Kulinarischem bereithält. In den Nachtclubs brennt die Luft. Manche schließen erst, wenn der letzte Gast geht, und sei es um neun Uhr morgens. International erfahrene Hotel-Manager versichern: New York und London werden bald Probleme haben, Gleichwertiges auf die Beine zu stellen.

Zumal das kulturelle Angebot – Konzert, Ballett, Oper, Schauspiel – auch im internationalen Vergleich qualitativ erstklassig ist.

Die unübersichtliche offizielle Website der Stadtregierung präsentiert die quantitativen Aspekte: Es gibt 93 Theater, Theaterstudios und experimentelle Theater. Die bekanntesten sind das Bolschoi und das Maly Theater, das Wachtangow-Theater und das vom berühmten Regisseur Juri Ljubimow geleitete Theater an der Taganka. Die Stadt hat 94 Kinos, 24 Konzertsäle und 61 Museen. Die Tretjakow-Galerie und das Puschkin-Museum genießen Weltruf. Für den täglichen Lesebedarf schließlich gibt es 437 Bibliotheken, darunter 168 speziell für Kinder.[81]

Dabei wächst der Hang zum Exklusiven. Ins »Kryscha« an der Schewtschenko-Uferstraße gegenüber dem Weißen Haus, dem Sitz der russischen Regierung, kommt man beispielsweise nur, wenn man den Besitzer oder einen der Stammgäste kennt, die den Zerberussen am Einlass entsprechende Order geben. Im »Djargilew« sollte man möglichst eine Empfehlung von Rustam Tariko dabei haben. Der Milliardär und Besitzer der Bank Russki Standard und der gleichnamigen Wodkamarke ist dort Stammgast. Und auch dann geht nichts unterhalb von 1500 Dollar Eintritt. So viel kostet ein Tisch, aber auch ein Separee mit eigener Dusche ist zu haben, kostet dann aber 30 000 Dollar. Diese Summen werden dann auf die verzehrten Speisen und Getränke angerechnet. Zurück gibt es nichts. Hier zeigen sich die oberen Zehntausend der Stadt mit ihren langbeinigen Schönen. Für sie ist es oft nicht nur Freizeitspaß. Sie müssen repräsentieren, um zu demonstrieren, dass sie noch im Spiel sind.

Das alles hat seinen Preis. Die in Genf ansässige Mercer Human Resources Consulting setzt Moskau regelmäßig in die Spitzengruppe der teuersten Städte, zusammen mit Tokio, Osaka, New York oder London. Das betrifft aber nur diejenigen, die sich im oberen Preissegment zu bewegen gewohnt sind. Spitzenrestaurants, Nobelhotels, elegante Kleidung und dergleichen sind im direkten Vergleich mit anderen Metropolen deutlich teurer. Auch für die Lebensbedürfnisse der Normalsterblichen muss mehr bezahlt werden, aber die Unterschiede sind da nicht so extrem hoch. Die Einheimischen, die die preiswerteren Einkaufsmöglichkeiten kennen, kommen natürlich günstiger davon. Wer weniger Geld ausgeben will, muss etwas länger suchen.

Moskau ist heute das unbestrittene Zentrum Russlands in jeder Hinsicht. Hier wird nicht nur im Kreml die Politik gemacht. Hier ist auch das Wirtschafts- und Finanzzentrum des laut Verfassung föderal konzipierten Landes. 80 Prozent aller finanziellen Ressourcen sind hier konzentriert, was den Neid der Provinzen hervorruft und wo es dennoch jeden nach Moskau zieht, um dort Karriere zu machen. »Nach Moskau, nach Moskau« – der Traum der Tschechowschen »Drei Schwestern« bleibt aktuell.

Das Zentrum der Macht – der Kreml

Die Idee hat an sich etwas Bestechendes, und sie hat Vorbilder wie Brasilia, Canberra oder Astana. Warum sollte es nicht auch in Russland möglich sein, Regierung, Parlament und Präsidialadministration aus der ständig verstopften, überfüllten Stadt mit ihrer üblen, abgasgeschwängerten Luft nach außerhalb zu verlagern? Eine neue, für die Regierungsfunktionen auf der grünen Wiese errichtete Verwaltungsstadt könnte die Lage in Moskau entkrampfen, der Kreml, jetzt teilweise für Besucher gesperrt, würde gänzlich freigegeben für die Moskauer und die Gäste der Stadt. Derweil könnten die Administration des Präsidenten, die Ministerien und Ämter in einer Reißbrett-Stadt irgendwo in Podmoskowje sich ungestört der Leitung des Landes hingeben. Der Präsident könnte zu seinem Arbeitsplatz gelangen und ausländische Gäste empfangen, ohne die gesamte Hauptstadt lahmzulegen. Mit einem Wort: Das Paradies, zumindest verkehrstechnisch.

Es wird ein Traum bleiben. Denn der Kreml ist mehr als ein einmaliges historisch-architektonisches Ensemble von Bauten aus vielen Jahrhunderten. Der Kreml in Moskau unterscheidet sich von den anderen Kremls, wie sie beispielsweise in Nowgorod Weliki, Nischni Nowgorod, in Pskow, Tula, Smolensk, Kasan oder Astrachan stehen. Dort sind es von Festungsanlagen umschlossene Kirchen und Schlösser. Die gibt es natürlich auch im Moskauer Kreml, wenn auch größer und prächtiger.

Da gibt es den Facettenpalast, den Iwan III. 1487 bei den beiden italienischen Architekten Marco Ruffo und Pietro Antonio Solari in Auftrag gab. Die Fassade wurde mit facettierten, abgeschrägten weißen Steinplatten verkleidet, was dem Bauwerk seinen Namen gab. Im 19. Jahrhundert wurde der Palast in den Großen Kremlpalast integriert. Im Obergeschoss befindet sich der ehemalige Thronsaal der russischen Zaren. Ebenfalls im großen Kremlpalast befindet sich der Terem-Palast aus dem 16. Jahrhundert. In diesem zweistöckigen Gebäude befanden sich die Privatgemächer der Zarenfamilie. Zum Terem-Palast gehört eine Gruppe kleiner Kirchen, die den gekrönten Häuptern als Hauskapellen dienten. Die vielen ineinander verschachtelten kleinen und großen Räume mit ihren niedrigen Türöffnungen sind in altrussischem Holzbaustil gehalten und gleichen buntbemalten Spielzeugkisten. Dieser Palast und die Terem-Kirchen sind für gewöhnlich nicht zugänglich.

Der große Kreml-Palast mit einer Fassade von 125 Metern Länge, den der italienische Baumeister Bartolomeo Francesco Rastrelli entworfen hat, wurde bis 1849 im Stil des Historismus umgestaltet. Dort lebten Zar Nikolaus II. und Zarin Alexandra, wenn sie aus St. Petersburg in den Kreml kamen. In den Sälen mit Säulen aus Malachit und Porträts der Zaren wurden rauschende Feste gefeiert. Nach 1930 wurden zwei der Säle zu einem Sitzungssaal für den Obersten Sowjet verbunden. In den neunziger Jahren wurden die Säle wieder in den Originalzustand zurückversetzt und für Staatsempfänge und Bälle hergerichtet.

Zweieinhalb Jahre – von 1997 bis 1999 – war das Unternehmen Mercata des zwielichtigen, in der Schweiz zeitweise wegen Geldwäsche gesuchten Unternehmers Stolpowkich in diesem Teil des Kreml-Ensembles tätig. Teilweise 2500 Bauarbeiter wieselten in drei Schichten durch den großen Kreml-Palast, um die für Staatszeremonien bestimmte Residenz des russischen Präsidenten wieder in ihren historischen Zustand zu versetzen.

Glanzstück ist der Thronsaal, benannt nach dem heiligen Andrej, in dem 1896 mit Nikolai II. der letzte russische Zar gekrönt worden war. Vom Krönungsgestühl für Zar Nikolai II., die Zarenmutter Maria und Nikolais Gattin Alexandra Fjodorowna wurde ein täuschend echtes Duplikat hergestellt, da das Original im Museum in St. Petersburg verbleiben musste. Auch der überdimensionale Hermelinüberwurf, der über dem Thron schwebt, ist eine Imitation. »Die Tierschützer hätten uns das andernfalls übelgenommen«, meinte Stolpowkich anlässlich eines Rundgangs mit Journalisten.

15 Kilogramm Gold wurden allein im Andrejew-Saal bei der Vergoldung des Stucks verarbeitet. Aufwendig auch das Parkett, das aus mehr als zwei Dutzend edlen Holzarten besteht.

Die Wiederbelebung des Zarenprunks war nicht billig, sie kostete den damals armen russischen Staat 300 Millionen Dollar.

Der Verdacht, dass Stolpowskich überhöhte Rechnungen ausgestellt und einen Teil des Gewinns an den damaligen Kreml-Liegenschaftsverwalter Pawel Borodin und gar an die Jelzin-Familie weitergegeben hat, wurde nie bewiesen.

In den Jahren 1844 bis 1851 baute der Architekt Konstantin Thon die Rüstkammer. Sie ist heute, zusammen mit dem Diamantenfonds, in dem die Schätze Russlands aufbewahrt werden, das eindruckvollste Museum im Kreml. Wer Rüstkammer und Diamantenfonds besuchen will, muss sich rechtzeitig um Eintrittskarten bemühen, denn der Zutritt ist streng reglementiert.

Unter der Leitung von Matwej Kasakow entstand Ende des 18. Jahrhunderts der dreieckige Gebäudetrakt des Alten Senats. Der runde Kuppelsaal, ein Meisterwerk des Klassizismus, ist 27 Meter hoch und misst 25 Meter im Durchmesser. In der zweiten Etage hatte Lenin von 1918 bis 1923 seine Arbeits- und Privaträume. Auch die Büros des sowjetischen Ministerrates und dann der russischen Regierung befanden sich dort. Nachdem im Konflikt zwischen Parlament und Regierung das am Moskwa-Ufer gelegene Weiße Haus beschossen wurde, zog anschließend die Regierung hier ein. Die Volksvertreter wurden in das ehemalige Domizil von Gosplan, der sowjetischen Plankommission, verbannt. Seit seiner Restauration in den Jahren 1992 bis 1995 ist der Alte Senat Sitz des russischen Präsidenten.

Das jüngste, aus dem Jahr 1961 stammende Gebäude ist auch das hässlichste. Der große Kreml-Kongresspalast mit über 5000 Plätzen wurde aus Beton, Glas, Aluminium zwischen die Paläste und Kathedralen geklotzt, um den Parteitagen der KPdSU das rechte Gepräge zu geben. Später durfte auch das Bolschoi Theater dort auftreten. Nach dem Zusammenbruch der Sowjetunion und mit dem Verschwinden der KPdSU präsentierten sich dort auch internationale Pop- und Jazzgrößen. Es waren für mich schon besondere Momente, an dem Ort, wo einst die Jubelparteitage abgehalten wurden, Musiker wie B. B. King oder Joe Cocker feiern zu können.

Das alles würde schon ausreichen, um den Kreml in Moskau zu etwas Besonderem zu machen. Aber er ist mehr als die Summe seiner Paläste, Türme und Kathedralen. Er ist auch mehr als nur das Symbol der jahrhundertelangen Verbindung von weltlicher und kirchlicher Macht. Er ist die zu Stein gewordene Idee von der absoluten Herrschaft über das Riesenreich Russland, von einer

Zentralgewalt, die letztlich keine Konkurrenz duldet. Schon ein altes russisches Sprichwort weiß: »Über Moskau ist der Kreml, und über dem Kreml ist nur noch Gott.«

Ob Zar, Generalsekretär oder Präsident – jeder Herrscher, der in den Kreml einzog, erlag früher oder später dem Gefühl von der eigenen Größe und von der Größe und Einmaligkeit des Landes. Es scheint, als würden die vom Dunst der Historie durchdrungenen Mauern innerhalb kurzer Zeit erhebliche Persönlichkeitsveränderungen bewirken. Oder ist es doch der Umgang mit fast unumschränkter Macht, die das bewirkt?

Iwan IV., der in seiner Kindheit von um die Macht kämpfenden Bojaren gequält worden war, litt zeitlebens unter Stimmungsschwankungen und Depressionen. In einer Aufwallung seines Jähzorns erschlug er 1581 seinen Sohn Iwan Iwanowitsch. In seinen letzten Lebensjahren soll er Trost bei Hexen und Zauberern gesucht haben und heulend durch dem Kreml gelaufen sein.

Stalin war berüchtigt dafür, dass er vorwiegend nachts im Kreml arbeitete, während die führenden Chargen in den Ministerien zitternd warteten, ob sie plötzlich zum Vortrag bestellt wurden. Der deutsche Dichter Erich Weinert bejubelte das in seiner unsäglichen Stalin-Ode »Im Kreml brennt noch Licht«.

Der demokratisch gewählte erste russische Präsident Boris Jelzin widerstand der besonderen Atmosphäre ebenso wenig. Er gewöhnte sich beispielsweise sehr schnell daran, Dinge, die seiner Aufmerksamkeit nicht würdig schienen, mit der Bemerkung abzutun, das sei keine »Zarenangelegenheit«. Sein Amtsnachfolger Putin mauserte sich innerhalb relativ kurzer Zeit von einem linkisch wirkenden blassen Mann, der eher zufällig auf diesen Posten gelangt war, zu einem Präsidenten, der zunehmend selbstherrlich und mit sichtlicher Genugtuung Macht ausübte, dabei die Hinterlassenschaft der Zaren genießend.

Zu den unausweichlichen Folgen der Machtausübung hinter Kremlmauern gehört offensichtlich die Abschottung der jeweiligen Führungsriege von der Öffentlichkeit. Die Herrscher umgaben sich mit Einflüsterern, Beratern und einigen wenigen engen Vertrauten. Mit ihnen bestimmten sie im kleinen Kreis die Geschicke des Landes. Die Entscheidungsprozesse blieben im Dunkeln. Ukase fuhren nicht selten so unerwartet wie die Blitze des Zeus auf die Untertanen nieder. »Der Kreml« wurde weltweit zum Synonym für das Zentrum der Macht in der Sowjetunion

und dann in Russland. Das Staatsoberhaupt wird gemeinhin
»Kremlchef« genannt. Es sei denn, man arbeitete zu sowjetischer
Zeit bei den Medien. Dann galt einzig und allein diese Variante:
Generalsekretär des Zentralkomitees der KPdSU und Vorsitzen-
der des Präsidiums des Obersten Sowjets der Union der Sozialisti-
schen Sowjetrepubliken.

Diesen Ort freiwillig zu verlassen, um in einer eher bürgerlich-
demokratischen Umgebung den Staatsgeschäften nachzugehen,
käme einer Revolution gleich. Es wäre die Absage an die großrus-
sische Vorstellung vom Zentralstaat mit weltweiter Geltung.

Die Straße der Milliardäre

»›Lass uns getrennt leben‹, sagte ich ruhig und schaute ihm in die
Augen. ›Na gut.‹ Gleichgültig nickte er mit dem Kopf. Ich drehte
mich um und ging schlafen.« Das Ende einer russischen Ehe, be-
schrieben vom Star der russischen Trivialliteratur, Oxana Robski.
So ähnlich mag sich auch ihre eigene Trennung nach neunjähriger
Ehe abgespielt haben, der dritten im Leben der jungen Dame um
die 30. Das Ergebnis ihrer bewegten Jahre zu zweit – der zweite
Ehegespons war von einem geschäftlichen Konkurrenten aus dem
Wege geräumt worden – sind eine Tochter und tiefe Einblicke in
das Leben der Reichen und Schönen in Moskau.[82]

Diese Kenntnisse verwertet Oxana Robski in Romanen, deren
Lektüre kaum geistige Anstrengungen erfordert. »Casual«, »Der
Glückstag ist morgen«, »Austern im Regen«, »Verheiratet mit
einem Millionär« oder »Casual 2« werden ihr dennoch aus den
Händen gerissen. Denn die Romane spielen unter den Schönen
und Reichen Russlands, an deren Leben – genau wie in Deutschland und anderswo – so manch ein Leser gerne Anteil nehmen
möchte. Ort der Handlungen ist vorwiegend die Rubljowskoje
Chaussee, auch Rubljowka genannt, am südwestlichen Stadtrand von Moskau, eine Art Naturschutzgebiet für Russlands
Millionäre und Milliardäre. Reklameschilder werben mit Sprüchen wie »Häuser aller Art, ein Hubschrauber als Geschenk« um
Klienten.

Vor 20 Jahren waren die an der Ausfallstraße gelegenen Dörfchen Schukowka, Rasdory und Barwicha beschauliche Flecken,
in denen neben der normalen Dorfbevölkerung Staatsbedienstete,

Schriftsteller, Wissenschaftler und allerlei Prominente ihre Datschen hatten, teilweise geerbt von »verdienstvollen« Vorfahren aus der Stalinzeit. Bekanntester Bewohner von Schukowka war zweifellos Nikita Chruschtschow. Nachdem der einstige Staats- und Parteichef der Sowjetunion von seinen Genossen 1964 aus allen Ämtern gefeuert worden war und 1966 auch noch den Sitz im Zentralkomitee verloren hatte, lebte er fortan auf seiner Datscha in Schukowka. Er starb dort am 11. September 1971 im Alter von 77 Jahren an Herzversagen.

In den achtziger Jahren fuhren wir in den Sommermonaten sehr oft durch Schukowka die Rubljowskoje Chaussee entlang. Sie war damals – neben den Straßen zu den Flughäfen Scheremetjewo, Wnukowo und Domodedowo sowie zum damaligen Patriarchensitz Sagorsk – die einzige Route außerhalb Moskaus, die Ausländer ohne Genehmigung benutzen durften. Am Ende der erlaubten Strecke lag der Ort Nikolina Gora, wo sich am Ufer der Moskwa der sogenannte Diplomatenstrand befand. Die schlichte Wiese war praktisch der einzig mögliche Ausflugsort außerhalb der Stadt, wenn man in den heißen Sommertagen zum Baden fahren wollte. Die vorgeschriebene Strecke zu verlassen war unmöglich, an jeder Straßenkreuzung standen Wachposten, die streng darauf achteten, dass die Ausländer auch auf dem »Pfad der Tugend« blieben.

Zeitweise wurde das unschuldige Stückchen Grünland, wo es außer der leicht vermüllten Natur nichts gab, sogar in einen internationalen diplomatischen Zwischenfall verwickelt. Die sowjetischen Diplomaten in den USA hatten sich jahrelang auf einer für Diplomaten bestimmten Tennisanlage bei Washington getummelt, ohne die dafür fälligen Zahlungen zu leisten. Irgendwann wurde es den US-Behörden zu viel, und sie sperrten die Anlage für die Sowjets. Die zahlten auch dann nicht, sperrten im Gegenzug aber die Wiese in Nikolina Gora für amerikanische Diplomaten. Die allerdings hatte man dort noch nie gesehen.

In den neunziger Jahren, nach dem Zusammenbruch der Sowjetunion und in der Zeit der wilden Privatisierung, wurde die Rubljowka als prestigeträchtige Gegend interessant für Generäle von Armee und Geheimdiensten, vor allem aber für neureiche Russen. Binnen kürzester Zeit klotzten sie meist geschmacklose, dafür aber auffallende Villen in die Datschensiedlungen oder aufs freie Feld. Ab zehn Millionen Dollar aufwärts kosten die

Behausungen derjenigen, die zur Personage der Oxana Robski gehören. Auch Summen von 70 Millionen Dollar sind schon gezahlt worden. Hohe Mauern umschließen die Anwesen und verwehren jeden Blick ins Innere.

Hier an der Rubljowka wohnen die Familie des 2007 verstorbenen Ex-Präsidenten Boris Jelzin, sein Amtsnachfolger Wladimir Putin, der Banker Pjotr Awen und der Ölmagnat Wagit Alekperow. Russische Popstars sind im Reservat der Reichsten ebenso zu Hause wie führende Kräfte der Präsidentenadministration. Michail Chodorkowski gehörte dazu, bis er ins Straflager nach Krasnokamensk in der Region Tschita abtransportiert wurde.

Moskaus Bürgermeister Juri Luschkow, dessen Gattin Jelena Baturina als Unternehmerin und Dollarmilliardärin die reichste Frau Russlands ist, lebt in einem Anwesen etwas abseits. Es gehört nominell seiner Frau, da der Bürgermeister als Staatsdiener natürlich keine Unternehmen mit entsprechenden Einkünften besitzen darf. Sein äußerst umtriebiges und knallhartes Eheweib verklagt jeden, der behauptet, ihr Reichtum sei nicht ganz ohne die Unterstützung ihres Mannes zustande gekommen. Die Wachen greifen schon mal zur Waffe, wenn sich Neugierige erdreisten, sich dem Grundstück mit der schlossähnlichen Villa und den Pferdeställen per Hubschrauber zu nähern.

In dieser Welt bewegen sich die Romanfiguren der Oxana Robski. Bücher und TV-Auftritte haben ihr inzwischen den Titel »erste Ideologin der Gesellschaft Rubljowsker Gattinnen« eingetragen. Neben Mord, Trennung und Happy End beschreibt Robski den Alltag der gutgebauten, elegant gekleideten Gattinnen, die glücklich sind, einen Magnaten geangelt zu haben. Der allerdings ist, ausgepowert durch sein wenig transparentes »Bisnis« und die unvermeidliche Geliebte, oft zum Sexmuffel geworden. Dennoch bleibt die Hauptsorge der Damen, sie könnten ihren gutbetuchten Versorger an eine Jüngere verlieren.

In den Robski-Romanen plaudern Katja, Mascha, Dascha über ihren tristen Alltag, durch den sich eine unübersehbare Spur von Alkohol und Kokain zieht. Und über den Ärger mit den Hausangestellten, die – oft aus der Provinz kommend – rein gar nichts verstehen von den erlesenen Ansprüchen ihrer Herrschaft, die sich selbst gerade erst die Finessen des Luxus erschließt. Wichtige Fragen bestimmen die Gespräche. Kauft man noch Dolce & Gabbana, oder ist das längst out? Ist Bettwäsche von Pratesi noch cool?

Erwerben kann man diese und andere Luxusgegenstände natürlich längst auch auf der »Straße der Millionäre«, wo früher gähnende Leere in den muffigen Supermärkten herrschte und alte Mütterchen am Straßenrand Pilze und Kartoffeln anboten. Inzwischen mussten die Segnungen sowjetischer Einkaufskultur dem modernen Traum vom Konsum weichen. Ferrari- und Bentley-Händler sind hier ebenso zu Hause wie Boutiquen von Loro Piana, Tiffany oder Gucci.

Die Rubljowka ist in der abgehobenen Moskauer Welt der Neureichen der Versuch der Superreichen, sich einen eigenen Lebensraum zu schaffen, weit entfernt von den weniger erfreulichen Realitäten von Mütterchen Russland. Das wirkliche Leben der Mitbürger wird vor die Tore der großen und luxuriösen Anwesen verbannt, damit das künstlich geschaffene Mikroklima nicht beeinträchtigt werde. Hier beginnt Reichtum erst weit jenseits der Zehn-Millionen-Dollar-Grenze. Wer weniger hat, gehört nur zur Mittelklasse.

St. Petersburg – Konkurrentin und nördliche Hauptstadt

Wsewolod und Marina waren alte Leningrader von Geburt und aus Überzeugung. Sie liebten die Stadt an der Newa, die sich – nachdem sie 1918 ihre Hauptstadtfunktion verloren hatte – selbst gerne »nördliche Hauptstadt« nennt. Auf das, wie ihnen schien, bäuerische, grobe und wenig intelligente Moskau schauten sie mit der unter Leningradern – heute St. Petersburgern – üblichen Herablassung. Und mit einiger Bitternis. Denn dort war nun mal das Zentrum, dort spielte die Musik. Von dort auch wurde alljährlich, wenn am 31. Dezember die Uhr auf dem Spasski-Turm des Kreml zwölf Mal geschlagen hatte, das gewaltige Silvesterfeuerwerk vom Fernsehen in die Weiten des Landes übertragen. Mit glänzenden Augen schauten sie auf die blitzende Pracht der Hauptstadt, mit ihnen Renate und Richard, Freunde aus Berlin, für die eine Neujahrsnacht in Leningrad der Höhepunkt des Jahres war. Das berühmte Feuerwerk persönlich zu erleben, war ein langgehegter Traum der beiden Leningrader.

Der sollte eines Tages in Erfüllung gehen. Wsewolod und Marina bekamen, dank Vater Leonid Kantorowitsch, dem sowjetischen Nobelpreisträger für Wirtschaftswissenschaften des Jahres

1975, in Moskau eine kleine Zweizimmerwohnung am Stadtrand. Der Nobelpreisträger selbst durfte in den Stalin-Bau an der
Kesselhaus-Uferstraße direkt neben dem Kreml einziehen. Dort
veranstalteten Wsewolod und Marina – die Eltern waren ver-
reist – ein großes Silvesterfest, auch die Freunde aus Deutschland
kamen. Das Feuerwerk, das alle bisher nur aus dem Fernsehen
kannten, wollte man sich gemeinsam vom Dach des Hochhau-
ses in natura anschauen. Kurz vor Mitternacht, Sektflaschen und
Gläser unter dem Arm, kletterte die fröhliche Truppe mit klam-
men Händen erst Stufen, dann Feuerleitern über schwindelnden
Abgründen hinauf. Die Gläser wurden gefüllt, erwartungsvoll
richteten sich die Blicke auf den Kreml. Dort musste in jeder Se-
kunde das große Ereignis losbrechen. Und es geschah – nichts.
Minute um Minute verging, das neue Jahr hatte längst begonnen,
doch kein Feuerwerk war zu sehen. Die Enttäuschten machten
kehrt, kletterten wieder hinunter und ließen sich dann von den
Ureinwohnern der sowjetischen Hauptstadt aufklären: Nie hatte
es dieses Silvesterfeuerwerk in Wirklichkeit gegeben, es war eine
vom Staatsfernsehen inszenierte Show, die dem Land alljährlich
ein rauschendes Fest vorgaukelte. Jeder Moskauer wusste das natürlich, nur die Provinz hielt die Fiktion für Realität.

Für sie war das natürlich ein Grund mehr, ihre Abneigung gegenüber dem weniger intellektuellen, weniger modernen, weniger
offenen und – wie sich nun auch noch zeigte – lügnerischen Moskau zu pflegen. Das »große Dorf« wie die St. Petersburger Moskau verächtlich nennen, hatte sich von seiner üblen Seite gezeigt.

Der Streit zwischen St. Petersburg, herausgestampft aus dem
Sumpf des Newa-Deltas, und Moskau ist fast 300 Jahre alt. Er
entzündete sich, als Peter I. 1712 die russische Hauptstadt in den
Norden an die Küste der Ostsee verlegte, und ist seitdem nicht
mehr erloschen. In ihrer Anfangsphase hieß die Stadt noch Sankt-
piterburch, dann St. Petersburg, ehe sie 1914 in einer Aufwallung
nationaler Gefühle in Petrograd umbenannt wurde. Nach dem
Tode Lenins im Jahr 1924 erhielt sie seinen Namen – Leningrad.
1991, nach einer Volksabstimmung, erhielt die Stadt wieder den
Namen St. Petersburg. Im Volksmund allerdings blieb es bei
»Piter«.

Peter I., auch »der Große« genannt, scheute weder Kosten noch
die Mühe seiner Untertanen, um die 1703 begonnene Peter- und
Pauls-Festung mit einer am Reißbrett geplanten Stadt zu umgeben,

die sich schließlich auf 42 Inseln ausdehnte. Zehntausende ließen ihr Leben für Peters Idee, Russland ein Fenster zur Ostsee und damit nach Westen zu öffnen. Die im 17. und 18. Jahrhundert unter Mitwirkung italienischer und deutscher Baumeister entstandenen barock-klassizistischen Bauwerke – das Winterpalais, das Smolny-Kloster, die Eremitage und, nicht zu vergessen, die außerhalb gelegene Schlossanlage Peterhof – machten Petersburg zur schönsten Stadt Russlands, auch wenn so mancher Moskauer das nicht wahrhaben will.

Der kenntnisreiche Karl Schlögel bricht zwar eine Lanze für Moskau, indem er konzediert, dass sich schon im Moskau des Mittelalters »fast komplett« alle Elemente der Stadtbildung finden, wie man sie aus Europa kennt. Der Grundriss der russischen Metropole, die noch heute existierende Ringstruktur, sei auf Paris zurückzuführen. Doch daraus wird noch keine europäisierte Stadt, wie sie St. Petersburg war und ist.[83]

Der Kern des Streits zwischen den Städten liegt indes tiefer. Es geht darum, wer die geistig-intellektuelle Führung im Lande beanspruchen kann, und, daraus ableitend, wo der Sitz der Hauptstadt sein sollte. Es ist zugleich der ewige Streit nach dem »Quo vadis Russland?« Petersburg steht für den Versuch einer Anbindung des russischen Reiches an den Westen, für den Versuch, sich dessen Kultur und seiner Rationalität anzunähern. Moskau dagegen gilt als die Heimstadt der Slawophilen des 19. Jahrhunderts, die sich im Gegensatz zu den »Westlern« (Sapadniki) für die Bewahrung russischer Traditionen, der russischen Lebens- und Denkweise einsetzten.

Ob Russland zum Osten oder zum Westen gehört, darüber wird auch heute noch gestritten. Die gegenwärtigen geistigen und politischen Eliten sind wieder einmal auf der Suche nach der verbindenden »russischen Idee«, die das Volk einen und die die Einheit des Vielvölkerstaates bewahren könnte. Fast könnte man es typisch russisch nennen, dass eine wirkliche Entscheidung eigentlich nicht gewollt ist, denn das Sowohl-als-auch, das Nicht-West-nicht-Ost, der »dritte Weg« gewinnt an Zulauf.

Die Petersburger führen den Streit in der unerschütterlichen Überzeugung, kulturell überlegen und weltoffener zu sein. Die Moskauer ruhen in der Gewissheit, dass ihre Stadt nicht nur das politische, sondern auch das Finanzzentrum Russlands beherbergt, wohin in den vergangenen Jahren traumhafte Summen von

Petro-Dollars geflossen sind. Sie haben die Stadt in einen rausch-haften Zustand versetzt, in dem wenig Interesse wächst für die Bedürfnisse der »nördlichen Hauptstadt«. Allerdings hat sich der gebürtige Leningrader Putin kraft seiner präsidialen Befugnisse bemüht, die Aufmerksamkeit auf die vernachlässigte Schöne an der Newa zu lenken. Das Verfassungsgericht bekam dort seinen Sitz, Großereignisse wie der G8-Gipfel im Juli 2006 oder Staats-besuche ließ Putin in Petersburg abfeiern. Mit dem aufwendig re-staurierten Konstantin-Palast entstand eine Präsidenten-Residenz für Begegnungen mit den Großen dieser Welt. Nur Hauptstadt wird St. Petersburg wohl nicht werden, auch wenn sich seine Be-wohner das noch so sehr wünschen mögen. Die gegenwärtig ob-waltende Denkweise der politischen Eliten ist nicht auf Integra-tion in die Welt, sondern auf Abschottung gerichtet. Ein Umzug der Führung nach Petersburg passt nicht in dieses Bild.

Das andere Russland –
Leben in der Provinz

Ein junger aufstrebender Kader wird im neuen Russland aus der Provinz in ein Ministerium in die Metropole abkommandiert. An einem hohen Staatsfeiertag lässt er seine Gattin, die zunächst zu Hause bleiben musste, zur Feier nach Moskau kommen. Im Festsaal zeigt er ihr die Obrigkeit: »Da, der Hauptabteilungsleiter mit seiner Geliebten. Dort drüben ein Stellvertreter des Ministers, neben ihm seine Geliebte. Und da ist mein Chef mit seiner Freundin.« Seine Frau schaut sehr verwundert. Dann fordert sie ihn auf, ihr nun auch seine Geliebte zu zeigen. Er leugnet standhaft, aber es nützt nichts. Schließlich deutet er auf eine junge Frau am Nebentisch: »Das ist sie.« Seine Gattin mustert die Rivalin eindringlich, lehnt sich zurück und sagt befriedigt: »Unsere ist die Schönste.«

In einer Sendung des Moskauer Fernsehens wurde in einer Diskussionsrunde halb ironisch, aber mit einer kräftigen Prise Realismus die Frage aufgeworfen: »Gibt es Leben hinter dem Autobahnring?« Der Autobahnring, der 110 Kilometer lange MKAD, umschließt die prosperierende Hauptstadt. Die Frage widerspiegelt eine typische Lebenshaltung der Moskauer, sie ist ein Ausdruck hauptstädtischer Ignoranz gegenüber dem Leben auf dem Lande, das im Grunde niemanden in der Metropole interessiert. Außerhalb des breiten Betonbandes beginnt Podmoskowje mit seinen in irrwitzigem Tempo wachsenden Datschensiedlungen, die vom wachsenden Wohlstand der Hauptstädter künden. In den Industriestädten des Moskauer Gebiets entsteht ein wichtiger Teil des Bruttoinlandsproduktes, dahinter liegt die Provinz.

»Moskau glaubt den Tränen nicht«, hieß eine außerordentlich populäre TV-Serie in den siebziger Jahren. Sie beschrieb das Leben eines jungen Mädchens aus der Provinz, das versuchte, sich im harten Überlebenskampf der Hauptstadt durchzusetzen. Mit dem TV-Titel wurde eine ganze Lebenshaltung umschrieben, die schon damals existierte: Letztlich berührt uns, die wir hier im Wohlstand leben, das Elend der russischen Provinz überhaupt nicht. Ihre Tränen rühren uns nicht. Eine Haltung, die sich seitdem eher verstärkt denn abgeschwächt hat.

Der asiatische Teil Russlands macht drei Viertel seines Territoriums aus. Dort lebt aber nur ein Fünftel der gesamten russischen Bevölkerung. 80 von 100 Russen leben dagegen im europäischen Teil des Landes, vorzugsweise in den Städten. Die Dörfer in den zentralrussischen Regionen sterben aus. Die Viehställe sind längst zerfallen, die Jugend hat die Dörfer verlassen. Lediglich Alte und Alkoholiker sind geblieben und verzehren ihre mageren Pensionen oder staatlichen Beihilfen. In den Gärten ziehen sie ein paar Kartoffeln, Zwiebeln und etwas Kohl. Die Felder liegen brach, es ist niemand mehr da, der sie bearbeiten könnte.

Wenn Valeri Sachatow, ein Moskauer Maler, auf seine Datscha fährt, die in einem Dorf in der Nähe von Brjansk steht, erwachen die lethargischen Bewohner zu neuem Leben: Barin prijechal! heißt es dann, der Herr ist angekommen. Und sie finden sich bei ihm ein, um zu plaudern, behilflich zu sein und auch Anweisungen entgegenzunehmen. »He, schau dir deinen Zaun an, der steht ganz schief. Den musst du richten«, fordert der Maler einen Nachbarn auf, und der trottet los und macht sich an die Arbeit. Ein anderer beginnt eifrig, den eigenen Ofen zu reparieren. Valeri hat ihn mit der Nase auf das Offensichtliche gestoßen. Ohne Anregung von außen hätte auch dieser Mann seine Lethargie nicht überwunden.

Einst lebten rund 3000 Menschen in dem Dorf, jetzt sind es nur noch ein paar Dutzend. Häuser und Anlagen, die dem Kolchos gehörten, sind ebenso zerfallen wie das Kulturhaus. Auf den freien Flächen wächst massenweise eine grüne Pflanze, für deren Anbau auch in Russland eigentlich Gefängnis droht: Hanf. Aber niemand kümmert sich darum, er wächst wild, und die Dorfbewohner haben keine Verwendung dafür. Sie haben ja ihren Wodka.

Das russische Dorf in seiner ursprünglichen Gestalt, von dessen Bodenständigkeit und moralischer Stärke sich Schriftsteller wie Valentin Rasputin und Alexander Solschenizyn die Rettung des russischen Staates erhofften, es existiert nicht mehr. Die brutale Kollektivierung in den dreißiger Jahren, die totalitäre Unterdrückung und Bevormundung in der Sowjetzeit zerstörten die Grundlagen der einstigen russischen Dorfgemeinschaft. Als sich mit dem Untergang der Sowjetunion die letzten Bindungen auflösten, war der Absturz nicht mehr aufzuhalten.

Die sogenannten Dorfschriftsteller setzten schon seit Ende der sechziger Jahre des vergangenen Jahrhunderts auf die alten Werte und Traditionen der dörflichen Kultur, die sie dem offiziell gültigen Fortschrittsdenken gegenüberstellten. Das bäuerliche Russland war ihnen das Ideal, das es wieder herzustellen galt, um das Land vor dem sonst unausweichlichen Untergang zu retten. Man müsse sich auf die Ursprünge besinnen, zu den Wurzeln zurückkehren. Sehr diffus werden Begriffe wie »Seele« und »Geist« in die Debatte geworfen, ohne zu erklären, was damit gemeint ist. Leichte Züge von Irrationalität nehmen die Gespräche dann an, wenn dem Ausländer, der um Aufklärung bittet, angelastet wird, er verstehe das eben nicht, weil dies eine typisch russische Denkweise sei, die allen anderen überlegen und deshalb unzugänglich für den europäischen Verstand sei.

Einer der wichtigsten Vertreter der sowjetisch-russischen Dorfliteratur ist zweifellos Valentin Rasputin. Seine Erzählung »Abschied von Matjora« kann als eindrucksvolles Beispiel für die Kritik an der Industrialisierung und die Trauer über den Verlust traditioneller Werte gedeutet werden. Das kleine Dorf Matjora, auf einer Insel in der Angara gelegen, muss untergehen, weil ein Staudamm und ein Kraftwerk gebaut werden und die Wasser des angestauten Flusses alles verschlingen. Rasputin beschreibt eindringlich die menschlich-emotionalen Verluste, die die Dorfbewohner erleiden, wenn sie ihr Dorf verlieren. Die neue, technisierte Welt am anderen Ufer ist ihnen fremd. Mit dem Dorf und der Insel geht für Rasputin ein Stück Identität verloren.

Solschenizyn ist in dem Sinne natürlich kein Dorfschriftsteller. Aber auch bei ihm spielt das Dorf eine zentrale Rolle. Die »Wiedergeburt« Russlands kann seiner Meinung nach nur gelingen, wenn das Land sich auf seine überlieferten Werte des sauberen ländlichen Lebens besinnt und wenn beispielsweise die Selbstverwaltung der Bauern, die Semstwo, aus den Zeiten von Stolypins Reform wiederhergestellt wird. Als er 1994 auf einer langen Eisenbahn-Reise durch das Land über Wladiwostok nach Moskau zurückkehrte, versuchte er seinen Landsleuten diesen Gedanken nahezubringen. Das misslang. Solschenizyn, der auch in seinem

Exil in den USA abgeschottet vom wirklichen Leben gearbeitet hatte, war ohne Bezug zur Realität. Seine Landsleute stellten sich ihr Leben anders vor als eine Rückkehr ins ländliche Dasein des 19. Jahrhunderts.

Und selbst wenn sie es gewollt hätten – nach der sowjetischen Kollektivierung und dem anschließenden Zerfall der Sowchosen (Staatsgüter) und Kolchosen (Genossenschaftswirtschaften) war das ursprüngliche russische Dorf zumindest in den zentralen Teilen der Russischen Föderation nicht mehr existent.

Die Kluft zwischen Stadt und Land wächst

Zwar wird auch in Moskau die soziale Kluft mit dem Heranbranden der Petro-Dollars immer ausgeprägter. Über 13 Prozent der Hauptstädter leben unterhalb des Lebensminimums, das für ganz Russland (2007) bei mageren 3713 Rubel (rund 105 Euro) im Monat lag. Weniger Arme gibt es in den Erdgas- und Erdölfördergebieten, in den autonomen Kreisen Chanty-Mansijsk und Jamalo-Nenezk, wo der Anteil der Armen nur noch bei rund 8 Prozent liegt, seit ein Teil der Einnahmen nicht mehr auf dem Umweg über Moskau ins regionale Budget fließt.

Das ändert indes nichts an der Gesamtlage: 80 Prozent des gesamten russischen Kapitals sind in Moskau konzentriert. Weitere 10 Prozent befinden sich in St. Petersburg, der kleine Rest verteilt sich über das weite Land.

Die wirklichen Unterschiede werden erst auf dem Land sichtbar. Drei von vier Armen in Russland leben in ländlichen Regionen, wo man den Rubel dreimal umdreht, ehe er ausgegeben wird. Ein Drittel der Bevölkerung hat keinen Wasseranschluss und kennt keine Kanalisation. Ebenso viele Russen haben keinen Gasanschluss. 40 Prozent aller Schulen auf dem Land haben weder Wasseranschluss noch Toiletten, weisen russische Statistiken aus. Das Land, das für sich eine Führungsrolle in der Welt beansprucht, hat bisher auch noch keine durchgehende Autostraße von West nach Ost, die diese Bezeichnung auch verdient.

In sibirischen und fernöstlichen Städten kommt es immer wieder zu Notständen, wenn im Winter bei 40, 50 Grad Frost die Wasser- und Fernwärmeversorgung ausfällt und ganze Stadtteile einzufrieren drohen. Selbst in der Nähe von Moskau kann die

Stromversorgung in den Städten schon mal zusammenbrechen, wenn sich die Kälte im Winter über längere Zeit hält. Grund ist die veraltete Infrastruktur, in die seit Jahrzehnten nicht investiert wurde und die folglich hochgradig havarieanfällig ist. Bei einem Besuch in Petropawlowsk-Kamtschatski fielen mir verrußte Außenwände der Wohnhäuser auf. Die Fernwärmeleitungen waren dermaßen unzuverlässig, dass die Bewohner sich Kohle- oder Kerosinöfen in die Wohnungen gestellt hatten und die Abgase mit kurzen Rohren durch die Fenster nach außen leiteten. Durch die Stadt waberte ein Geruch nach Kohlengas, wie er mir noch aus der DDR in Erinnerung war, als dort die Öfen vorwiegend mit Braunkohlebriketts geheizt wurden.

In der Region Uljanowsk, der Heimat des Sowjetunionbegründers Lenin, hatte der Gouverneur die zündende Idee, gegen den Geburtenrückgang und die drohende demografische Katastrophe angehen zu müssen. »Gebäre einen Patrioten am Tag Russlands« heißt seine Kampagne, bei der er jedes Jahr Agitatoren, Gynäkologen, AIDS-Experten und Künstler durch das Land schickt, um die Gebärfreudigkeit seiner Mitbürgerinnen anzuregen.

In einem kleinen Dorf, nicht weit entfernt von der Regionalhauptstadt Uljanowsk, stieß seine Einsatzbrigade mit den Realitäten des dörflichen Lebens zusammen. Armut, gepaart mit Chancenlosigkeit sind die Gründe, warum Frauen keine Kinder bekommen wollen. »Ich habe ein Gehalt von 1550 Rubeln (etwas über 40 Euro) im Monat und bin nicht verheiratet. Alle vernünftigen Männer im Dorf sind schon unter der Haube«, beschwerte sich eine 30-Jährige. »Wie soll ich da zu Kindern kommen?«

Eine andere Dorfbewohnerin geht schwanger mit ihrem zweiten Kind. Sie schätzt sich glücklich, da sie 6000 Rubel (ca. 170 Euro) verdient und ihr Mann ebenfalls. Wenn alle so viel verdienen würden, wäre das Kinderkriegen kein Problem, meinte sie. Aber im Dorf liege das Durchschnittseinkommen nur bei 2500 Rubeln, »und auch das muss man schon suchen«.[84]

Vom Dollar-Millionär zum Einsiedler

Hinter Moschaisk, in den Wäldern, 140 Kilometer westlich von Moskau, hört die Straße auf. Die Wege in Jeremejewo sind aufgeweicht vom Regen. Auch ein Jeep würde in den Schlammlöchern steckenbleiben. Also bleibt nur das Pferd, auf das ich mich, der ich zuvor nie auf einem Gaul gesessen habe, hinaufquäle. Krampfhaft halte ich mich aufrecht, beide Hände an zwei Griffe am Sattel geklammert, in dem Sergej, der dienstbare Geist meines Gastgebers sitzt und den Vierbeiner nach Hause treibt.

Eine gute halbe Stunde dauert der Ritt durch die Wildnis, bis ich das Anwesen von German Sterligow erreiche. Sterligow, einst einer der reichsten Männer Russlands, hat sich inmitten unberührten Waldes niedergelassen. Dies scheint ihm heute der einzige Ort, an dem er sich und seine Familie vor den Einflüssen der – wie er meint – üblen russischen Gegenwart fernzuhalten in der Lage ist.

German Sterligow ist Anfang 40, den Bart lässt er nach russisch-orthodoxer Art ungehindert sprießen. Grobe Hosen stecken in ebenso groben Stiefeln. Nur die elegante Brille erinnert daran, dass dieser Mann schon andere Zeiten erlebt haben muss. Sterligow, seinerzeit mit 24 Jahren der jüngste postsowjetische Millionär, Sterligow, der schillernde Erfolgsmensch der frühen Neunziger, hat mit der Zivilisation gebrochen.

Nur ungern spricht er noch von seinem vorherigen Leben, seinem Geld, seinen schnellen Autos, dem Schloss in Burgund, von seinem Leben an der »Rubljowka«, der Chaussee der Reichen am Moskauer Stadtrand, wo nur als reich gilt, wer mehr als zehn Millionen Dollar besitzt. Zu Geld gekommen war er durch seine Firma »Alisa«, benannt nach seiner damaligen kaukasischen Schäferhündin. Deren Nachkommen bewachen heute das kleine Anwesen mit den Häusern aus roh behauenen Balken. Innerhalb von drei Wochen habe er es nach der Firmengründung 1991 zum Millionär gebracht, erzählt er. Hilfreiche Verbindungen zum Politbüro und zum KGB werden ihm nachgesagt.

Warum er dem bequemen, angenehmen Leben entsagt hat? »Ich hatte sehr schnell, schneller als die anderen, die Möglichkeit, zu erkennen, dass Geld kein Glück bringt. Gegen etwas Geld ist nichts zu sagen, das ist ganz nützlich«, philosophiert der Ex-Millionär. »Aber viel Geld ist sinnlos, es hindert dich daran, menschlich zu leben.«

Doch das sei nicht die Hauptsache gewesen. Er habe den Entschluss zum Weggehen gefasst, als er einsah, »dort in der Stadt kann ich meine Kinder nicht zu normalen Menschen erziehen. Mein Mädchen könnte in der Schule zur Prostituierten werden, meine Jungs zu degenerierten Gaunern.« Denn in der Stadt seien sie umgeben von üblen Beispielen, »von Drogen, Trunksucht und Unzucht«. Sie davor zu bewahren sei in der Umgebung unmöglich gewesen, ist er überzeugt.

Heute ist ihm die »Rubljowka« nur noch ein Synonym für das Wort Ghetto. »Das war fast wie in einem Gefängnis, einem sehr reichen zwar, aber es blieb ein Gefängnis. Das Leben dort fand hinter hohen Mauern statt, bewacht von Videokameras und Wachposten.« Eines Tages verkaufte er das, was er dort noch besaß, bezahlte seine Schulden und kehrte zu seinen Wurzeln zurück. Hier auf der Waldlichtung stand das Haus seiner Großmutter.

Sterligow ist nicht der Einzige in der russischen Geschichte, der sich in die Einsamkeit zurückgezogen hat. Einsiedler hat es viele gegeben im Laufe der Zeiten. Gleich ihm waren sie durchdrungen von archaischen, streng nationalen und religiösen Ehrbegriffen, die ihnen mit den jeweiligen aktuellen Lebensbedingungen unvereinbar schienen. Im 14. und 15. Jahrhundert waren sie es oftmals, die in unwegsamen Gegenden neue Klöster gründeten. Wie beispielsweise die Mönche Kirill und Ferapont. Sie verließen Moskau vor 600 Jahren, schon damals die »Hast des Alltags« fliehend, und gründeten ein paar hundert Kilometer nördlich bei Wologda ein Kloster. Die russischen Altgläubigen zogen sich nach ihrer Abspaltung von der orthodoxen Kirche infolge einer Kirchenreform im 17. Jahrhundert ebenfalls weit in die Einsamkeit der Wälder zurück.

Lew Tolstoi, der Altmeister der russischen Literatur, versuchte sich in Jasnaja Poljana, allerdings eher glücklos, in der Einfachheit des ländlichen Lebens. Er grub die Erde um, nähte sich die Stiefel selbst und ernährte sich von einfachen bäuerlichen Speisen.

German Sterligow folgt, wenn auch unbewusst, diesen Spuren. »Das hier ist mein langgehegter Traum: in sauberer Luft und in Freiheit leben«, sagt er und breitet seine Arme aus. »Hier habe ich alles, was ich brauche.«

Der Anfang war voller Hindernisse. Das erste Haus, größer und komfortabler als das jetzige, ging in Flammen auf. »Neidische Nachbarn haben es angezündet«, erzählt German ungerührt. Seitdem hat er aufgerüstet. Eine Kalaschnikow, eine Jagdflinte gegen die Raubvögel und eine Pump-Gun hängen im Wohnzimmer immer griffbereit.

Seine Frau Lena, Tochter Pelageja und die Söhne Arseni, Sergej und Pantelejmon teilen sein Leben in der Einöde. Pelageja und die beiden älteren Jungen, so berichtet stolz Ehefrau Lena, könnten schon sehr gut mit den Waffen umgehen. Lena hatte anfangs große Bedenken. Inzwischen hat sie sich an das neue Leben gewöhnt und lobt die Abgeschiedenheit. »Die Stadt beengt die Seele, hier kann sie sich frei entfalten.«

German blickt stolz auf sein Eheweib, das in ein langes Kleid gewandet ist, den Kopf von einem Tuch verhüllt. Frauen in Hosen kommen ihm nicht auf das Anwesen. »Früher war sie die Schönste auf den Empfängen, jetzt ist sie die Beste in der Hauswirtschaft«, lobt sie der jugendliche Patriarch. Leise lächelnd rührt Lena vor der Tür in der Fischsuppe. Die Fische stammen aus einem nahe gelegenen Teich, die Kartoffeln sind selbst angebaut.

Die Sterligows haben Pferde, Kühe, Schweine, Hühner, Schafe, Gänse, Truthühner. Sie brauen ihren eigenen Kwass (Brotbier), bestellen ihre kleinen Felder und leben bis auf einige Kleinigkeiten autark. Lediglich den Luxus landwirtschaftlicher Technik leisten sie sich. Sie besitzen einen Trecker, einen Generator, Pflüge und einen Jeep, der aber nur bei trockenem Wetter benutzbar ist. Radio und Fernsehen gibt es ebenso wenig wie Zeitungen.

Das Gastgeschenk – 20 Liter Diesel – nehmen sie gerne. »Benzin und Diesel sind hier bei uns so solide Währungen wie Euro und Dollar an der Rubljowka«, meint Hofbesitzer Sterligow ernsthaft. Bei seiner Vorgeschichte erscheint es kaum glaubhaft, dass da kein Geld mehr sein soll. Doch German versichert, er habe alles ausgegeben – für die Politik. Er kandidierte mehrfach, wollte Bürgermeister und Gouverneur in Sibirien werden. 2004 drängte es ihn ins Präsidentenamt. Nach dem geschäftlichen Erfolg wollte er nun die Situation in ganz Russland zum Besseren wenden, wurde aber schon bald – unberechtigt, wie er sagt – vom Wahlkampf ausgeschlossen.

Sein Programm? »Ganz einfach: Verbot der Abtreibung. Und die Todesstrafe für Ärzte, die abtreiben«, sagt freundlich der Hausherr. Wenn in Russland jährlich acht Millionen Aborte stattfänden, hätte das Volk keine Existenzberechtigung mehr, die Nation sterbe aus und alle anderen Probleme schrumpften bis zur Unwichtigkeit. Dann sei es egal, ob der Uralmasch-Konzern effektiv produziere oder wie viele Millionen Dollar illegal in die Schweiz transferiert wurden.

Tatsächlich hat das Land eine der höchsten Abtreibungsraten, weil Aborte hierzulande als Mittel zur Geburtenregelung missbraucht werden. Unter anderem auch deshalb, weil Aufklärung an den Schulen als unmoralisch und schädlich gilt und demzufolge nur in Ausnahmefällen stattfindet. Die Direktorin einer Moskauer Schule erklärte mir allen Ernstes, »unsere Schüler sind moralisch sauber, die denken an so etwas nicht einmal. Jedes Gespräch über sexuelle Aufklärung, sicheren Sex oder AIDS würde nur schlafende Hunde wecken.« Sterligow lässt seine Kinder privat unterrichten, um sie vor derlei üblen Einflüssen zu bewahren, und predigt die Hebung der Moral.

Der verhinderte Präsidentschaftskandidat hat dafür ein unfehlbares Mittel: »Was unmoralisch ist, muss verboten werden.« Und was unmoralisch ist, bestimmt der, der den Staat führt. Er sei dazu bereit gewesen, aber man habe ihn nicht gelassen. Seine Antwort darauf war die Hinwendung zum Dorfleben. In dem Moment hatte ich das erste – und einzige – Mal das Gefühl, dass Moskaus »gelenkte Demokratie« auch nützlich sein kann.

Die Regionen ticken anders

Der Mensch an sich ist auch in Russland nicht unbedingt immer und überall gut. Aber es existieren doch erhebliche Unterschiede zwischen den harten, rempelnden und im täglichen Überlebenskampf der Megapolis Moskau gestählten Typen und jenen, die in der vergleichsweise beschaulichen Provinz ihr Leben fristen. Dort sind die Menschen ausgeglichener, haben eher Zeit, zuzuhören und das freundliche Gespräch zu pflegen. Ausländer werden mit besonderer Freundlichkeit bedacht, haben sie doch einen weiten Weg zurückgelegt, um ausgerechnet in unsere Stadt zu kommen, denken die Einheimischen. In einigen russischen Städten gelten solche Begegnungen, trotz der vielfältigen Reisemöglichkeiten, immer noch als beinahe exotisches Ereignis.

In einem Provinzhotelrestaurant in Jaroslawl: Ein Gast aus Deutschland bestellt eine Vorsuppe, nach 15 Minuten kommt der traurige Bescheid – die Suppe ist aus. Er ordert eine andere, nach weiteren 15 Minuten wiederholt sich das Spiel. Auch diese Suppe gibt es heute nicht. Der langmütige Gast bestellt eine dritte, die er nach einer geschlagenen Stunde dann tatsächlich auch bekommt. Er dankt artig und fragt beiläufig, warum das denn so lange gedauert habe. Die Serviererin, eine mütterliche Frau mittleren Alters, antwortet verlegen: »Ach, wissen Sie, die Küche hatte auch diese Suppe nicht mehr, das war mir so peinlich, dass ich sie schnell selbst gekocht habe.«

Weniger Glück hatte die deutsche Rockband Scorpions. Auf ihrer Tournee durch Russland, wo sie neben Modern Talking zu den populärsten ausländischen Bands gehört, kam sie abends nach einem Auftritt kurz vor zehn Uhr ins Hotel. Die ganze Truppe, ungefähr 50 Mann, war hungrig und durstig. Aber das Restaurant schließt gewöhnlich um zehn. Und tat das auch an diesem Abend, da half kein Bitten und kein Betteln. Auch das Winken mit Devisen blieb erfolglos. Der Feierabend war der Restaurant-Besatzung heilig, Freizeit war ihr wertvoller als ein paar zusätzlich verdiente Euros.

Die Abgesandten der großen Hauptstadt, zu denen in diesem Fall auch die ausländische Band gezählt wurde, werden zwar manchmal beneidet, meist aber mit misstrauischer Ablehnung betrachtet. Befragt nach ihrer Einschätzung der zentralstaatlichen Leistungen aus Moskau, sind sich die Bewohner der Provinz weitgehend einig: Die Hauptstadt nimmt mehr, als sie gibt, sie lebt praktisch auf Kosten der Regionen. Die Tatsachen stützen diese gefühlsmäßig geäußerte Meinung. 80 Prozent des russischen Kapitals ist in Moskau konzentriert, zehn Prozent in St. Petersburg und der Rest verteilt sich auf das weite Land, wo man verständlicherweise keine gute Meinung von der Hauptstadt hat.

Selbst in St. Petersburg, das ja noch vergleichsweise ordentlich am Reichtum partizipiert, glauben beispielsweise 54,5 Prozent, dass die Zentrale sie »ausnimmt«. In Omsk sind sogar 86,1 Prozent dieser Meinung. Auch in Archangelsk (80,8), in Woronesch (70,3 Prozent) und Jaroslawl (76,9 Prozent) liegt die Zahl der Unzufriedenen mit den Moskauer Leistungen sehr hoch. Milder gestimmt sind die Einwohner von Chabarowsk im Fernen Osten, wo nur 52,5 Prozent meinen, dass Moskau mehr nimmt, als es gibt. 13,8 Prozent der Einwohner der Stadt am Amur waren sogar der Ansicht, Moskau gebe mehr, als es nehme. In anderen Provinzstädten bewegte sich diese Zahl ausschließlich im einstelligen Bereich. In Irkutsk am Baikalsee und in Archangelsk am Weißen Meer fand sich niemand, der eine so gute Meinung von der russischen Metropole hatte.

»In der Hauptstadt selbst wie in der Provinz gilt Moskau vielen als korrupt und kriminell, aber auch als chancenreiches Pflaster für die Energischen (...). Die Provinz hingegen empfinden sowohl ein beträchtlicher Teil der Moskauer als auch viele Bewohner der mittleren und kleineren Städte selbst als zurückgebliebene, öde und von bürokratischer Willkür beherrschte Peripherie. Die Provinz gilt aber auch als Ort intakter zwischenmenschlicher Beziehungen, an dem das ›echte Russland‹ zu finden ist«, resümiert eine vergleichende Studie der Friedrich-Ebert-Stiftung.

Auf die Frage, was typisch sei für die Moskauer und die Einwohner der Provinz, nennen die Provinzler Begriffe wie Karriere (79,5 Prozent) und Wohlstand (78,0) am häufigsten. Für sie ist die Metropole mit ihren Chancen aber zugleich auch Hort der Heuchelei (56,3), der Arroganz (53,5). Allerdings herrschen ihrer Meinung nach dort mehr Demokratie (47,6) und Freiheit (40,2), dafür weniger Trunksucht (25,4) und Patriotismus (16,1). Die niedrigsten Bewertungen erhielten solche Kategorien wie Seele, Güte und Offenheit. Die fern der Hauptstadt Lebenden sind überzeugt, dass das in Moskau so gut wie nicht vorkommt.

Im Gegenzug sind sich die Moskauer sicher: In der Provinz herrschen Suff (77,0 Prozent) und Langeweile (72 Prozent). Karriere ist dort ihrer Meinung nach ebenso wenig zu machen, wie Wohlstand zu gewinnen (6,5 bzw. 4,8). Dafür haben Seele (52,1), Güte (61,3) und Offenheit (55,3) ihre Heimstadt in der Provinz, glauben die Moskauer.

62,2 Prozent der Moskauer meinen, dass das Leben in ihrer Stadt besser sei als an anderen Orten, 30,6 Prozent teilen diese Ansicht nicht. Die Provinzbewohner hingegen glauben mehrheitlich (59,1 Prozent), am eigenen Wohnort lebe man schlechter als in anderen Gegenden des Landes. 28,2 Prozent sehen keinen Unterschied, und nur 12,7 Prozent glauben, dass sie an ihrem Ort besser leben, als es anderswo der Fall wäre.[85]

Russland als Vielvölkerstaat

Meine ersten Tschetschenen traf ich Anfang der neunziger Jahre hinter dem Polarkreis in über 700 Metern Tiefe unter der Erde. Es waren Bergbauingenieure, die tief unter dem Permafrostboden nach Nickel, Kupfer, Cadmium und anderen seltenen Metallen schürften. Ihre Ausbildung hatten sie am damals durchaus renommierten Bergbauinstitut von Grosny, der Hauptstadt Tschetscheniens im Nordkaukasus, erworben. Die tschetschenischen Ingenieure waren intelligente, ruhige Männer, die ihr Fach verstanden und sich als Bürger der Russischen Föderation empfanden. Dass sich in ihrer Heimat ein Dschohar Dudajew im Oktober 1991 in einer von Moskau nicht anerkannten Wahl zum Präsidenten hatte wählen lassen, berührte sie nicht.

Später, im Dezember 1994, traf ich im bereits stark zerschossenen Grosny auf ganz andere Tschetschenen. Weißbärtige Greise tanzten Tag für Tag unermüdlich den Sikr, den Märtyrertanz. Gebete singend, trabten die martialisch aussehenden Gestalten vor dem Präsidentenpalast, der damals noch stand, im Kreise. Weiße Bänder kennzeichneten die Mekkapilgerer. Grün symbolisierte den Schwur, Tschetschnja bis zum Letzten zu verteidigen. Angefeuert wurden sie vom damaligen Mufti Tschetscheniens namens Achmat Kadyrow, der gerade den Dschihad gegen Russland ausgerufen hatte. Präsident Dudajew, ehemals Sowjetgeneral und Befehlshaber eines im Baltikum stationierten strategischen Bombergeschwaders und Symbolfigur der Tschetschenen, hatte die Unabhängigkeit des kleinen Landes ausgerufen. Ein erster Angriff russischer und kollaborierender tschetschenischer Einheiten war bereits abgewehrt worden. Jetzt, Anfang Dezember 1994, standen die russischen Streitkräfte zum Einmarsch an den Grenzen bereit. Ich fuhr an langen Panzer- und Lkw-Kolonnen mit russischen Hoheitszeichen vorbei, die auf den Einsatzbefehl warteten, um – wie es der damalige Präsident Boris Jelzin ausdrückte – die verfassungsmäßige Ordnung wiederherzustellen. Dieser Versuch endete in einem Blutbad.

In den beiden Tschetschenien-Kriegen (1994–1996 und 1999–2001) starben nach unsicheren Schätzungen 180 000 Tschetschenen, nur etwa ein Drittel waren tatsächlich Kämpfer. Auf russischer Seite fielen wahrscheinlich 25 000 Soldaten, Milizionäre, Geheimdienstleute. Hunderttausende Tschetschenen wurden zu Flüchtlingen. Grosny wurde zu 80 Prozent zerstört. Als ich die Stadt 2001 besuchte, ging der Schock tief. Ich fühlte mich an die Fotos vom zerstörten Dresden nach dem Luftangriff vom Februar 1945 erinnert.[86]

Die Tschetschenen, die auch dieses Mal chancenlos waren, hatten sich bereits vor 300 Jahren – wie andere kaukasische Völker

172

auch – gegen die russischen Eroberer gewehrt, zwischendurch aber immer auch wieder Übereinkünfte und Arrangements gefunden. Für den Widerstandswillen stehen die Namen von Scheich Mansur, der zwischen 1785 und 1791 Krieg gegen Russland führte, und von Imam Schamil, ein aus Dagestan stammender Aware. Er führte den 1818 begonnenen Krieg ab 1834 bis zur Niederlage der Bergvölker 1859.

Als Stalin das gesamte tschetschenische Volk 1944 – wie die Russlanddeutschen an der Wolga – nach Kasachstan deportieren ließ, führten die kampfwilligen Tschetschenen einen jahrelangen Partisanenkrieg in den Bergen des Kaukasus.

Der ehemalige Mufti Kadyrow hatte in den Wirren des ersten Tschetschenien-Krieges in den neunziger Jahren des 20. Jahrhunderts noch rechtzeitig die Seiten gewechselt, er verriet Präsident Dudajew. Das dankbare Moskau, wo inzwischen Präsident Putin die Macht übernommen hatte, ernannte Kadyrow im Jahr 2000 zunächst zum Chef der russischen Verwaltungsbehörde. 2003 wurde er in einer gefälschten Wahl zum tschetschenischen Präsidenten von Russlands Gnaden gemacht, am 9. Mai 2004 starb Kadyrow bei einem Attentat in Grosny. Heute herrscht sein Sohn Ramsan, unterstützt von Russland, mit brutaler Gewalt in Tschetschenien und geriert sich als kluger Anführer seines Volkes.

Die Tschetschenen gehören zu den moslemischen Völkern, die den gesamten Nordkaukasus besiedeln. Eine Ausnahme stellen nur die Osseten dar, die überwiegend orthodoxen Glaubens sind und ein gutes Verhältnis zu Moskau pflegen. Der größere islamische »Rest« – angefangen in Dagestan am Kaspischen Meer, über Tschetschenien, Inguschetien, Kabardino-Balkarien, Karatschai-Tscherkessien und Adigej im Westkaukasus – wird immer unsicherer. Anschläge, Überfälle und Entführungen sind vor allem in Dagestan, Tschetschenien und Inguschetien an der Tagesordnung.

Neben dem islamischen Nordkaukasus sind auch die autonomen Republiken entlang der Wolga meist islamisch geprägt. Die größte und einflussreichste dieser autonomen Republiken ist Tatarstan mit der Hauptstadt Kasan. Auch hier hatte es zu Beginn der neunziger Jahre starke Unabhängigkeitbestrebungen gegeben. Präsident Mintimer Schaimijew, der vorher Parteichef von Tatarien gewesen war, verstand es indes, anders als Dudajew, mit Moskau einen Kompromiss auszuhandeln, der für beide Seiten akzeptabel war. Und der ihm, Schaimijew, die Macht in der erdölreichen autonomen Republik erhielt.

Dieser Kompromiss wurde allerdings auch deshalb möglich, weil sich der Islam an der Wolga sehr deutlich von dem in den kaukasischen Bergen unterscheidet. Bei den Kaukasiern spielen noch Elemente ihres archaischen Naturglaubens und der kaukasischen Ehrauffassung hinein, zu der auch die Blutrache gehört. Die Tschetschenen beispielsweise wollten zu Beginn ihres Unabhängigkeitskrieges unter anderem das Adat, ein tschetschenisches Naturrecht, einführen. In dem Maße jedoch, wie sich die Konfrontation verhärtete, wurde der Islam zu einer identitätsstiftenden Einrichtung. Und als die Rebellen begannen, finanzielle Hilfe anzunehmen, wo sie sie bekamen, wurde der Einfluss orthodoxer islamischer Strömungen aus Saudi-Arabien immer stärker. Die radikal-islamische Strömung des Wahhabismus wurde zu einem Instrument des Widerstandes gegen Russland.

Nach dem Zerfall der Sowjetunion mit ihren 260 Millionen Einwohnern blieben in der Russischen Föderation 141,7 Millionen (geschätzt Juli 2007) übrig. 79,8 Prozent davon sind Russen, die größte Minderheit sind die Tataren mit 4 und die Ukrainer mit 2,2 Prozent. Insgesamt trifft man im russischen Vielvölkerstaat über 100 verschiedene Völker an, die verschiedenen Glaubensrichtungen anhängen. Die Moslems sind nach den Anhängern der russisch-orthodoxen Kirche (15–20 Prozent) mit 10 bis 15 Prozent die zweitstärkste Glaubensgruppe in Russland.[87] Diese Angaben beziehen sich auf diejenigen, die ihren Glauben auch tatsächlich ausüben, die Zahl der bekennenden Orthodoxen beispielsweise liegt mit rund 60 Prozent deutlich höher, nur gehen sie selten in die Kirche.

Es gibt zudem Buddhisten und Juden, in geringerer Zahl Katholiken und Protestanten. Für die Juden hatte Stalin schon 1928 ein eigenes autonomes Gebilde, heute Oblast, einrichten lassen. Der jüdische autonome Oblast – Hauptstadt Birobidschan – liegt am Amur an der chinesischen Grenze. Das Leben dort glich eher einer Verbannung, weshalb dort heute nur eine kleine Zahl von Juden lebt.

Buddhisten leben in Kalmückien (Hauptstadt Elista) in der Steppe nördlich des Kaspischen Meeres, aber auch in Burjatien (Hauptstadt Ula-Ude) zwischen Baikal-See und mongolischer Grenze. Moskau ist 5600 Kilometer entfernt. Sogar Lenin trägt hier unübersehbar mongolische Gesichtszüge. Der aus den siebziger Jahren stammende granitene Kopf ist mit fünf Metern Höhe der größte Lenin-Schädel der Welt. Deutlich interessanter ist das religiöse Zentrum der russischen Buddhisten im Dazan (Kloster) von Iwolginsk, nur 30 Kilometer von Ulan-Ude entfernt.

In Russlands Norden, in Sibirien und im Fernen Osten leben über 40 Ethnien der Urbevölkerung, auch die kleinen Völkerschaften genannt. Ihre Zahl übersteigt jeweils die 50 000 nicht. Sie heißen Samen, Ewenen, Ewenken, Jukagiren, Nanaier oder Tschuktschen. Sie bewegen sich in einem ständigen Spannungsverhältnis zwischen traditioneller Lebensweise und moderner Welt, wobei letztere durch die Zerstörung der gewohnten Umwelt und der ursprünglichen Strukturen des Zusammenlebens – auch durch Alkohol – wohl den mehr als zweifelhaften Sieg davontragen wird.

Zu sowjetischer Zeit hatten die Angehörigen dieser kleinen Völker das Recht, sich nach dem Abitur an jeder Universität des Landes ohne Aufnahmeprüfung einschreiben zu lassen. Genutzt hat es nur den wenigsten, da sie meist mit einer unzureichenden Bildung aus den entlegenen Gebieten anreisten und in den großen Städten – ohne finanzielle Mittel und ohne Unterstützung des Stammesverbandes – schon bald aufgeben mussten.

Über die Tschuktschen wurden in jener Zeit viele, meist wenig schmeichelhafte Anekdoten kolportiert. So wollte sich einmal ein Tschuktsche am Leningrader Literaturinstitut einschreiben lassen. Er kommt abends im Internat an, der Pförtner schreit ihn unfreundlich an: »Abiturient?« Der Tschuktsche stammelt erschrocken, da er das Wort nicht kennt, ein zaghaftes Nein. Daraufhin fliegt die Tür zu. Er klopft wieder, das Spiel wiederholt sich. Schließlich wird es dem angehenden Literaten zu viel, und er brüllt zurück. »Ich bin kein Abiturient, ich bin ein Tschuktsche!«

Diese Geschichte soll auf einer wahren Begebenheit beruhen. Der Tschuktsche, der sie erlebte, ist heute ein berühmter Schriftsteller. Juri Rytchëu wurde 1930 als Sohn eines Jägers in der Siedlung Uëlen auf der Tschuktschenhalbinsel im Fernen Osten an der Behringstraße geboren. Er ist der Autor solcher Bücher wie »Der letzte Schamane«, »Der Mondhund«, »Die Suche nach der letzten Zahl«, »Im Spiegel des Vergessens«. Einst ein Vorzeigeliterat der Sowjetkultur, hat er sich inzwischen zum scharfen Kritiker des sowjetischen Umgangs mit dem kleinen, nur

12 000 Menschen zählenden Volk der Tschuktschen und anderer kleiner Völker gewandelt.

In einem Essay wendet er sich gegen den stillen Genozid an den arktischen Völkern Russlands, der praktisch schon Jahrhunderte andauere. »Doch das, was in den Jahren der Sowjetmacht mit dem Norden geschah, entzieht sich jedem Vergleich mit den Feldzügen der russischen Kosaken, mit der Vernichtung einzelner Familien und dem Gemetzel in Nomadenlagern und Küstensiedlungen. Das begann bereits in der Epoche des Gulag, als viele Gegenden der Arktis in den Wirkungsbereich so gewaltiger Lager-Industriegruppen gerieten wie Dalstroi. Auf Tschukotka betraf das die Tschauner und Egwekinoter Gebiete mit ihrem Reichtum an Uran, Gold und anderen seltenen, strategisch wichtigen Bodenschätzen. Um die Erschließung dieser oder jener Vorkommen in Angriff zu nehmen, die sich in der Regel auf Weideflächen von Rentieren befanden, vertrieb man die Menschen einfach von den bewohnten und erschlossenen Orten, und falls sie sich widersetzten, wurde ohne viel Worte auf sie geschossen.«[88]

Während eines Besuchs bei ewenischen Rentierzüchtern in der Bergtundra ein paar hundert Kilometer nördlich von Jakutsk erzählte mir der Ewene Innokenti Burzow eine geradezu unglaubliche Geschichte über den Missbrauch der naiven, gutgläubigen Ureinwohner in den dreißiger Jahren. Sich noch heute vor Scham windend, obwohl er selbst damals noch gar nicht geboren war, berichtete er, dass die Schergen des sowjetischen Gulagsystems den Rentierzüchtern eingeredet hatten, die durch die Taiga streifenden Männer – geflohen aus den Gulags – seien böse Menschen und brächten dem Stamm Unglück. Sie sollten sie töten und zum Beweis eine Hand oder ein Ohr vorlegen. Dafür wurde ihnen eine kleine Belohnung zugesagt. »Unsere Leute haben es geglaubt, sie haben sie umgebracht und Ohren und Hände abgeliefert.«

Praktische Tipps für das Leben in Russland

Eine Gruppe amerikanischer Touristen besichtigt die Moskauer Metro. Der Guide weist auf die verschwenderischen Ornamente und Wandmalereien hin, und er lobt die Pünktlichkeit, mit der alle 45 Sekunden ein Zug ankommt. Die Touristen sind beeindruckt, nur einer erlaubt sich einen augenzwinkernden Widerspruch: »Aber eben ist ein Zug erst nach 47 Sekunden gekommen ...« Der eben noch freundliche Guide fährt herum und blafft empört: »Und ihr in Amerika, was macht ihr mit euren Negern?«

Nationalstolz, die Liebe zum Vaterland (Otetschestwo) ist für Russen ein ganz natürliches Gefühl. Anders als in Deutschland, wo die Last der Vergangenheit zumindest in offiziellen Reden immer wieder beschworen wird, mag man in Russland Kritik an früheren und aktuellen Unzulänglichkeiten und Fehlern den Fremden nicht überlassen. Wir kennen unsere Geschichte selbst, wir brauchen keine Belehrungen, heißt es, wenn etwas aus russischer Sicht Unangenehmes zur Sprache kommt. Das hat eine lange Tradition. »Natürlich verachte ich unser Vaterland vom Kopf bis zu den Zehen, aber es ist mir auf das Äußerste zuwider, wenn ein Ausländer dieses Gefühl mit mir teilt«, schrieb Alexander Puschkin schon im 19. Jahrhundert. Das sollte der Besucher im Hinterkopf haben, wenn er in russischer Runde den Drang verspürt, allzu freimütig das von sich zu geben, was er für die Wahrheit hält.

Die ersten Begegnungen eines Ausländers mit Moskauern finden für gewöhnlich auf der Straße oder in der Metro statt. Ein Schock kann die Folge sein. Das sollen die Nachfahren Puschkins und Dostojewskis sein? Diese ruppigen, schubsenden, unfreundlichen Typen sollen die Landsleute der seelenvollen, gedankenschweren Dichter wie Lermontow, Tolstoi oder Achmatowa sein? Das ist ein gewöhnungsbedürftiger Gedanke.

Tatsächlich zerfällt der gewöhnliche Moskauer in zwei Teile: In den Teil, der sich über öffentliche Plätze und in öffentlichen Verkehrsmitteln bewegt und, ohne der Umgebung allzu viel Beachtung zu schenken, seinen Arbeitsplatz anvisiert oder auf den heimischen Herd zusteuert. Dass er dabei seine Mitbürger auch schon mal anrempelt, ihnen auf die Füße tritt, nimmt er kaum wahr. Ebenso wenig übrigens, wenn ihm Gleiches widerfährt. Eine Moskauer Bekannte erklärte mir das so: »Das tägliche Leben, der tägliche stressige Arbeitsweg, zum Supermarkt und wieder nach Hause kosten in dieser Stadt, in der tagsüber zusätzliche Millionen Menschen von außerhalb unterwegs sind, sehr viel Kraft und Nerven. Als Überlebensstrategie haben die Moskauer eine Art Tunnelblick entwickelt, mit dessen Hilfe sie ihre zwei oder drei Tagesziele direkt ansteuern, ohne äußere Einflüsse an sich heranzulassen, die die Gefahr zusätzlicher Komplikationen in sich bergen. Konzentration, Beschränkung auf die eigenen Bedürfnisse sind angesagt, die Umwelt wird weitgehend ausgeblendet.«

Gelingt es dem Fremden allerdings, diesen Panzer der Abwehr aufzubrechen, indem er den Mann oder die Frau direkt um Hilfe angeht, zerfällt die äußere harte Schale oft augenblicklich, und ein freundlicher und hilfsbereiter Zeitgenosse steht vor dem Ausländer, bereit, den Weg zu beschreiben. Meistens jedenfalls.

Outet man sich bei Zufallsbekanntschaften als Deutscher, gilt der zweite Satz unweigerlich den deutschen Autos, die hierzulande über die Maßen bewundert werden. In den neunziger Jahren setzten russische Autoliebhaber alle Hebel in Bewegung, um nach Deutschland zu gelangen, wo sie sich auf Gebrauchtwagenmärkten ein Fahrzeug kauften, mit dem sie dann notfalls über Tausende Kilometer nach Moskau, aber auch bis nach Nowosibirsk oder in die GUS-Staaten fuhren. Sogar im 4500 Kilometer entfernten Bischkek in Kirgisien präsentierte mir ein Einheimischer stolz seinen deutschen Gebrauchtwagen, den er selbst in seine Heimat chauffiert hatte. Lieber einen zehn Jahre alten Ford oder Audi als einen neuen Lada, lautet die Maxime noch immer. Der Glanz der deutschen Automobilindustrie fällt automatisch auf jeden Abkömmling des Herstellerlandes. Enttäuschung macht sich allerdings breit, wenn der russische Autofan erfährt, dass in Deutschland nicht jeder Porsche oder Mercedes fährt.

Der Russe liebt das Wort »unikalno« (einzigartig) für Leistungen, die sein Land hervorgebracht hat. Was manchmal nicht so ganz stimmt. Das Radio wurde eben nicht von Alexander Popow, sondern von Nikola Tesla erfunden. Und die Dampfmaschine nicht um 1760 vom Schmied Iwan Polsunow in Barnaul, sondern schon 1712 vom englischen Schmiedemeister Thomas Newcomen, lange vor Thomas Watt. Widerspruch allerdings wird nicht gerne gehört. Es mag zwar der Wahrheitsfindung dienen, doch Zweifel an der Einmaligkeit vermeintlicher russischer Errungenschaften gelten eher als Versuch, russische Leistungen zu schmälern.

Erstaunliches geschieht, kommt man als Gast zu eben diesen Leuten, mit denen man möglicherweise tagsüber hart zusammengestoßen ist. Dann hat eine Verwandlung, gewissermaßen die Aktivierung des zweiten Teils stattgefunden. Man trifft auf die liebenswürdigsten, freundlichsten Gastgeber, die ihre vornehmlichste Aufgabe darin sehen, den Aufenthalt des Gastes so angenehm wie möglich zu gestalten. Die Tafel ist mit einer Vielzahl von Speisen und Getränken gedeckt. Es herrschen Wohlwollen, Gastfreundschaft und das Bedürfnis, den Gast zu umsorgen.

Der sollte sich, bevor er sich zu russischen Freunden oder Bekannten auf den Weg macht, ein paar kleine, aber wichtige Dinge vergegenwärtigen. So geht ohne Blumen praktisch nichts. Die Hausfrau erwartet als Geste der Aufmerksamkeit ein Bukett, mag es auch nur klein sein. Blumen bekommt man praktisch überall und immer, muss sie aber teurer bezahlen als in Deutschland. Selbst in der Endzeit des Sowjetstaates waren Blumen, wenn auch nicht so reichhaltig wie heute, irgendwo immer erhältlich. Dabei ist die Zahl der zum Strauß gebundenen Blumen äußerst wichtig. Wie in Deutschland wird immer eine ungerade Anzahl verschenkt, es sei denn, man geht zur Beerdigung.

An der Wohnungstür angekommen, reichen Übereifrige sofort die Hand zur Begrüßung oder drängen auf Umarmung und achten dabei nicht auf die Schwelle. Ein grober Fehler im abergläubischen Russland. Eine Begrüßung über die Schwelle hinweg bringt Unglück, es darf einfach nicht sein. Also begrüßt man sich außerhalb der Wohnung – ein Handkuss ist nicht übertrieben – oder geht den einen Schritt über die Schwelle. Das gilt auch dann, wenn keine Erhebung sichtbar ist. Es gilt die gedachte Linie!

Kaum ein Russe wird zugeben, dass er abergläubisch ist (ein Deutscher übrigens auch nicht). Aber bestimmte Dinge verbieten sich einfach. Also verschenke nie irgendeine Art von Messer, es sei denn, du verlangst eine symbolische Kopeke. Kleingeld auf der Straße aufzuheben, ist ebenfalls nicht üblich. Abgesehen von der Gefahr, sich Bakterien einzufangen, könnte es die Armut anlocken. Trotzdem hat das deutsche Sprichwort »Wer den Pfennig nicht ehrt, ist des Talers nicht wert« eine russische Entsprechung: »Die Kopeke macht den Rubel«.

Keinesfalls sollte man in der Wohnung pfeifen, das bringt Unglück. Absolut verboten ist es, Toasts auf ungeborene Babys auszubringen. Ein Geburtstag wird nicht vorab gefeiert. Leere Flaschen gehören nicht auf den Tisch, sie werden sofort auf den Fußboden gestellt. Sonst bringt das Unglück.

Wenn dich jemand lobt, dann schnell die Finger über Kreuz halten, um Ungemach fernzuhalten. Vor der Abreise muss man sich unbedingt noch für einen Moment auf den Koffer setzen, damit die Reise glücklich verläuft.

Eine dunkle Macht lässt die Russen allerdings trotzdem immer irgendein Unheil oder Ungemach befürchten. »Wir Russen denken: Wenn alles in Ordnung ist, stimmt irgendetwas nicht«, weiß die Opernsängerin Anna Netrebko. »Ich finde auch: Wer immer glücklich ist, muss dumm sein.«[89]

Der Vatersname und andere Stolpersteine

Die Begrüßung, die Anrede, ist für Neulinge mit ein paar Stolpersteinen gepflastert. Sprachkenntnisse, das versteht sich von selbst, sollten zu Beginn wenigstens ansatzweise vorhanden sein. Die Betonung liegt auf ansatzweise, denn schon kleinere Bemühungen werden mit großer Sympathie entgegengenommen. Da die Russen ihre Sprache für eine der schwersten, wenn nicht die am schwersten erlernbare halten, was so sicher nicht ganz stimmt, denkt man an Arabisch, Chinesisch oder Suaheli, wird ein Ausländer für gewöhnlich auch dann freudig gelobt, wenn er mit unüberhörbaren Fehlern spricht. Der gute Wille gilt als Tat.

Wichtig allerdings ist es, sich mit der nicht ganz einfachen Form der Anrede vertraut zu machen. Sie drückt den Grad der Bekanntschaft, der Vertrautheit und Ehrerbietung aus. Es gibt zwar in Russland, wo früher der Towarischtsch, der Genosse (von dem keine weibliche Form überliefert ist), zu Hause war, inzwischen auch den Herrn (Gospodin) und die Frau (Gosposcha). Aber durchgesetzt hat sich das nicht. Als höflich und der Etikette entsprechend gilt die Anrede mit Vor- und Vatersnamen. So begrüßt auch ein Fremder den Herrn Smirnow, indem er ihn Iwan Borissowitsch nennt und mit Sie anspricht. Wobei Borissowitsch der Vatersnamen ist, der vom Vornamen des Vaters hergeleitet wird, der – ganz logisch – Boris hieß. Der Bruder von Iwan Borissowitsch Smirnow, Pjotr, hieße demzufolge mit vollem Namen Pjotr Borissowitsch Smirnow. Beider Schwester Maria – unverheiratet – würde den Namen Maria Borissowna Smirnowa tragen, da bei weiblichen Familiennamen stets ein »a« am Ende steht.

Auch für diese Lebenslage haben die Russen eine Anekdote: Kommt ein Gast zu einer Mutter mit einer ganzen Herde Kinder, die sich alle verteufelt ähnlich sehen. »Die heißen alle Wanja«, erklärt sie dem Besucher. »Aber wie halten Sie sie denn auseinander?« »Ganz einfach – nach dem Vatersnamen.«

Freunde nennen sich dagegen Borja (von Boris) oder Sascha (von Alexander). Bei informellen Begegnungen stellt man sich oft einfach mit seinem Vornamen vor, bleibt aber beim Sie. In hierarchischen Strukturen – in Firmen oder im Beamtenapparat – gilt die Regel: der Vorgesetzte duzt seine Untergebenen, die Untergebenen siezen ihren Chef. »Ja Natschalnik, ty durak, ty natschalnik, ja durak«, sagte der Volksmund. Was bedeutet: Bin ich der Chef, bist du der Dummkopf, bist du der Chef, bin ich der Dummkopf.

Hin und wieder wird in Russland schon mal darüber diskutiert, ob man nicht auf den Vatersnamen verzichten sollte und sich den europäischen Gewohnheiten anpassen sollte.

Die Dreifaltigkeit von Vor-, Vaters- und Familiennamen stammt aus der ersten Hälfte des 18. Jahrhunderts, also aus der Zeit Peters I. Damals begann es zur Gewohnheit zu werden, gesetzlich eingeführt wurde der Vatersname von Katharina II. Dabei stand der Vatersname mit der Endung -itsch nur den ersten fünf Klassen von Staatsbediensteten zu. Die Klassen sechs bis acht benutzten einen sogenannten Halbvatersnamen, der letztlich ein zweiter Familienname war: Fjodor Sergejew Konstantinow, zum Beispiel. Die heute gebräuchliche Variante setzte sich im 19. Jahrhundert durch, sie wurde selbst im KPdSU-Politbüro benutzt. So wurde Breschnew achtungsvoll mit Leonid Iljitsch und Gorbatschow mit Michail Sergejewitsch angesprochen. Dabei wurde aber geduzt, was es nur dort gab.

Die Debatte um das Für und Wider dieser Namenskombination ist längst nicht beendet. Mir scheint allerdings, dass diese typisch russische Anrede nicht verändert werden sollte. Sie drückt genau das Maß von Achtung, Distanz und Nähe aus, das zwischen dem kühlen, Abstand haltenden »Herr« (Frau) und dem vertraulichen »Du« angesiedelt und ausgesprochen typisch für den Umgang miteinander in Russland ist. Auch wenn das Ausländern hie und da Probleme bereiten sollte – nach einer Eingewöhnungszeit automatisiert sich auch das.

Wissen sollte der Ausländer, dass die russische Sprache sehr reich an Mutterflüchen ist, das sogenannte »Mat«. Er muss das nicht können, sollte es aber erkennen, wenn »Mat« an sein Ohr dringt.

Mat ist die Alltagssprache, durchdrungen von ständig gebrauchten Obszönitäten, was fast schon wieder zu einer eigenen Sprache in der Sprache geführt hat.

Übersetzbar ist das alles in der Regel nicht. Aber Russland wäre nicht Russland, wenn es nicht auch für diese Lebenslage eine Anekdote gäbe, die die Zusammenhänge erhellt. Da kommt also eine ausländische Delegation in ein sowjetisches / russisches Werk und beobachtet, wie ein Arbeiter ein Ersatzteil für eine große Maschine herstellt. Der Dolmetscher, der kein Russe ist, übersetzt, was der Meister über die Tätigkeit des Arbeiters zu erzählen hat: »Der Meister hat gesagt, dass der Arbeiter dieses Teil bis morgen fertiggestellt haben muss, andernfalls wird er eine sexuelle Beziehung zur Mutter des Arbeiters aufnehmen.« Die Delegation erstarrt, glaubt an einen Übersetzungsfehler und fragt dann, was denn der Arbeiter geantwortet habe. »Der Arbeiter hat gesagt, dass er schon lange sexuelle Beziehungen zum Meister, zur Mutter des Meisters und zu diesem Werkstück hat.«

Einer der am meisten verbreiteten Mutterflüche ist »Jub twoju mat« (Fick deine Mutter). Das ist keinesfalls eine praktische Aufforderung, sondern eine unsanftere Variante des deutschen »Leck mich am Arsch«. Beides wird auch als Ausruf des Erstaunens, der Überraschung verwendet. Der Unterschied zum Deutschen besteht darin, dass es im Russischen ein absolut gängiger Ausdruck der Alltagssprache geworden ist, allerdings nur in der der Männer. Es gilt für Frauen weitgehend als unfein, derlei in der heterosexuellen Öffentlichkeit zu sagen. Ist man dagegen unter sich, sind auch die russischen Frauen sehr wohl in der Lage, »Mat« nach allen Regeln der Sprachkunst zu verwenden, wurde mir versichert.

In der etwas ordinäreren Umgangssprache, vor allem in ländlichen Gegenden, wird ständig das Wort »blad« zwischen einzelne Satzteile gestreut. Es heißt eigentlich »Hure«, hat aber in irgendeinem beliebigen Kontext überhaupt keine Bedeutung. Es wird als inhaltsloses Füllwort benutzt, aber ausschließlich von Männern.

Olga, eine gute Bekannte, erlebte in einem Bus in der Provinz die ganze Komik dieser Sprachverwirrung. Ein Arbeiter berichtete seinen mitfahrenden Kollegen wortreich, was er am Vortag alles so erlebt hat. Es ging um völlig unspektakuläre Alltagsdinge, aber beinahe jedes zweite Wort war »blad«. Bis er darauf hingewiesen wurde, dass eine Dame an Bord war. Der Mann entschuldigte sich, er habe sie nicht beleidigen wollen. Aber müsse er nun schweigen, bloß weil eine Frau im Bus sitze? Denn ohne das Unwort, dass wusste er, bekam er keinen einzigen zusammenhängenden Satz heraus.

In geselliger Runde

Übertreibungen, Superlative – auch wenn sie nicht ganz zutreffen sollten – gehören zu einem Gespräch in geselliger Runde dazu. Gerne lobt der Russe sich – unsere Frauen sind die schönsten, wir sind weit und breit die einzigen richtigen Männer, unser Klima ist das härteste, und wir halten es aus – und auch seine Gäste. Auf die Goldwaage sollte man die Lobeshymnen nicht legen, dem russischen Gastgeber geht es vor allem darum, sich selbst wohl zu fühlen und seinem Gast etwas Gutes zu tun. Da darf gerne übertrieben werden, es geht nicht um (deutsche) Akkuratesse, sondern um den Wohlfühlfaktor, um Freundlichkeit und gute Stimmung.

Das drückt sich dann auch in Toasten aus, ohne die keine russische Geselligkeit denkbar ist. Wer in dieses Land reist, sollte sich schon mal diesen oder jenen Trinkspruch zurechtlegen, der über »Prost« und »Cheers« hinausgeht. Derlei deutsche Maulfaulheit wird zwar stillschweigend hingenommen, aber letztlich nicht goutiert. »Na sdorowje« oder »Sa sdorowje« wäre ein kleiner Anfang. Über die feinen Unterschiede zwischen diesen beiden Toasten (zur Gesundheit, auf die Gesundheit) kann man Russen streiten hören, wenn man sie danach fragt. Freund Igor, schon erschöpft vom Für und Wider der Interpretationen, entschied schließlich weise: »Es heißt: ›Bud sdorow‹!« (Sei gesund).

Schier endlos sind die Abschiedstoaste, von denen der »Pasa-schok« (abgeleitet vom Wanderstab) der erste ist. Es folgen wei-tere Toaste im Steigbügel, im Sattel, hinter dem Hügel und viele andere mehr, wenn man mag und kann. Den »Kapotnaja« hatte die sowjetische Zeit hinzugefügt. Wenn die Fahrzeugkolonne mit dem Gast die administrative Grenze erreichte, wurde noch ein-mal angehalten, Getränke und etwas zu essen (Sakuski) auf der Kühlerhaube (Kapot) aufgebaut und ein allerletzter Abschieds-trunk genommen.

Richtige Toaste sind allerdings jene, die kleine Geschichten mit philosophischem Tiefgang und überraschenden Wendungen erzählen. »Trinken wir also auf deinen Tod«, sagt beispielsweise der Tafelredner, der in Georgien Tamada genannt wird, an den erschrockenen Gast gerichtet. »Und wenn du gestorben bist, wer-den wir dich in allen Ehren beisetzen. Wir werden dich in einen Sarg legen, der aus dem Holz einer tausendjährigen Eiche gefer-tigt ist, die wir morgen pflanzen werden.« Richtig, das ist ein georgischer Trinkspruch. Er wird aber auch in Russland gerne genommen.

Im Zeitalter der Globalisierung, die auch vor Russland nicht haltmacht, ist nicht nur die ältere, sondern auch die Generation der 30-Jährigen bestrebt, ihr Russentum der globalen Welt ent-gegenzustellen. Ähnliches kennen wir auch aus Deutschland, wo für so manch einen die vertraute Regionalität zum schützenden Hafen vor den Unbilden weltweiter Stürme wird.

Das kann bis ins Private reichen, wo es dann skurrile Formen annehmen kann. So geschah es denn, dass meine Tochter und ich die – wie sich später herausstellte – nicht sehr glückliche Idee hat-ten, unsere Moskauer Freunde mit deutschem Spargel zu über-raschen. Spargel, muss hinzugefügt werden, ist ein in Russland wegen der ungünstigen Witterungsbedingungen kaum bekann-tes Gemüse. Es wird allerdings aus aller Welt importiert, kostet horrende Summen und ist wohl auch deshalb wenig beliebt. Also flog meine Tochter mit vier Kilogramm der bleichen Stängel aus Beelitz in Moskau ein. Auf dem Wege zur Datscha unserer Freun-de hatte sie dann Zeit genug, den Spargel zu schälen, weil wir im Stop-and-go-Tempo für die 60 Kilometer über drei Stunden brauchten. Wir hatten die üblichen Zutaten dabei, die auch in Moskau zu haben sind: Parma-Schinken, trockener italienischen Weißwein, neue Kartoffeln, Butter.

Der Abend auf der Datscha sollte ein Flop werden. Während unsere Freunde höflich, aber ohne große Begeisterung ein paar Spargel probierten, demonstrierte Karinas 30-jähriger Sohn Souveränität à la Russe. Er nahm etwas von dem Spargel, ergänzte ihn aber mit kräftig gewürztem, eingelegtem Hering und Schwarzbrot. Den trockenen italienischen Wein lehnte er ab und trank stattdessen halbsüßen Wein aus der südrussischen Provinz Krasnodar. Eine kulinarische Ost-West-Begegnung. Merke: Der Versuch, russische Freunde mit Dingen beglücken zu wollen, die wir automatisch für schmackhaft und bemerkenswert halten, kann auch nach hinten losgehen.

An dieser Stelle ist ein Wort zur russischen Küche angebracht. Und gemeint ist wirklich die russische – nicht die mittelasiatische, kaukasische oder ukrainische. Wer sie also sucht, sollte sich nach einschlägigen Kochbüchern umsehen. Ich persönlich kann nur sagen, auch auf die Gefahr hin, in Deutschland und in Russland einen gewaltigen Aufschrei der Empörung zu vernehmen: Es gibt die russische Küche nicht. Zumindest nicht in der Art, wie es eine französische, italienische oder elsässische Küche gibt.

Wer gut und schmackhaft auf russische Art speisen möchte, sollte sich an die beiden Dinge halten, die tatsächlich die Vorzüge der russischen Küche ausmachen: An die Vorspeisen wie Bliny mit saurer Sahne und Kaviar, den Salat aus Roter Bete mit Wallnüssen, Salat »Stolytschnyj«, und an die Suppen. Soljanka, Borschtsch, Schtschi oder die kalte, mit Kwass angerichtete Gemüsesuppe Okroschka, dazu Piroggen mit den verschiedensten Füllungen gelten zu Recht als kulinarische Köstlichkeiten. Über das Hauptgericht decken wir, von den Pelmeny abgesehen, den Mantel des Schweigens.

Gibt es sie, die russische Seele?

Viele sind auf der Suche nach diesem geheimnisvollen Etwas. Und je nach Standpunkt, Erfahrung und Denkweise glaubt man sie gefunden zu haben oder leugnet ihre Existenz gänzlich. Moskauer Freunde, eher dem westlichen Pragmatismus verhaftet, sind der Meinung, es gebe keine besondere »russische Seele«, der Russe habe eine Seele wie jeder andere und das war's. Eine Moskauer Journalistenkollegin ist noch rigoroser. »Die russische Seele? Das sind doch nur die psychischen Komplexe Dostojewskis«, sagt sie verächtlich. Wobei sie freundlicherweise nicht daran erinnert, dass gerade deutsche Russlandfreunde ihre Kenntnisse über die russische Seele den Werken dieses großen russischen Romanciers entnommen haben.

Lässt man allerdings diesen wenig fassbaren Begriff, den selbst Russen nur schwer bis gar nicht definieren können, beiseite, lernt man die Menschen näher kennen, dann findet man durchaus die menschliche Wärme, den geistigen, philosophischen Tiefgang, deren Kombination dann vielleicht doch mit dem Begriff »russische Seele« fassbar wird.

Es gehört zu meinen eindrucksvollsten Stunden in Russland, Menschen mit einer solchen Seele begegnet zu sein. Arseni Roginski von der Menschenrechtsorganisation Memorial gehört dazu, der mit leisen, weisen Tönen versucht, die Geschichte des Gulag nicht in Vergessenheit geraten zu lassen. Ebenso der unermüdliche, nun schon etwas müde gewordene Sergej Kowaljow, der sich für die Menschenrechte auch der weitgehend verfemten Tschetschenen einsetzt und der jahrelang in der von Boris Jelzin ins Leben gerufenen Begnadigungskommission mitwirkte.

Geleitet wurde die Kommission, die zwischen 1992 und 2001 existierte, von dem ebenso beeindruckenden Schriftsteller Anatoli Pristawkin. Pristawkin, als Waisenkind aufgewachsen, setzte diesen Kindern in zahlreichen Büchern, die er sich nach eigenem Bekenntnis regelrecht aus der Seele gerissen hat, ein unvergleichliches Denkmal, dabei ein grausig-realistisches Bild der sowjetischen Realität zeichnend. Am meisten beeindruckt mich bis heute sein Roman »Schlief ein goldenes Wölkchen«, in dem er gleichzeitig das schwierige Verhältnis zwischen Russen und Tschetschenen hart, ehrlich und einfühlsam gestaltet.

Pristawkin hat das im Russischen längst verschollen geglaubte Wort »miloserdije« (Barmherzigkeit) wieder ins Bewusstsein der Menschen gehoben. Neun Jahre lang stand er der Begnadigungskommission des russischen Präsidenten vor, in der auch der Barde Bulat Okudschawa und die Schriftsteller Ales Adamowitsch und Lew Rasgon mitwirkten. Neun Jahre lang beschäftigten sie sich mit den Abgründen und dem Schmutz der russischen Seele. Die Kommission rettete knapp 1200 nach altem Sowjet-Recht zum Tode verurteilten Gefangenen das Leben und milderte in über 57 000 Fällen unverhältnismäßige hohe Freiheitsstrafen.

»Nach manchen Sitzungen, wenn wir wieder mal eine besonders grausame Tat, einen besonders perfiden Mörder zu besprechen hatten, waren wir wie ausgelaugt«, bekannte er bei einem Gespräch in seinem Arbeitszimmer, das mit einer reichlich bepunkteten Karte »geschmückt« war: der Karte der Straflager und Gefängnisse der Russischen Föderation. Ein auf die Dauer schwer erträglicher Wandschmuck, für den er einen Ausgleich fand: Kinderzeichnungen seiner Tochter. »Wenn wir alles diskutiert, uns für oder gegen Begnadigung ausgesprochen hatten, waren wir oft wie gelähmt. Keiner konnte mehr reden, still tranken wir ein paar Gläser, um zu uns zu kommen.«

Ergebnis dieser Jahre, mehr ein Protokoll der Arbeit in der Kommission, ist Pristawkins seelisch am schwersten erträgliches Buch, das den Titel »Ich flehe um Hinrichtung« trägt. Man könnte es in die Kategorie »Weinen um Russland« einordnen, schreibt er in der Vorbemerkung zu seinem Werk, in dem er einen Blick auf die dunkle Seite des russischen Volkes wirft, »dessen Größe auch darin besteht, dass es vielfach zerrissen ist, dass es stiehlt und säuft und auf die ganze Welt spuckt, in erster Linie auf sich selbst. Es ist irrational in allem, selbst in den Fragen der Selbsterhaltung. Es ist aber auch erstaunlich groß in seiner aus tiefsten Tiefen kommenden Genialität, die sich in allem äußert, auch im Stehlen, Lügen und Rauben, und man wundert sich, wie sich Genie und Verbrechen in ihm vereinen.«[90]

Und dann ist da noch Ljudmila Ulitzkaja, die großartige Erzählerin und Romanautorin, deren Bücher auch in Deutschland gerne gelesen werden. Klein, wach und humorvoll, umhüllt sie, 1943 geboren, ihren Gast mit einer wärmenden Atmosphäre. Über die »rätselhafte russische Seele«, von der im Westen so gerne geschwärmt wird, hat sie natürlich auch nachgedacht. »Das ist in Russland ein recht schmerzhaftes Thema. Also, erstens bin ich Jüdin. Da habe ich schon eine gewisse Distanz. Außerdem bin ich orthodoxe Christin. Letztlich kommen bei mir drei Komponenten zusammen: Ich bin ein Mensch der russischen Kultur, jüdischer Herkunft und christlich-orthodoxen Glaubens.« Dadurch sei sie natürlich nicht repräsentativ, meint Ulitzkaja, die sich bei Gesprächen über die Besonderheiten der russischen Seele immer wieder »zutiefst verwirrt« fühlt. »Ich habe einen russischen Mann, meine Kinder sind zur Hälfte Russen. Ich bin die letzte Jüdin in der Familie.«

Das Thema der besonderen russischen Seele nerve sie schon, bekennt sie, übrigens auch, wenn von den Besonderheiten der deutschen, französischen oder englischen Seele die Rede ist: »Wir verfallen ins Klischee.« In den letzten Jahren war Ulitzkaja viel in Europa unterwegs und ist für sich zu dem Schluss gekommen, dass mit zunehmendem kulturellen Niveau eines Menschen immer weniger »nationale Eigenheiten« bei ihm zu entdecken sind.

Dabei, so sagt sie, stehe es außerhalb jeden Zweifels, »dass es bewunderungswürdige, zauberhafte Qualitäten im russischen Volk gibt. Ich hatte Gelegenheit, die Dörfer zu besuchen, mit einfachen Menschen zu sprechen. Unter ihnen gibt es eine Menge erstaunlicher, völlig selbständiger Menschen, originell und mit unterschiedlichsten Talenten. Man könnte nun sagen, hier haben wir die russische Seele. Oder man spricht einfach von guten Menschen und von schlechten Menschen. Die individuellen, persönlichen Eigenheiten eines Menschen überragen immer die Schablone, die wir anlegen, wenn wir von der russischen Seele sprechen.«

Betrachte man aber dieses Russentum als etwas Ausschließliches, Höchstes, Besonderes, dann erschrecke sie regelmäßig. »Dann haben wir hier den Nährboden für Nationalismus, für einen russischen Messianismus, der die Geschichte des 20. Jahrhunderts geprägt hat.«

Weit entfernt von diesem Missionsanspruch sind Ulitzkajas ganz im Alltag verwurzelte Figuren angesiedelt. Ihre Erzählungen »Sonetschka« und »Das fröhliche Begräbnis« sind, so scheint mir, mit das Eindringlichste, was die neuere russische Literatur zum Thema Seele und Menschlichkeit hervorgebracht hat.

Worauf muss man sich bei einem längeren Aufenthalt in Moskau einstellen?

Moskau ist hektisch, sehr laut, die Luft ist abgasbelastet, was in den Außenbezirken naturgemäß abnimmt. Die Straßen der Innenstadt sind auffallend sauber, Parks und Grünanlagen, da es keinen Mangel an billigen Arbeitskräften gibt, wirken gut gepflegt. Wohnungen im Zentrum sind sehr teuer, Maklerfirmen sind beim Suchen behilflich. Eine Dreizimmerwohnung in guter Lage mit bewachtem Hauseingang ist kaum unter 3000 Dollar zu haben. In den schönsten Wohngegenden in der Innenstadt, an den Patriarchenteichen beispielsweise, an der Ostoschenka-Straße oder in den Gassen zwischen Bolschaja Nikitskaja und Twerskaja reicht das allerdings bei weitem nicht.

In den Plattenbauten am Stadtrand werden die Wohnungen deutlich billiger. Dort muss man sich allerdings darauf einstellen, dass Hauseingänge, Treppe, Lifts und Sanitäreinrichtungen manchmal recht weit von europäischen Standards entfernt sind.

Wegen des immer dichter werdenden Verkehrs sollte der Neu-Moskauer versuchen, sich eine Bleibe in der Nähe seines Arbeitsplatzes zu suchen. Es gibt natürlich die gut funktionierende Metro, doch auch dieses Nahverkehrsmittel gerät an die Grenze seiner Kapazität. Die Nähe zur Arbeitsstelle kann allerdings mit Familienbedürfnissen kollidieren, wenn schulpflichtige Kinder dabei sind. Die deutsche Schule liegt im Südwesten am Stadtrand. Schulbusse – Achtung: teuer – transportieren die Kleinen dorthin, manchmal allerdings mit Anfahrzeiten von ein bis zwei Stunden. Die Alternative ist eine Wohnung im deutschen Viertel, in dem die Schule steht. Es war früher die Wohnsiedlung von DDR-Diplomaten und Wirtschaftsvertretern. Nachdem es in Bundesbesitz übergegangen ist, wurden die Wohnungen umfassend rekonstruiert. Es gibt lange Wartelisten, und billig ist das auch nicht. Aber die Nähe zu Schule und Kindergarten und die saubere Luft sind nicht zu verachten. Dafür ist nun der Arbeitsweg länger und beschwerlicher.

Russlands Bürokratie ist selbst für den behördengeprüften Deutschen eine besondere Herausforderung. Doch sollte man bürokratische Verwerfungen gelassen hinnehmen, man kann sie eh nicht ändern. Wenn der russische Beamtenapparat »Verbesserungen« oder »Erleichterungen« ankündigt, ist Vorsicht geboten. In der Regel betreffen die Erleichterungen und Verbesserungen nur den Apparat selbst, der Klient muss zusätzliche Bürden auf sich nehmen. Nach den jüngsten »Erleichterungen« für Ausländer bei der Registrierung im Lande muss nun jeder nichtrussische Staatsbürger fünf verschiedene Dokumente bei sich führen: Pass, Visum, Migrationskarte, Registrierungskarte und möglichst auch noch Akkreditierung oder Arbeitserlaubnis. Verlässt ein Ausländer den Ort seiner Registrierung für länger als drei Tage, muss er sich abmelden und anschließend wieder anmelden.

Die Empfehlung: Versuchen Sie, die Regeln penibel zu befolgen, auch wenn die dafür zuständigen Behörden anfangs selbst nicht so genau wissen, was Sache ist. Fragen Sie nicht nach der Logik. Sie werden entweder die Antwort erhalten, dies sei eine international übliche Praxis, wie zum Beispiel in Feuerland oder Tonga (offiziell), oder man erklärt Ihnen, es gebe keine Begründung, »schließlich sind wir in Russland« (inoffiziell). Entwickelt man dafür eine gewisse fatalistische Geisteshaltung, ist eine wichtige Voraussetzung für ein stressarmes Leben in Russland erreicht. Die Erfahrung, dass sich letztlich für jedes unlösbar scheinende Problem doch eine Lösung findet, trägt ein Übriges dazu bei.

Dabei sollte man nicht immer gleich mit der dicken Brieftasche winken, in der Annahme, dann gehe alles wie von selbst. Es gibt Korruption, aber die normalen menschlichen Regungen auch. Sehr oft findet sich ein gangbarer Weg, wenn man nur mit der nötigen Ruhe, Geduld und vielleicht auch etwas mit der Unkundigkeit des Ausländers zu Werke geht, der Hilfe braucht.

Natürlich gibt es immer Wege und Schliche, geltende Gesetze oder Regelungen haarscharf zu umkurven, wenn sie unbequem oder schwer einzuhalten sind. Freunde und Bekannte haben Freunde und Bekannte, die gerne behilflich sind. »Die Strenge der russischen Gesetze wird relativiert durch die Laxheit ihrer Umsetzung«, wusste schon ein russischer Denker des 19. Jahrhunderts. Das klingt zwar sehr schön, sich darauf zu verlassen, ist aber letztlich nicht zu empfehlen. Unsauber geregelte Angelegenheiten können, in Russland vielleicht eher später als früher, irgendwann dann doch zum Problemfall werden. Was du pfiffig als Sichel weggeschleudert hast, kann plötzlich als Hammer zurückkommen, wussten schon die Sowjetbürger.

Zu einer etablierten Alltagserscheinung sind in den letzten Jahren Vermittler, »Broker« und Zwischenhändler geworden. Als Verbindungsglieder zwischen den Bürgern und den Behörden regeln sie gegen ein Entgelt den Austausch, die Beschaffung oder Verlängerung von Dokumenten. Wer alljährlich mit der Akkreditierung auch sein Visum nebst Registrierung, die Fahrzeugpapiere, die Registrierung bei der Diplomaten-Klinik und womöglich die Wiederausfuhrgenehmigung für die Wohnungseinrichtung verlängern muss, wird diese Einrichtungen schätzen lernen. Und nicht danach fragen, wie viel von der Vermittlungsgebühr in Beamtentaschen fließt!

Wer sein Leben liebt, sollte in Moskau keinesfalls die Straße dort überqueren, wo es keine Ampel oder keine Unterführung gibt. Die Straßen sind breiter, als man es aus der Heimat gewöhnt ist, und die Autos deutlich schneller. 60 km/h sind erlaubt, 80 üblich und 100 keine Seltenheit. Keinesfalls sollte man sich auf einen Zebra-Streifen verlassen, er ist, wie schon der Name sagt, nur für Zebras bestimmt.

Der Gouverneur der Region Kostroma kam bei einem Autounfall ums Leben. Sein Mercedes stieß frontal mit einem entgegenkommenden Ford Focus zusammen. Der Gouverneur und sein Fahrer starben am Unfallort. Beide waren nicht angeschnallt, was eine weit verbreitete Unsitte in Russland ist. Der Sicherheitsgurt wird einfach ignoriert, obwohl das inzwischen härter bestraft wird. Wer sich im Taxi auf den Beifahrersitz setzt und nach dem Gurt greift, muss mit einer eindeutigen Reaktion rechnen: »Hast du Angst? Traust du mir nicht?« Davon darf man sich nicht ins Bockshorn jagen lassen, der Mann fährt, trotz des Knurrens, an den gewünschten Ort.

Das Anstehen in einer Schlange ist seltener geworden, findet aber beim Notar, beim Steueramt oder bei anderen Behörden immer noch statt. Für denjenigen, der zuletzt kommt, erschließt sich die Reihenfolge der Anstehenden gar nicht. Die Wartenden stehen einfach so herum. Deshalb muss der neu Hinzugekommene sich umgehend erkundigen: »Wer ist der Letzte?« Hat man das in Erfahrung gebracht, orientiert man sich nur noch an der Person, man weiß, wann man dran ist. Muss man zwischendurch noch etwas anderes erledigen, informiert man seinen Vordermann mit der Bemerkung: »Ja sa Wami« (Ich komme nach Ihnen). Der Vordermann wird die Information, dass hinter ihm noch ein zeitweilig unsichtbarer Klient steht, an den Nächstkommenden weitergeben. Es kann passieren, dass jeder der Anwesenden einen oder auch zwei »Sawamis« hat, was sich erst Stunden später herausstellt. Dann gestaltet sich das Anstehen zu einer nervenzerfetzenden Tortur.

Russische Restaurants und ihr Personal haben in den vergangenen zehn, fünfzehn Jahren eine bemerkenswerte Entwicklung genommen. Die Speisen, wenn auch oft teuer, sind sehr schmackhaft. Aus unerfindlichen Gründen gilt es hier als gute Schule, dem Gast Teller und Gläser praktisch unter den Händen wegzureißen, wenn auch nur der Verdacht besteht, er könnte fertig sein. Wer Wert darauf legt, auch die letzte Neige seines Getränks oder den kleinen verbliebenen Rest seines Gerichts zu genießen, sollte stets wachsam sein und sich dem Personal gegebenenfalls kühn in den Weg werfen. Besser geschultes Personal fragt allerdings höflich: »Moschno sabrat?« (Darf ich abräumen?)

Deutsche in Moskau. Was lockt, was hält sie?

In Russland sind inzwischen fast 4000 deutsche Firmen aktiv. Entsprechend groß ist die deutsche Community, zu der natürlich auch die Diplomaten, Studenten, Dozenten und Korrespondenten gehören. Allein in Moskau leben schätzungsweise 20000 Deutsche. Die meisten von ihnen wurden mit festen Verträgen ihrer Heimatunternehmen oder Institutionen nach Russland entsandt und haben folglich einen sicheren Hafen. Deutsche Unternehmen, die mit wachsendem Eifer Tochtergesellschaften in Russland nach russischem Recht gründen, ziehen inzwischen die Einstellung auch deutscher Mitarbeiter am Ort mit russischen Verträgen vor. Das muss nicht unbedingt schlecht sein, wenn die Rubelsumme stimmt, zumal das russische Arbeitsrecht dem Arbeitnehmer vergleichsweise große Rechte einräumt. Allerdings muss sich ein in Russland angestellter Mitarbeiter selbst um die soziale Absicherung in der Heimat, um Wohnung und Schule in Russland kümmern, was teuer werden kann.

Es gibt auch Deutsche, die sich auf eigene Faust nach Russland begeben, um hier zu leben, zu arbeiten und – wer weiß – auch ihr Glück zu machen. Russische Firmen brauchen in dieser Phase ihrer Expansion gut ausgebildete Fachkräfte. Finanzexperten, Manager, Architekten können gutes Geld verdienen.

Einige meiner deutschen, in Russland lebenden Bekannten hat es schon sehr frühzeitig in den Osten gezogen, was nicht unbedingt als typisch gelten kann. Sie alle haben eins gemeinsam: Sie wollten unbedingt nach Russland und haben nicht vor, auch wenn bisher vielleicht nicht alle Blütenträume reiften, hier wieder wegzugehen.

Martina W., Jahrgang 1954, die Exotin, lebt seit 1994 dauerhaft in Moskau. »Es klingt sonderbar, aber ich wollte schon als Kind hierher.« Schon vor der Schulzeit hatte sie begeistert russische Märchen gehört, in der Schule dann Russisch gelernt. »Nach zwei Jahren sprach ich besser als der Lehrer, und mir war endgültig klar, dass das meine Berufung ist.« Sie studierte Russisch, davon ein Jahr in Kaluga, wo sie eigentlich damals schon, 1976, nicht mehr wegwollte. »Ich ließ die anderen abreisen und lebte ohne Visum schwarz im Wohnheim, was zu sowjetischer Zeit ziemlich riskant war.« Als sie dann irgendwann doch in Berlin-Schönefeld ankam, wo die Eltern völlig aufgelöst warteten, war ihr erster Satz: »Ich will zurück.«

Die Verbindung zum Land riss nicht mehr ab, als Dolmetscherin, als Reiseleiterin bereiste sie die Sowjetunion, absolvierte die Aspirantur dort. Nach der Wende verließ die Dozentin für Russisch die Filmhochschule in Berlin-Babelsberg, versuchte sich mit einer eigenen Firma.

Doch Russland rief. Im Januar 1994 trat sie die Stelle der Hotelchefin im Art-Hotel am Moskauer Wernadski-Prospekt an. Warum sie sich von dem Land so angezogen fühlt, kann sie logisch eigentlich nicht erklären. Irgendwie ist sie der Überzeugung, sie habe in einem früheren Leben als Mann in Tomsk gelebt. Das Gefühl des sich Hingezogenfühlens ist dabei gar nicht so eindeutig, sie benutzt das Wort »Hassliebe«. Manchmal könne sie schon ausrasten, »vor allem, wenn ich mit der Bürokratie zusammenstoße«. Und dennoch – die positiven Emotionen überwiegen.

Der recht kurzen Hotel-Karriere folgten die Übernahme einer Tagesbar in einer Bauland-Filiale, dann ein Catering-Service. Dem folgte die Leitung des Restaurants »Friedrich der Große«, das einem Deutschen und einem Tataren gehörte. Deren Streit fielen das Restaurant und damit ihr Job zum Opfer, und »danach war erst mal Ebbe«. Sie dachte an vieles, nur nicht an Rückkehr. Einen Tag lang, erzählt Martina, habe sie auf ihrer Matratze gelegen und nachgedacht. Dann zog sie los und suchte Jobs bei russischen und deutschen Medien. Diese Zeit war manchmal nicht so einfach, weil die Aufträge ja nicht kontinuierlich hereinkamen. »Da habe ich mir mit meinem Nachbarn manchmal den letzten Teebeutel geteilt.« Gewohnt hat Martina immer in rein russischer Umgebung. Dreimal zog sie um innerhalb Moskaus. »Dreimal habe ich dort, wo ich wohnte, Ordnung gemacht. Da wurde ich schon mal als Faschist bezeichnet, weil ich darauf drang, den kleinen Vorflur selbst zu wischen.«

Aber richtig schlechte Erfahrungen hat sie eigentlich immer nur mit ihren eigenen Landsleuten gemacht, wenn die beispielsweise ihre Leistungen nicht bezahlen wollten. Als eine deutsche Firma sich zu drücken versuchte, habe sie – erfahren in den russischen Gepflogenheiten – »einen Anruf gemacht, da hatte ich mein Geld«. Ihr Partner, der den Rechtsweg einschlug, warte heute noch.

In Russland sollte man gelassen alles an sich rankommen lassen, denn die bürokratischen Regeln ändern sich täglich, rät sie. Angst sei ein schlechter Ratgeber, dennoch gelte Vorsicht: Man sollte sich nicht an den Orten herumtreiben, wo man in jeder Stadt der Welt die Chance hat, »eins auf die Nuss« zu bekommen, wie sie es ausdrückt. Damit meint sie nächtliche Bahnhöfe, einschlägig bekannte Kneipen oder Kioske, wo nächtens Alkohol verkauft wird und angetrunkene Kunden nach jemandem Ausschau halten könnten, bei dem sie noch ein paar Rubel vermuten.

Beim Umgang mit den Einheimischen könne es möglicherweise etwas dauern, ehe man die freundlichen Seiten aufgetan hat. »Man muss erst mal etwas kratzen an der rauen Fassade«, dann habe man bald auch gute Bekannte. »Und wenn die sich dann zu Freunden entwickeln, das ist Gold wert, sie sind sehr verlässlich.«

Felix Sch., Jahrgang 1968, stammt aus Worms am Rhein. Sein Vater wurde 1974 für die BASF für zwei Jahre nach Moskau versetzt. »Dort haben wir in einer Art Ghetto gewohnt, da, wo auch das ›Neue Deutschland‹ zu Hause war«, erinnert Felix sich. »Die durften nicht mit uns reden, aber zu Weihnachten brachten sie schon mal einen Stollen vorbei, wir revanchierten uns, es war eine wohltemperierte Konversation.«

Er besuchte die Moskauer deutsche Schule, die der Bundesrepublik. Es gab damals auch noch die DDR-Schule in Jugo-Sapadnoje, die heute die deutsche Bildungsstätte des vereinten Deutschlands in Moskau ist. Nach der mittleren Reife folgte für Felix das Internat in Deutschland. Als 1989 die Mauer fiel, wusste er genau: »Ich wollte unbedingt Filmregie in der Sowjetunion studieren.« Das Abenteuer der Umwälzungen dort lockte.

»Während der Filmhochschulzeit jobbte ich beim ZDF in Moskau, hatte bei Dirk Sager das Filmarchiv zu ordnen.« Der Putsch vom 19. August 1991 beförderte ihn zum Producer, er war für Rundfunk und Fernsehen an den Brennpunkten unterwegs, »rund vierzigmal auch in Tschetschenien«.

Dann habe er den Drang verspürt, etwas ganz anderes zu machen. Es folgten, in zeitlicher Reihenfolge: Mitarbeit am Druckerei-Projekt Almas-Press, Gründung eines Fotostudios für Foodstyling, Produktionschef für Geo und andere Produktionen

(Gruner und Jahr), Gründung eines Unternehmens für Catering in theatralisierter Form, das heute gut läuft. Dazwischen Opern- und Filmregie (u. a. »Die Dämonen« von Dostojewski).

Warum er in Moskau lebe? »Ich lebe hier mit Überzeugung und Passion. Das Leben ist etwas komplizierter, schwieriger. Aber ich kann zurzeit auch dem deutschen Sozialsystem nicht so viel abgewinnen mit seinen Macken.« Moskau sei eine sehr schnelle Stadt, eine Stadt mit Ellenbogen. »Aber man kommt natürlich auch sehr, sehr schnell vorwärts. In Deutschland hätte ich auch bei weitem nicht das hohe soziale Ansehen, das ich hier genieße. Der Ausländer hier ist ja Mitglied in einer gewissen ›Kaste‹, die überall mitreden kann, auch wenn sie nicht immer ernst genommen wird«, sagt Felix. Vieles sei – auf dem persönlichen Wege – unkomplizierter. »Recht und Gesetz ist das eine, aber persönliche Beziehungen, persönliche Absprachen – die ja nicht immer gleich gegen Gesetze verstoßen müssen – sind wichtiger. Ich habe in der Regel mündliche Absprachen, und es passiert ganz selten, dass mal etwas nicht eingehalten wird.«

Die Erfahrungen anderer, dass besonders in Moskau von irgendeinem Bürokraten gefragt wird: »Was habe ich davon?«, hat Felix so nicht gemacht. Er stelle sich auch schon mal etwas dumm, wenn er einen negativen Bescheid bekommt. »Da stehe ich dann zehn Minuten einfach wie ein Fragezeichen im Raum, und irgendwann kommt dann doch der Beamte und regelt das, wofür er eigentlich da ist. Sie prüfen natürlich auch, ob der Ausländer die dicke Geldbrieftasche aufmacht, aber inzwischen wissen sie auch, dass der Ausländer, der früher als ›melkende Kuh‹ betrachtet wurde, inzwischen oft deutlich weniger Geld hat als so mancher Russe.«

Die Ausländer ihrerseits ließen sich auch nicht mehr so leicht für dumm verkaufen, »besonders wenn sie gut russisch sprechen«. Und wenn sich dann noch herausstellt, dass die Väter oder Großväter im Krieg gegeneinander gekämpft haben oder – was auf russischer Seite auch sehr oft vorkommt – in der DDR gedient haben, »dann hat man Anknüpfungspunkte, die sehr hilfreich sind. Fast 60 Jahre standen, ständig im Rotationsprinzip aufgefrischt, eine halbe Million Sowjetsoldaten in DDR-Deutschland. Und die kamen alle mit guten Eindrücken zurück, das hat sie nachhaltig für ein ganzes Leben geprägt.« Felix' Maxime für das Leben in Russland: »Diplomatie ist wichtig im russischen Alltag.«

Susanne D., Jahrgang 1964, kommt aus Sachsen-Anhalt. Als es ihr schlechtging, mental und materiell, weil sie ihren Job verloren hatte, kehrte sie Deutschland vor zwei Jahren den Rücken. »Ich bin nach Russland geflüchtet.« Was ihr insofern leichtfiel, als sie hier studiert hat und seit daher russische Freunde hat, bei denen sie Trost fand in schwieriger Zeit. »Du bist verrückt«, war der einzige Kommentar der deutschen Freunde. Doch sie fühlt sich hier wohl. Warum? »Weil sich die Akzente verschoben haben. Die deutsche Nabelschau à la Germany ist vorbei. Hier geht es um den täglichen Kampf! Und das lenkt ab von Nichtigkeiten. Ich kämpfe am Morgen um einen Parkplatz, um den kämpfe ich übrigens mehrmals am Tage, seitdem ich wieder Lada fahre. Ich kämpfe um die vordere Reihe an der roten Ampel oder Kreuzung. Ich kämpfe darum, dass ich eine Schlange im Supermarkt finde, die sich schnell vorwärtsbewegt. Kämpfe um einen Tisch am Abend im vollbesetzten Restaurant.«

Diese Lebensweise zieht sie an in Russland, wo sie nach mühsamen Startversuchen mit ein paar tausend Rubel Gehalt im Monat inzwischen einen gutbezahlten Job bei einem international renommierten Personalberatungsunternehmen hat.

Sie liebt Moskau, wo sie in den achtziger Jahren studiert hat. »Moskau hat viel Energie. Ich fühle mich hier wie eine Feder, die wieder aufgezogen wird. Ob du willst oder nicht – die Stadt, der Moloch zieht dich in ihren Bann. Wer sich dem Tempo, der rasenden Schnelligkeit der Fußgängerströme oder dem Schneckentempo der kilometerlangen Stadt-Staus nicht anpasst, wird über den Haufen gerannt, oder gefahren. Wäre die Stadt nicht durch Auspuffabgase verpestet, es wäre der effektivste Ort der Welt für Fitness. Lange Wege, breite Prospekte, lange Übergänge in der Metro – und alle sind immer in Bewegung. Die Schnelligkeit der Menschen, die von Bus zur Metro hasten oder ins Konzert, zum Einkaufen, zur Arbeit, ist nur noch mit New York oder Tokio zu vergleichen. Alle anderen Metropolen der Welt scheinen dagegen Horte der Langsamkeit.«

Die russische Metropole ist ihr auch deshalb ein Stück Heimat, weil es Irina gibt, die Freundin aus gemeinsamer Studienzeit. »Wir könnten nicht unterschiedlicher sein. Ich – deutsch korrekt, pünktlich, aufgeräumt, sie – das russische Chaos pur. Bis in die Nacht hinein Haushalt, ein Mann und ein Sohn, die nicht mal alleine einen Löffel in der Küche finden. Bügelwäsche tonnenweise, immer unterwegs, nie Geld.« Und doch sei Irina der netteste, großzügigste, lustigste und am unbeschwertesten lebende Mensch, den sie kenne. »Wir haben Partys gefeiert und Nächte durchdiskutiert, uns gegenseitig bei Liebeskummer getröstet und gemeinsam gefreut, als mein Patenkind, ihr Sohn Fedja, auf die Welt kam. Ich habe Irina nie weinen sehen. Nur wenn eine ihrer Katzen das Zeitliche segnet, dann heult sie zum Herzerweichen. Sie meint, die armen Kreaturen können sich nicht selbst helfen, so wie der Mensch.«

Alle drei bestätigten mir das, was auch mir in den Jahren meiner Russland-Aufenthalte immer wieder vor Augen geführt wurde und was zu den Reizen des Lebens in diesem Land gehört. Die Unberechenbarkeit hat etwas sehr Anziehendes. Immer dann, wenn ich glaubte, nun endlich alles erlebt und begriffen zu haben, geschah etwas so völlig Unerwartetes, dass es mir die Sprache verschlug. Wer in diesem Land lebt, gewöhnt sich an die jähen Wendungen im scheinbar träge dahinfließenden Alltagstrott wie an eine Droge. Die – und die langen Gespräche mit russischen Freunden über das Für und Wider dessen, was da gerade abgelaufen ist – fehlt ihm, wenn er wieder in der vergleichsweise langweiligen, geordneten Heimat sitzt. Das lässt bei vielen schon bald den Gedanken an eine Rückkehr nach Russland aufkeimen.

Für die Zeit bis zu meiner – hoffentlich nicht sehr baldigen – Abreise habe ich mir noch ein kleines Forschungsprogramm auferlegt. Ich will den Fragen nachgehen, auf die ich bis heute noch keine befriedigende Antwort gefunden habe.

Hier mein Katalog der offenen Fragen: Warum ist das kleine Okoschka, das Fensterchen, bei Kiosken, Theaterkassen und Büros immer so niedrig angebracht, dass ich mich tief herunterbeugen muss? Warum reißt die Verkäuferin den Kassenbon immer ein, bevor sie ihn mir gibt? Warum ist bei mehrflügligen Türen in Theatern, Kinos oder anderen öffentlichen Gebäuden immer nur ein Flügel geöffnet, die anderen aber alle geschlossen? Im Winter wegen der Kälte erklärlich, aber warum im Sommer? Und schließlich: Warum wird in Russland der Wodka meistens warm serviert?

Basisdaten	Russland	Deutschland	EU
Fläche (km²)	17 075 200	357 021	4 324 782
Bevölkerung (Mio.)	141 377 752	82 400 996	490 426 060
Wachstumsrate der Bevölkerung (%)	-0,48	-0,03	0,16
Geburten je 1.000 Einwohner	10,92	8,2	10,0
Sterbefälle je 1.000 Einwohner	16,04	10,71	10,0
Kindersterblichkeit je 1.000 Lebend-Geburten	11,06	4,08	4,8
Lebenserwartung (Jahre) gesamt	65,87	78,95	78,8
Männer	59,12	75,96	75,6
Frauen	73,03	82,11	82,0
Bruttoinlandsprodukt (BIP in Mio. $):	733,6	2875	13 740
BIP-Wachstumsrate (%)	6,7	2,8	3,2
Wachstum der Industrieproduktion (%)	4,8	4,4	2,6
BIP/pro Kopf ($)	12 200	31 900	29 900
Arbeitsfähige Bevölkerung (Mio.)	74,26	43,57	220,9
Arbeitslosigkeit (%)	6,6	7,1	8,5
Bevölkerung unterhalb der Armutsgrenze (%)	17,8	11,0	keine Ang.

(Quelle: The World Factbook, Washington 2007)

Anhang

Anmerkungen

1 Trud, 30.3.2007
2 Alexander Prochanow in der TV-Sendung »Sonntagabend«, NTW, 5.3.2007
3 Interfax, 7.3.2006
4 www.annews.ru, 4.10.2006
5 Iswestija, 19.10.06
6 Interfax, 9.1.06
7 Iwan Iwanow, Sigsagi Schisni, Moskau 2004, S. 339
8 Wenedikt Jerofejew: Die Reise nach Petuschki, München 1978, S. 155
9 Sonja Margolina: Wodka – Trinken und Macht in Russland, Berlin 2004, S. 23
10 Günther Stöckl: Russische Geschichte, Stuttgart 1997, S. 58 f.
11 Margolina, S. 132
12 Interfax, 8. August 2008
13 Stöckl, S. 36
14 Zitate aus der »Erzählung vergangener Jahre« nach Stöckl, S. 34 und 35
15 Vgl. Andreas Kappeler: Russland als Vielvölkerreich. Entstehung, Geschichte, Zerfall, München 1992, S. 24
16 Pjotr Krasnow: Kartiny bylowo Tichowo Dona (Bilder aus der Vergangenheit des Stillen Don), Moskau 1992, Reprint der Ausgabe von 1909, St. Petersburg, S. 21 ff.
17 Polnoje sobranije russkich letopisej, Bd. 29, Moskau 1965, S. 108. Zitiert nach Kappeler, S. 25
18 Krasnow, S. 23
19 Ebenda, S.15 f.
20 Vgl. Die Welt, 3.12.2006
21 Über den Staatsdienst des Russischen Kosakentums, Rossijskaja Gaseta, 6.12.2005
22 Interfax, 4.5.2007
23 RIA Novosti, 20.6.2006
24 Gaseta, 6.5.2007
25 Tagesbefehl an die Rote Armee vom 23.2.1942
26 Iwan Iwanow: Sigsagi Schisni, Moskau 2004
27 11.5.2007, Treffen mit Studenten im MGIMO, auf http://cinema.gogol.ru
28 Iwan Gontscharow: Oblomow, Salzburg 1982, S. 7 f.
29 Ebd., S. 60
30 Ebd., S. 140

31 Ebd., S. 143

32 Vgl. Leo Sievers: Deutsche und Russen, Hamburg 1988, S. 28 ff.

33 Vgl. Sievers, S. 48 f.

34 http://www.tzar.ru/history/monarchy

35 Netzeitung, 26. 9. 2007

36 Vgl. Helmut Wolfgang Kahn: Die Deutschen und die Russen, Köln 1984, S. 61

37 Vgl. www.documentArchiv.de

38 Sergej Schurawljow: Ich bitte um Arbeit in der Sowjetunion, Berlin 2003, S. 12

39 Schurawljow, S. 121

40 Wigbert Benz: Präventivkriegsthese und »Barbarossa«, vgl. www.shoa.de

41 Helmut Gollwitzer: Der Überfall, in: ZEITmagazin, 23. 3. 1984, S. 30 ff.

42 Vgl. Ilko-Sascha Kowalczuk, Stefan Wolle: Roter Stern über Deutschland. Sowjetische Truppen in der DDR, Berlin 2001, S. 70–76

43 Nikita Chruschtschow: Wospominanija. Wremja, Ljudi, Wlast, Moskau 1999, S. 492

44 Die Welt, 8. 3. 2005

45 Ebd.

46 Michail Gorbatschow: Erinnerungen, Berlin 1996

47 Die Welt, 8. 3. 2005

48 Jegor Gaidar: Gibel Imperii, Moskau 2006, S. 217 f.

49 Michael Thumann: Das Lied von der russischen Erde, Stuttgart, München 2002, S. 56

50 Ingke Brodersen (Hrsg.): Revolution in Moskau, Hamburg 1991, S. 298

51 Boris Jelzin: Die Alternative. Demokratie statt Diktatur, Frankfurt a. M. 1991

52 Michail Gorbatschow: Der Staatsstreich, München 1991, S. 17 ff.

53 Ebd., S. 31

54 Die Welt, 8. 3. 2005

55 Wolfgang Leonhard: Spiel mit dem Feuer. Russlands schmerzhafter Weg zur Demokratie, Bergisch Gladbach, S. 147

56 Frankfurter Rundschau, 24. 11. 1999

57 Moscow Times, 16. 5. 2005

58 Ebd.

59 Ebd.

60 Moscow Times, 17. 5. 2005

61 Vgl. Dominic Midgley, Chris Hutchins: Der Milliardär aus dem Nichts – Roman Abramowitsch, Hamburg 2005, S. 16

62 Alex Goldfarb, Marina Litwinenko: Der Tod eines Dissidenten. Warum Alexander Litwinenko sterben musste, Hamburg 2007

63 Midgley, Hutchins, S. 100 ff.

64 New Times, 17. 9. 2007

65 Ebd.

66 www.obozrevatel.com, 22. 3. 2005

67 Juri Afanassjew in: Obschtschaja Gaseta, 24.9.2007
68 Vgl. www.smi.ru, 15.11.2004
69 Dmitri Furmanow: Ein stiller kalter Krieg. Russland in der globalen Politik, 2/2006
70 Margarete Mommsen, Angelika Nußberg: Das System Putin. Gelenkte Demokratie und politische Justiz in Russland, München 2007, S. 46
71 Goldfarb, Litwinenko, S. 101
72 Ebd.
73 Ebd., S.188 ff.
74 Zitiert nach Mommsen, Nußberg, S. 126
75 Moscow Times, 2.11.2007
76 Ebd.
77 The New Times, 21.5.2007
78 http://www.imandra.info/economik/2007/rodstv_biznes.htm
79 Uni Bremen, Russlandanalysen, 153/07
80 Zitiert nach Sievers, S. 29
81 www.mos.ru
82 Oxana Robski: Casual, Moskau 2005, S. 7
83 Karl Schlögel: Moskau lesen, Berlin 2000, S. 64
84 Iswestija, 25.10.2007
85 www.fesmos.ru
86 Die Welt, 10.12.2004
87 CIA factbook, www.cia.gov
88 www.unionsverlag.com
89 Die Welt, 28.6.2006
90 Anatoli Pristawkin: Ich flehe um Hinrichtung, München 2003, S. 13

Literaturverzeichnis

Ingke Brodersen (Hrsg.): Revolution in Moskau, Hamburg 1991

Nikita Chruschtschow: Wospominanija. Wremja, Ljudi, Wlast, Moskau 1999

Jegor Gaidar: Gibel Imperii, Moskau 2006

Alex Goldfarb und Marina Litwinenko: Der Tod eines Dissidenten. Warum Alexander Litwinenko sterben musste, Hamburg 2007

Iwan Gontscharow: Oblomow, Salzburg 1982

Michail Gorbatschow: Der Staatsstreich, München 1991

Michail Gorbatschow: Erinnerungen, Berlin 1996

Iwan Iwanow: Sigsagi Schisni, Moskau 2004

Peter Jahn, Philipp Springer: Unsere Russen, unsere Deutschen. Bilder vom Anderen 1800–2000, Berlin 2007

Boris Jelzin: Die Alternative. Demokratie statt Diktatur, Frankfurt a. M. 1991

Wenedikt Jerofejew: Die Reise nach Petuschki, Müchen 1978

Helmut Wolfgang Kahn: Die Deutschen und die Russen, Köln 1984

Andreas Kappeler: Russland als Vielvölkerreich. Entstehung, Geschichte, Zerfall. München 1992

Gerd Koenen: Der Russland-Komplex. Die Deutschen und der Osten 1900–1945

Ilko-Sascha Kowalczuk, Stefan Wolle: Roter Stern über Deutschland. Sowjetische Truppen in der DDR, Berlin 2001

Pjotr Krasnow: Kartiny bylowo Tichowo Dona (Bilder aus der Vergangenheit des Stillen Don), Moskau 1992, Reprint der Ausgabe von 1909, St. Petersburg

Olga Kryschtanowskaja: Anatomie der russischen Elite. Die Militarisierung Russlands unter Putin, Köln 2004

Wolfgang Leonhard: Spiel mit dem Feuer. Russlands schmerzhafter Weg zur Demokratie, Bergisch Gladbach 1996

Barbara Löwe: Kulturschock Russland, Bielefeld 2007, 5. aktualisierte Auflage

Sonja Margolina: Wodka – Trinken und Macht in Russland, Berlin 2004

Dominic Midgley, Chris Hutchins: Der Milliardär aus dem Nichts – Roman Abramowitsch, Hamburg 2005

Margarete Mommsen, Angelika Nußberg: Das System Putin. Gelenkte Demokratie und politische Justiz in Russland, München 2007

Anatoli Pristawkin: Ich flehe um Hinrichtung, München 2003

Oxana Robski: Casual, Moskau 2005

Karl Schlögel: Moskau lesen, Berlin 2000

Sergej Schurawljow: Ich bitte um Arbeit in der Sowjetunion, Berlin 2003

Leo Sievers: Deutsche und Russen, Hamburg 1988

Günther Stöckl: Russische Geschichte, Stuttgart 1997

Michael Thumann: Das Lied von der russischen Erde, Stuttgart und München 2002

Kontaktadressen und nützliche Webseiten

Deutsche Botschaft Moskau
Uliza Mosfilmowskaja 56, 119285 Moskau
Tel.: 007-495-937 95 00 (24 Stunden besetzt)
Fax: 007-495-938 23 54
E-Mail: germanmo@aha.ru

Deutsches Konsulat Moskau
(Passangelegenheiten, Konsularhilfe, nicht Visa)
Leninski Prospekt 95 a, 119313 Moskau
(Die Eingänge befinden sich in der Seitenstraße ul. Akademika Piljugina)
Erreichbarkeit während der Bürozeiten:
Tel.: 007-495-933 43 11
E-Mail: konsularreferat@mosk.diplo.de
Deutsche Konsulate gibt es außerdem in Jekaterinburg, St. Petersburg,
Kaliningrad und Nowosibirsk
(siehe Webadresse: http://www.moskau.diplo.de/Vertretung/moskau/de/
Startseite.html)

Botschaft der Russischen Föderation in der Bundesrepublik
Unter den Linden 63–65, 10117 Berlin
Tel.: 030-229 11 10, 030-229 11 29
Fax: 030-229 93 97
E-Mail: info@russische-botschaft.de
Webadresse: http://www.russische-botschaft.de/

Konsularabteilung der Russischen Botschaft
Behrenstr. 66, 10117 Berlin
Tel.: 030-22 65 11 84 (Deutsch)
Tel.: 030-22 65 11 83 (Russisch)
Fax: 0190-77 33 13 (0,78 EUR/Min.)
E-Mail: infokonsulat@rusbotschaft.de

Handels- und Wirtschaftsbüro bei der Russischen Botschaft
Unter den Linden 55–61, 10117 Berlin
Tel.: 030-234 30 12
Fax: 030-229 03 90
E-Mail: rfhwb@rfhwb.de

Generalkonsulat der Russischen Föderation in Bonn
(zuständig für den Konsularbezirk Nordrhein-Westfalen, Rheinland-Pfalz,
Saarland, Hessen, Baden-Württemberg)
Waldstr. 42, 53177 Bonn
Tel.: 0228-386 79 30, 0228-386 79 31

Auskunft zu Visafragen, Ein- und Ausreiseangelegenheiten
(in deutscher und russischer Sprache)
E-Mail: info@ruskonsulatbonn.de (allgemeine Fragen),
visa@ruskonsulatbonn.de (Visafragen)
Webadresse: http://www.ruskonsulatbonn.de/

Generalkonsulat der Russischen Föderation in München
Seidlstr. 28, 80335 München
Tel.: 089-592 503, 592 528
Fax: 089-550 38 28
Informationsservice: 0900-1000 84 30 10
E-Mail: RusKonsMchn@t-online.de
Webadresse: http://www.ruskonsmchn.mid.ru/

Generalkonsulat der Russischen Föderation in Hamburg
Am Feenteich 20, 22085 Hamburg
Tel: 040-229 52 01 (53 01)
Fax: 040-229 77 27
E-Mail: mail@generalkonsulat-rus-hamburg.de
Web-Adresse: http://www.generalkonsulat-rus-hamburg.de/

Deutsch-russische Außenhandelskammer, Moskau
Web-Adresse: http://www.russland.ahk.de/

Verband der deutschen Wirtschaft in der Russischen Föderation
Web-Adresse: http://www.vdw.ru

Deutsche Stiftungen mit Büros in Moskau

Friedrich-Ebert-Stiftung
Web-Adresse: http://www.fesmos.ru/

Konrad-Adenauer-Stiftung
Web-Adresse: http://www.kas.de

Friedrich-Naumann-Stiftung
Web-Adresse: http://www.msoe.fnst-freiheit.org

Hanns-Seidel-Stiftung, Verbindungsstelle Moskau
Web-Adresse: http://www.Hanns-Seidel-Stiftung.de

Heinrich-Böll-Stiftung
Web-Adresse: http://www.boell.de

Rosa-Luxemburg-Stiftung, Büro postsowjetische Länder
Web-Adresse: http://www.rosalux.ru/main/index.php

Hilfreiche Medien

Moskauer Deutsche Zeitung
Web-Adresse: http://www.mdz-moskau.eu/

Internet-Zeitung Russland-aktuell
Web-Adresse: http://www.moskau.ru,
http://aktuell.ru

Internet-Zeitung Russland.ru
Web-Adresse: http://russland.ru

Moscow Times (englischsprachige Tageszeitung)
Web-Adresse: http://www.moscowtimes.ru/

Bildnachweis